中世ヨーロッパ

ファクトとフィクション

ウィンストン・ブラック
大貫俊夫 監訳

平凡社

目次

まえがき

人は、過去を好きなように改変しながら、どんな時代であれ歴史的フィクション（虚構）を作り上げる。しかし、中世ほど誤解され、捏造された時代はないだろう。四七六年の西ローマ帝国の滅亡から一四九二年のコロンブスによる最初の大西洋航海まで（もちろん五〇〇年頃、一五〇〇年頃の他の出来事でもよいが）の千年間を振り返ると、「中世」のエッセンスを表現する多種多様な文化、思想、個人、あるいは出来事を見つけることができる。フン族のアッティラ、ジャンヌ・ダルク、シャルルマーニュ、あるいはダンテ。彼らはそれぞれ、「中世」とはいかなる時代だったかを示すべく援用されてきた。同様に、蛮族や光り輝く鎧をまとった騎士たち、不潔な家畜小屋やそびえ立つ大聖堂、残忍な暴君と議会政治の対立、そして十字軍の暴力や聖フランチェスコの平和主義によっても、中世の重要な側面を正しく呼び起こすことができる。作家、教師、ジャーナリスト、そして学者が、これら中世イメージからたった一つを選び出し、千年におよぶ中世の全体を代表させてしまうとき、歴史の捏造が起こり、フィクションが作られる。

本書は、過去二百年以上にわたって展開し、今も根強く残るヨーロッパ中世の一一のフィクションを紹介する。「中世」概念の対象を拡張して、前近代イスラーム世界など中世ヨーロッパと同時代の他地域の文化も含めたりすれば、また違うフィクションを取り上げることになったかもしれない。本書では全般にわたって、十字軍の歴史や中世の女性の地位をめぐる誤解について、具体的な事例に照らして疑義を呈している。ここに選んだ一一のフィクションは中世全体をカヴァーし、大から小に至

る諸問題、すなわち「中世」概念の真の意味に関する一般的なフィクションから、個人に関する特定の神話に至る諸問題を扱った。これらフィクションのほとんどは、第1章で紹介する「大きな神話」、すなわち中世は「暗黒時代」だったという神話の延長上にある。中世を長く続いた「暗黒時代」とイメージすれば、歴史は絶え間なく進歩している、という感覚をそのまま維持することも可能だろう。ルネサンスは暗黒時代を、啓蒙時代はルネサンスを、近代は啓蒙時代を刷新した、といった具合に。中世にだってひょっとしたらあとに続く時代より「よかった」ところもあるかもしれない、と認めることは、多くの人々にとって受け入れがたい。このことから、私たちが生きる二十一世紀について何が言えるだろう。はたして後世の歴史家が、今世紀を前世紀から一歩後退した時代と見るなどということがありうるだろうか。

以下各章で、中世にまつわる誤解を一つ取り上げ、まずフィクションの核となる要素をまとめた。続いて、やや詳細に二つの要素を検討した。一つは、どのようにしてそのフィクションが芽を出し、人口に膾炙(かいしゃ)し、拡散していったか。もう一つは、どうすれば私たちがその誤解を正すことができるかである。この二点を考察するため、遺されている一次史料、文書、図像を掲載し、フィクションとファクトをはっきり弁別するための根拠を提示してみた。いくつかは中世に由来するが、過半は(数多くの中世神話を生み出した)十九世紀のものである。あいも変わらずフィクションに執着し続ける書き手やその訂正に奮闘する研究者の足跡をたどる意味で、二十世紀、および二十一世紀の書籍やウェブサイトから引いたものもある。

執筆を依頼してくれたABC-CLIO社のジョージ・バトラー、きめ細かな編集作業を担当してくれたシンディー・クラムラインに感謝したい。そして、クラーク大学で中世史を専攻する学生たちにも。自らが抱く中世に関する偏見を、フィクションであれファクトであれ、熱心に私に開示してく

れたからである。

ウィンストン・ブラック
マサチューセッツ州ウスター
二〇一八年一二月

イントロダクション

実際、中世についてはみな自己流の観念を抱いている。
たいていは歪んだものであるにせよ。
ウンベルト・エーコ「『薔薇の名前』についての省察」(一九八五年)

ひとたび見渡してみると、中世というトピックは現代世界に生きる私たちの周囲のそこここに見出される。しかしそれは歴史上の〔現実の〕中世ではない。私たちとつながりはあるが、現在とは明確に区分された一つの時代、一つの文化の隠喩としての「中世的なもの」である。たしかに、この隠喩的な中世には、歴史的に正しい中世に由来する要素は含まれている。しかしその逆もまた然りで、私たちが中世という過去を学ぶやり方に、この「中世的なもの」が影響をおよぼしている。この隠喩が、書籍、映画、テレビ番組、そしてテレビゲームにはっきり示される一つのスタイル、一つの外観、一つの道具立てを提供しているのだ。『ロード・オブ・ザ・リング』、『ナルニア国物語』、『ダンジョンズ&ドラゴンズ』、『ゲーム・オブ・スローンズ』、『ハリー・ポッター』、『アサシン クリード』、『ゼルダの伝説』、『ウォークラフト』、そしてあの『スター・ウォーズ』でさえ、ステレオタイプな「中世」概念・イメージを引き寄せ、リアルな中世に対する知的欲求をかき立てるのである。

右に引いた多様な作品が制作されるはるか以前の十八世紀や十九世紀には、ロビンフッドやアーサ

ー王の物語、ウォルター・スコットの騎士道小説、そしてゴシック・リヴァイヴァルやラファエル前派の美術と文学によって一般的な中世観が形成されていた。これら空想・架空の想像力の産物が影響力を発揮し、現代の私たちは「中世」モノとしてふさわしい物語(ストーリー)ないし歴史(ヒストリー)——たとえば城砦(じょうさい)、国王と王妃、馬に乗った騎士、封建制、虐げられた農民、お粗末な技術、蔓延する疫病と飢饉、魔術と迷信など——をつい頭に描いてしまう。中世に関する典型的な道具立てはたいてい西ヨーロッパの(そしてたいていは単にイギリスとフランスの)空想上の光景であり、主だった善良な登場人物といえば白人だけだし、指導者となるのは男性だけで、女性は無力で孤立無援である。そしてその場合、宗教はキリスト教やキリスト教以前の北方の多神教(たとえばトール、オーディン、そしてその信者集団)と相場が決まっている。過去数十年の大衆文化において、中世は残虐な戦争、レイプ、拷問、頻発する異端審問、そして非ヨーロッパ人ないし非キリスト教徒を虐殺する生々しい暴力と同義である。メル・ギブソンの『ブレイブハート』(一九九五年)が「残虐な中世の戦争ゆえに」R指定にされているのを見て、観客はどんなお膳立ての物語かあらかじめ予想がついてしまう。最近の例では、『ゲーム・オブ・スローンズ』の原作小説とドラマシリーズは、リアリティを欠いた架空の土地を舞台にしているが、「中世的な」過去をめぐるネガティヴなステレオタイプを増幅するばかりと言わざるをえない。

大衆文化における中世の描写、そしてその描写の受容に関する研究は「中世主義 medievalism」と呼ばれる。これは文化上構築された「中世」にすぎないのだが、中世を真に理解するうえで、歴史学を専攻する真摯な学生さえもこの影響をまぬがれることはできない。近代の中世主義はしばしば一八一六年に遡るとされる。この年、トマス・マロリーの『アーサー王の死』(初版一四八五年)の復刻版がイギリスで出版され大きな反響を呼んだ。この作品や、同じ頃に再発見された他の中世の著作とあいまって中世史の学術研究の進展が見られ、その過程で獲得された中世文化〔理解〕の原理は今日なお

現役である。中世主義のものの見方の多くは、専門的な歴史学のスタンダードからすれば「誤り」だとみなされる。とはいえ、一般に浸透した中世主義の何が間違っていて何が正しいのかを指摘するだけではポイントを外すことになる。私たちは、中世を舞台にしたフィクションはなぜいったん口の端（は）に上ると（それが中世、近世、あるいは前世紀においてであれ）とたんに一人歩きをし、なぜいまだに生き残っているのかを理解する必要がある。ファクトとフィクションがないまぜになったものが、一般的な中世観を作り出しているのだ。これは映画やテレビゲームに限らず、教科書や新聞においても同様である。

この隠喩（メタファー）まみれの「中世」世界は、私たちのエンターテイメントのみならず、二〇〇一年九月一一日のテロリストによる攻撃以降、私たちの政治、戦争、そして暴力に影響を与えてきた。攻撃の直後にジョージ・W・ブッシュ米国大統領は、テロリズムに対してアメリカが新たに起こした戦争を「十字軍」と呼んだ。採用した用語が中世にあったとされる宗教戦争を想起させたことから、歴史家と見識あるジャーナリストは即座にこれを非難し、その後ホワイトハウスはアフガニスタンやイラク戦争で中世を想起させる言葉遣いを繰り返すことはなかった。それにもかかわらず、二〇〇一年以降中東で止むことのない戦争は、キリスト教に染まった「西」側とイスラーム教に染まった「東」側とのあいだの亀裂を深め、新（ネオ）中世的な十字軍イメージをまとい続けている。中東に派遣された兵士の軍服に見られる「Pork Eating Crusader 豚食い十字軍」と書かれたワッペンが好例である。

最近では、欧米で白人ナショナリズムや極右政治家が台頭し、過激派グループが暴力的な中世イメージを恣意（しい）的に濫用（らんよう）するようになっている。二〇一七年、ヴァージニア州シャーロッツヴィルのオルタナ右翼の抗議者たちは、「中世っぽい」ケルトの十字架と中世神聖ローマ帝国の黒鷲が描かれた盾を持っていた。同様に、アメリカやカナダの白人至上主義者のなかには、「ヴィンランド」に共鳴す

る者もいる。これは、紀元千年頃にレイフ・エリクソンや他のヴァイキング入植者が訪れた北米東岸に対する古代スカンディナヴィアの呼称だ。彼らは、ヴィンランドが白人のみで構成される架空の中世の過去を表象していると考えており、現在人種的に多様になっている北米においてその再建を望んでいるのである。

中世史の学術研究は、述べてきたような大衆的な中世主義と同じ時代、同じ文化のなかで発展し、変化してきた。中世研究が扱う分野（中世の歴史だけでなく、文学、美術、哲学、音楽、そして科学も含む）は、西洋文明のリーダーたち、メディア、学校教育の関心の移り変わりを反映しながら、過去二世紀にわたり絶えず刷新されてきた。中世を単に忌避すべき「暗黒時代」としてではなく独自の文化として学術的に評価することは、十九世紀初頭、とくに二つの運動の一環として始まった。これらの運動とはすなわち、公式の学問としての歴史学の創設と、「革命の時代」（一七八九～一八四八年）におけるナショナリズムの台頭である。西欧諸国、そのうちとくにイギリス、フランス、ドイツは、各々の中世の歴史を誇るべきものと同定したうえで、自国を生み出し、独自のものにしたと思しき歴史的要素を探し始めたのだった。

十九世紀前半、こうした国々はそれぞれ自国に奉仕する歴史家を養成し、中世はその堂々たる国史研究の柱となっていた。歴史家もまた各々、古代ギリシアやローマよりもむしろヨーロッパ北部のゲルマン系蛮族のなかに自国の起源を探し求め、中世のあいだ、あるいはそれ以降の自国の進歩についていくらかの自負心を持つようになっていた。こうした歴史家のうちもっとも有名なのは、イギリスのヘンリー・ハラム（一七七七～一八五九年）とトマス・マコリー（一八〇〇～一八五九年）、次章で注目するフランスのジュール・ミシュレ（一七九八～一八七四年）、そしてドイツのレーオポルト・フォン・ランケ（一七九五～一八八六年）である。とくにランケにあてはまることだが、彼らはみな一次史料を実証的に分

析することで近代歴史学を確立した。しかし彼らはまた、偉人たち（とはいえ女性が扱われるのはまれである）やヨーロッパ政治、そして自国の成り立ちへの関心に導かれた歴史叙述を著し、絶大な影響力をふるった。

十九世紀と二十世紀の社会・政治運動は歴史学の実践にインパクトを与えたが、中世史も例外ではなかった。マルクス主義と社会主義の台頭は、中世の経済・社会史研究に一定程度刺激を与えた。普通の人々（いまや女性も含まれる）とその労働環境――農民、荘園、羊など――は、偉人たちや戦争と同程度に重視された。二十世紀の変わり目に台頭した人類学や社会諸科学が援用された結果、中世史に新たな領域が開拓され、キリスト教会や正規の神学のみならず民間信仰が、王朝のみならず典型的な家族や共同体の構造が、偉大な哲学者のみならずより広範な精神性が注目されるようになったのである。

この半世紀ほど、中世史はもっとも劇的な変動を経験している。というのも、一九六〇年代以降、研究者が中世のジェンダー・ロール、セクシュアリティ、障害と疾病、人種と人種差別について真剣に検討しているためであり、これらは総じて現代の政治と大衆文化における関心の変化を反映している。さらに最近では、一部の中世史研究者が、微生物学者や生物考古学者など中世の遺骨からDNAを再構成できる科学者と共同研究を始め、現実に中世を生きた人々の身体、生命、健康、そして病気についてはるかに理解が進んだ。こうした人文学と科学の提携によって、歴史の一部の領域、とりわけ黒死病（腺ペスト）やレプラ（ハンセン病）といった中世の疾病研究は大きく変貌を遂げたのである。

中世を完全に理解するためには、この時代を描くにあたり、大衆文化が扱う歴史と学問上の歴史、これら双方の影響を考慮に入れる必要がある。本書が概観するように、中世に関するステレオタイプな見方が広く浸透しており、歴史の教科書や政治家の演説、ドキュメンタリーに出てくるものは正真

正銘の中世ではなく、単なる中世主義であることが少なくない。そこで本書の出番である。中世に関するもっとも根強い虚構、すなわちフィクションをいくつか取り上げることにしたい。本書は、中世史の本質にかかわる包括的なフィクションから、中世の宗教、科学、文化にかかわるより具体的な誤解まで扱っている。まず、中世は「暗黒時代」、つまり古代ローマとイタリア・ルネサンスのあいだの劣化した千年紀にすぎず、文化と文明が壊滅し、以後、さしたる変化も生じないまま停滞した、というもっとも規模の大きなフィクションから始めようと思う。いまだに西洋史のスタンダードとなっているこの叙述に従えば、その後〔現在に至る〕五百年は、中世のダメージから恢復し、ルネサンスの成果を引き継ぎ超えていくことに捧げられてきた、ということになる。

次いで、地球の形、中世の戦争の性質、魔女と農民、教会と科学、医学、そして黒死病に関するフィクションに目を向けることにする。その際、次のことを覚えておいてほしい。もしあなたが、本書で概要を説明し論駁するフィクションの一つないしそれ以上をこれまで信じ込んできたとしても、それは少しもあなたのせいではない。たとえば中世の人々は地球が平らだと信じていた、という主張を教師、歴史家、司書、企業や産業界のトップが繰り返しているのに、なぜあなただけ誤解をまぬがれることがありえようか。こんな些細な事例も、以下本書が扱う事例ともども、中世に関するフィクションがいかに私たちの文化に深く浸透しているかを示していよう。

これらのフィクションの多くはヨーロッパで生み出され、今もなおかの地で維持されていることは承知しているが、本書はとくにアメリカとカナダの学生に向けて書かれている。北米の文化は、地理的には中世ヨーロッパから遠く離れている。それにもかかわらず、私たちはしばしば中世の過去を〔ヨーロッパと〕共有していると考えている。わが建国の父たちの多くがイギリスとフランスから渡ってきたからであり、両国はステレオタイプな「中世」を表象する格好の舞台になっているからである。

しかしそうした中世観は、〔ヨーロッパと共有していると言いつつ〕北米に住む私たちがこうだと願えばそれに形を変えてしまうものである。すなわち、歴史の死角（デッドゾーン）にもなればロマンティックなおとぎの国にもなり、容赦なく残虐な数世紀にもなれば、産業化以前、資本主義以前のユートピアにもなる、といった具合だ。ここで「中世」は、特定の時代や場所などではなく、一つの感情（フィーリング）になってしまっている。中世は、私たちの現状の自己理解の鏡像（それはときに正確だがたいていは粗悪なものだ）を表現できてしまうのである。

第1章

中世は暗黒時代だった

人々が起きたと思っていること

教師から、あるいはウェブサイトや歴史番組でこんな主張を聞いたことがあるかもしれない。「中世を暗黒時代と言わないで下さい！」と。なぜいけないのだろう。当時の生活がひどいものだったことは誰もが知っていることだ。恒常的な暴力と不潔と無知蒙昧の時代、科学、医学、技術、衛生管理、あるいは写実的な芸術が存在しない時代だった。文明ならおよそ備えているべきこれら諸要素が西ヨーロッパにふたたび導入されるには、イタリア・ルネサンスを待つ必要があった（少なくとも、一般に流布しているフィクション（虚構）ではそういうことになっている）。さらに、中世の人々は権利を持たず、女性は単なる資産にすぎず、（誰かしら思いあたるだろうが）邪悪な領主、専制君主、あるいはカトリック教会にみながみな虐げられ、拷問さえ受けていた。十八世紀の歴史家エドワード・ギボンはより簡潔に、ローマの没落と中世の始まりを「野蛮と宗教の勝利」と要約している。ギボンはそこでゴート族とキリスト教会のことを語っているのだが、「ローマ帝国の衰亡」の責任を彼らに帰したのである。

以下各章で紹介するフィクションは、中世を暗黒時代とするこの種のステレオタイプに対応するものだ。曰く、中世の人々は知性においてたいへん遅れていたため地球は平らだと思っていたし（第2章）、紀元千年の到来を恐れて震え上がっていたし（第4章）、医術といえばおよそエルフやゴブリンをめぐる馬鹿げた迷信以外の何ものでもなかった（第9章）。黒死病による荒廃に直面したとき、彼らにできたことは「花」や「灰」にまつわる童謡を口ずさみ、恐ろしい鳥のマスクを付けた無能な医者に助けを求めることだった（第11章）。ギリシアとローマの文明・文化を放擲していたから、風呂にも入

らず、暮らしは不潔で、腐肉さえ食べていた（第3章）。中世のキリスト教徒は、腐敗にまみれ抑圧的な教会に盲目的に服従し、教会はあらゆる科学研究を何がなんでも抑圧し（第6章）、無益な十字軍に何千人もの子どもを派遣して死ぬに任せた（第7章）。しかしまた、教会は聖職者の素性を正確に把握できていなかったため、誤ってヨハンナという名の女性を教皇に選出してしまった（第8章）。この「女教皇ヨハンナ」に関する中世の文書に見られる女性憎悪は、何百万人もの無防備な女性が魔術の罪を帰せられ、火あぶりに処せられた中世の魔女狩りにおいて頂点を極めた（第10章）、等々。

中世史研究者たちは、前世紀以降多くの時間を費やしてこうした中世に関するフィクションに論駁してきたものの、さしたる成功を収めることはできなかった。何百万もの人たちが最近のヒストリー・チャンネルで中世史のドキュメンタリーを見ていても役には立たない。実際、『暗黒時代』（クリストファー・カッセル監督、二〇〇七年）なる番組がある始末。もしこの番組のプロデューサーが、中世は「暗黒時代」以外の何かであったことを示したとしても、このタイトルでは「中世＝暗黒時代」というステレオタイプを生き延びさせるだけだ。それはＤＶＤのジャケットによっていっそう強化される。中世の石壁に埋め込まれ、摩耗しひび割れた頭蓋骨が暗闇に包まれているのだから。このような図像（イメージ）は、人々がいまだに中世は「暗黒時代」だと信じていることを端的に示す。中世といえば暴力的だったと単純化するステレオタイプは、『ゲーム・オブ・スローンズ』の原作小説やドラマなどフィクションによってさらに強化される。誰もがこのシリーズ〔ＧＯＴ〕がドラゴンといにしえの魔法が登場する架空のものだと理解しているが、ばら戦争、百年戦争、十字軍など、中世に実際に起こった出来事に要所要所で依拠しているからこそ、プロットの多くは説得力を持ち、親しみやすいものになっているのだ（Marsden 2018）。中世は、ドキュメンタリーで描かれようがファンタジー大作で描かれようが、たいてい意味もなく残虐なものとされてしまう。

中世に投げつけられるかくも広範な誹謗中傷は、どれほど信用に足るものなのだろうか。そして、「暗黒時代」という言葉を使うにせよ、「中世」という言葉を使うにせよ、そうすることで私たちはこの歴史的な時代の出来事や文化について一体何を言おうとしているのだろうか。本章では、中世は先行するローマ帝国やあとに続くイタリア・ルネサンスと比べて見劣りのする「暗黒時代」だった、という「大きな神話」を検証してみよう。

一般に流布した物語（ストーリー）

中世をテーマとする本の冒頭で述べるにはいささか厄介だが、中世についてまず理解すべきことは、じつは中世は存在しない、ということである。しかし、そんな理解は成り立つのだろうか。学者や一般の人々は何世紀にもわたり、おおよそ西暦五〇〇年から一五〇〇年にわたる千年間が中世だと語ってきた。そう、中世は歴史上のある期間を指し示すために学者たちによって考案された用語であり、この用語は通常西ヨーロッパの歴史に用いられるが、近年ますますユーラシア大陸全体、あるいは全世界を対象として用いられるようになってきている。しかし、「中世 Middle Ages」という用語は、共和政ローマやアメリカ革命、ソビエト共産主義のように、特定の場所、出来事、統治の形態、人間集団を指す言葉ではない。「中世の／中世的な medieval」という用語は問題含みである。というのも、この用語を定義づけるものではなく、そうではない何か、つまり中世ならざるものに関係するからである。それは古代ギリシアやローマではなく、イタリア・ルネサンスでもなく、両者のあいだで居心

地悪そうに横たわる、未定義の「中世」である。そもそも、中世に生きた人々は誰も「中世の」という概念を理解しないだろう。この言葉からして、歴史に登場するのはようやく一六〇四年のことで、ルネサンス以降のラテン語で「中間の時代 medium aevum」と表現され、そこから形容詞「中世の mediaevalis」が派生してくる（なお英語のみ複数形で（Middle Ages）、それ以外のヨーロッパ系諸言語はラテン語の表現に従って単数形（moyen âge, Mittelalter, medio evo など）になっているので混乱するかもしれない）。

中世を「暗黒時代」と呼ぶと問題はさらに大きくなる。それはどう見ても負荷のかかった言葉であり、強い感情の引き金（トリガー）となってしまうのだ。何か「明るい」ものと比較して「暗い」と言っているだけであり、明るい時代・文化にしても見方によって変わるものだろう。中世が暗いのは、古代ローマ文化のあの本来の素晴らしさが失われてしまったからだ、と言う人もいる。歴史家エドワード・ギボンはその記念碑的著作『ローマ帝国衰亡史』において、紀元二世紀のローマ帝国を（とくに九六〜一八〇年の五賢帝時代を）人類のもっとも幸福で繁栄した時代だと考えた。そのため彼は、続くすべての出来事を、人々がどんどん不幸になる時代、挙げ句に「暗黒の」時代——彼自身が生きた啓蒙の近代が誕生するまで続く——として描いたのである。その他多くの歴史家にとっても中世は暗黒である。それというのも、個人主義、人文主義、写実的な芸術、そして三次元の彫刻に焦点を当てたペトラルカ、ミケランジェロ、レオナルド・ダ・ヴィンチによるイタリア・ルネサンスがいまだ到来していないためである。

近年の一般向け歴史書に見られるのは、たいていはこの二つのアプローチ（ローマ文化の喪失とルネサンスの未到来）が組み合わさったものである。たとえば、バーネット・リトヴィノフは著書『一四九二年　中世の衰退と近代の勃興』において、中世には古代ローマの「洗練された政治、自由闊達な思想、壮麗な建築物、そして非凡な行政」がないと嘆いている（Litvinoff 1991, 6）。リトヴィノフにとって中世は

古代ローマの対極にあり、「暗黒時代は、あえて一般化をすれば、中世人にある種の記憶喪失による虚無感を遺した」(Litvinoff 1991, 7)と主張する。その著作で「暗黒」なる用語は、古代ギリシアや古代ローマを評価する能力、あるいは模倣する能力の不在と定義されている。つまり、定義上、中世には勝ち目がないのだ。ローマ文化や中世文化を理解するうえでいくらそのやり方に有用性があるとしても、リトヴィノフもまた中世を「暗黒」に染め上げるために過去を完全に歪曲する。たとえば、中世初期の社会は奴隷制を「神のお告げである」と正当化していたと言うのである。しかし、当時の中世社会において奴隷制はほとんど消滅していた。対して、古代ローマは徹底して奴隷制に依拠しており、ローマ人口の三〇〜四〇パーセントは奴隷だった。彼はまた、八世紀のローマ教皇が多くの図書館を破壊したのは、これらがキリスト教を弱体化させると恐れたためである、と根拠なしに主張している。リトヴィノフの著作は、親古代派や親ルネサンス派の方針を支持するために中世史を歪曲したもっとも痛ましい事例の一つなのだ。そして、独自性があるかというとそうでもない。

　暗黒時代の暗黒面をいっそう際立たせたのが、ウィリアム・マンチェスターのベストセラー『炎だけで灯された世界　中世の精神とルネサンス　一時代の肖像』(一九九二年)である。本書の大半は十五〜十六世紀の芸術家や探検家の調査にあてられているが、冒頭二五ページを費やして「中世的精神」の定義を試みている。著者は、長らく用いられてきた用語「暗黒時代」を強く擁護し、とりわけ四〇〇年から一〇〇〇年に関してそう主張する。また(誤りだが)こうも主張している。すなわち「この暗黒時代については明らかになっていることはほとんどないし」、中世を通じて「読み書きが軽んじられていた」(Manchester 1992, 3)と。第一章は、死、破壊、無知、そして中世社会が古代ローマやルネサンス期のイタリアのように偉大たらんとして繰り返した失敗の数々を列挙している。マンチェスターは、文明を文化・技術について比較的高いレヴェルに達した社会と定義することで、最終的に中世社

会は文明ですらなかったと結論づけている（現在の歴史教科書がみな否定する見解である）（Manchester 1992, 15）。彼は、四、五、六世紀の血なまぐさく乱脈なエピソードを意図的に選び出し、続く一千年間を暴力で塗り固める。そして、中世の文化は「文明未満」だった、と主張するのである。リトヴィノフとマンチェスターは、中世は暗黒時代にほかならないと訴える著作のほんの二例、しかも杜撰（ずさん）きわまりない事例だが、このステレオタイプの出自が問題である。以下の段落では、中世と、歴史的な構築物である暗黒時代、双方の歴史的展開を探っていこう。

中世を歴史上の一時代と特定することは、ヨーロッパの思想家たちが、遠く離れたギリシアやローマの過去に高い価値を置き、自分たちの生きる時代や直近の時代をさかんに貶（けな）すことではじめて可能になった。これが生じたのは、十四世紀と十五世紀のイタリアにおいてである。この時代はやがて、古典文化の「再生」を成し遂げたとみなされる「ルネサンス」として知られるようになった（最初はイタリア語「リナシメント」と呼ばれた）。この歴史区分を行った最初の著述家の一人はフランチェスコ・ペトラルカ（一三〇四～一三七四年）である。ペトラルカには多くの業績が帰せられる。ルネサンスの創始者、イタリア人文主義の創始者、〔ラテン語でなく俗語である〕イタリア語の模範的著作家、そしてソネットの考案者である。しかし、何にもまして彼は、西洋の歴史に「光」と「闇」という対比的な比喩をもたらした人物として知られているだろう。光と闇は、中世にあって宗教上の目的から用いられていたのだが、ペトラルカは当時、良質なラテン語文学の存否を基準に光と闇を区分した。それゆえ、紀元前後一世紀（ユリウス・カエサルとアウグストゥス・カエサルの時代）が真の「光」の時代であり、彼自身の人生に先立つ千年紀の大半（おおよそ三〇〇～一三〇〇年）は「闇」であった。ペトラルカは、その著作の一つで中世に生きる人々をこう描いた。「（過去の）誤謬（ごびゅう）の真只中にあっても非凡な才能を持つ男たちは輝いていたし、暗闇と深い陰鬱さとに囲まれてはいたが、彼らの目は劣らず鋭かった」（Mommsen 1942, 227）。

彼は、中世には知的な人もいたにはいたが、時代そのものが「暗黒」であったため、その知性を活用できなかったと認識しているのである。

ローマ時代は光、それに続く時代は闇、という比喩を受け入れたのはなにもペトラルカだけではなかった。彼のイタリア・ルネサンスの後継者たち、たとえばジョヴァンニ・ボッカッチョ、フィリッポ・ヴィッラーニ、そしてロレンツォ・ギベルティなどは、古典時代が光あふれていたことのみならず、自らの時代において洗練されたラテン文学が古代ローマ時代の文体とともに再生した、と誇示した。ペトラルカは、それでもなお自分は「暗黒時代」に生きているとの自覚に立っていたが、うえに名前を挙げた後世の学者や芸術家たちは、ダンテやジョットとならびペトラルカこそが古典文化を再生させた、と判断していた。彼は暗黒時代にあって、韻文叙事詩『アフリカ』を未来への希望に満ちたメッセージで締めくくっている。「雑然とした、人をひたすら困惑させる大嵐のなかで生きることは私の宿命である。しかし、私の願い通り、私の死後もあなたが長命を保ってくれるとすれば、おそらくあなたにとってよりよい時代が来るのではないか。忘却の眠りが永遠に続くことはない。暗闇が消え去れば、我々の子孫はふたたびかつての純粋な輝きに至ることとなろう」(Mommsen 1942, 240)。ペトラルカは、歴史を（光と闇に）二分したが、後継者たちはローマ文化を奨励し、自らの時代を歴史の三区分法における第三の時代として誇示する。つまり、古代、中世、ルネサンス（光、闇、光）である。十五世紀の人文主義者レオナルド・ブルーニとフラヴィオ・ビオンドはともに三区分法を自著に採用している。

しかし、ここでいう「中世」とは一体全体いつのことなのだろうか。画期をなす年代として、西暦五〇〇年から一五〇〇年までという便法を使えないものか、今日に至るまで歴史家と教師は頭を悩ませてきた。特定せよというなら、中世学者は中世の始まりを四七六年に、つまり蛮族の傭兵隊長オド

アケルによって最後の西ローマ皇帝ロムルス・アウグストゥルスが廃位された年に見るのが普通だが、第一の時代と第二の時代を区分する手頃な年代として、キリスト教が公認された三一三年や、イスラームが台頭した六三二年を用いる手もあろう。フラヴィオ・ビオンドは、イタリア、ローマ、ヨーロッパの歴史について多数の著作を残しているが、そのなかで、第二の時代の始期として四一〇年の西ゴート族によるローマ略奪を採用し、第三、つまり新時代の始期として自身の青年期にあたる一四四〇年代を採用した。

ビオンドのようなルネサンス期の人文主義者たちは（三世紀から六世紀にかけての）後期ローマ帝国に由来する文書にあたり、ローマ文化が無教養の蛮族、すなわちローマ贔屓（びいき）の人文主義者にとってまさに闇の力と映ったものによって崩壊させられた生々しい証拠を探り当てた。アンミアヌス・マルケッリヌス（三三〇年頃～四〇〇年）やシドニウス・アポッリナリス（四三〇年頃～四八九年）といった後期ローマの貴族は、野蛮なフランク族、ゴート族、ヴァンダル族、そしてアレマン族による外部からの攻撃について、そしてローマ帝国の政府、軍隊、経済の内部崩壊について、書簡、詩、歴史書を遺している。すなわち、三七八年のアドリアノープルの戦いでローマがゴート族に手ひどい敗北を喫したことや、四七六年に最後の西ローマ皇帝が追放されたことの証人だった。同様に、東ローマの学者ヨルダネスは自身ゴート族の末裔だったが、自身の六世紀の著作『ゴート史』において、ゴート族や他の蛮族が崩壊の際（きわ）にあったローマ帝国に幾度となく猛攻撃を仕掛けた、と記録している。ヨルダネスによれば、古ゴート族は、帝国東部半域でエフェソスやトロイア等の諸都市を攻撃・略奪した者にほかならず、古代の遺産と文化が彼ら蛮族の手に落ちてしまった、と強い調子で書いている（本章、以下に掲載する「一次史料」を参照のこと）。

中世とルネサンスを通して、アンミアヌスやシドニウスやヨルダネスよりよく知られた著述家はラ

テン教父の聖ヒエロニムス（三四七〜四二〇年）である。彼は聖書をすべて当時のラテン語に翻訳したことで名高く、その版はウルガタ聖書として知られている。彼はまた多くの書簡を著しており、そのうちの二通で、四一〇年の西ゴート族によるローマ略奪をドラマティックに描いた（「一次史料」参照）。この出来事はヒエロニムスとその同時代の人々、とくに同じく教父であるヒッポのアウグスティヌスに衝撃を与え、彼らはこれを思いもよらぬこと、文明の終焉の兆候だと考えた。ヒエロニムスはこの出来事についてこう語っている。「全世界を占領した都市が占領され」「ローマ帝国の首府たる名高き都市は大火に飲み込まれている」と。たとえ自身がこの出来事の生き証人ではなかったとしても、人肉嗜食（カニバリズム）や多数のキリスト教会の理不尽な破壊の物語を綴ることで、彼はそれを鮮やかな恐怖でもって描き出している。ルネサンスや近世の歴史家にとって中世のイメージを形作ったのは、ヒエロニムスやヨルダネスが残したこのような文書だったのだろう。この後世の歴史家たちは、五世紀頃の後期ローマ時代の著述家によって描かれた恐怖を中世全体に当てはめようとした。彼らにとって、そしてなおも多くの現代の読者にとって、蛮族のローマ略奪が四一〇年ないし四七六年から続く千年間全体を彩っているのであり、ローマの支配なくして安定したヨーロッパ文化など想像できなかったのである。

ルネサンス期の学者たちはローマの略奪・荒廃以降の時代を明確に劣った時代として振り返ったのだが、「暗黒時代」という語が実際に中世を指して用いられるようになるには十七世紀を待たねばならなかった。カトリックの学者でサンティ・ネレオ・エ・アキレオ教会の枢機卿だったカエサル・バロニウス（一五三八〜一六〇七年）は、九〇〇年頃から一〇四六年までの期間のみを指す用語として「暗黒時代 saeculum obscurum」を作った。この期間は教会と教皇権にとってひときわ悪い時代で、文書もほとんど作成されず、また伝来していないのだという。「見よ、ここに贖（あがな）い主の九百年目が始まり、

新しい時代が幕を開ける。それは荒々しさと善良さの不毛ゆえに鉄の時代、あふれんばかりの邪悪さの奇形ゆえに鉛の時代、そして文書の欠如ゆえに暗黒時代と呼ばれるのが習わしとなっている」(Translation of Baronius, 1588-1607, 10: 629)。バロニウスに中世全体、すなわちカトリック一色だった時代を非難する意図はなかったにせよ、彼の「暗黒時代」という言葉遣いは急速に広がり、ヨーロッパ史においてカトリック教会が支配的だった時代全体に適用されるようになった。

暗黒時代の「暗黒」とはどのような意味だったのだろう。最近では「暗黒時代」というと暴力や無政府状態（アナーキー）を連想するが、過去五世紀のあいだ、中世の暗黒さは知的な意味における暗黒さのことであって、この時代には書物も学問もないと思われていた。これは一八八三年のよく知られた事典『アメリカ百科事典』がとる姿勢で、いまだに一般的な中世認識を代表するものである。「「暗黒時代」とは、そのもっとも広い意味において、蛮族の覇権が確立した五世紀から学問が再生した十五世紀初頭までの、ヨーロッパ史において知的に低迷したあの時代、それゆえおおよそ中世全体を指す用語である」(Ripley and Dana 1883, 1:186)。暗黒時代を本質的に中世と同じ時代・文化ととらえるこの事典の考え方は今日まで根強い。しかし、ペトラルカの中世に関する最初の引用に立ち返ってみると、彼はこの時代を全体として無知の時代と見ていたわけではなかった。当時も、「鋭い目」をした「非凡な才能を持つ男たち」はいた。しかし、文明化された世界でローマ帝国の指導力が失われたことにより彼らは暗闇に閉ざされることになってしまった、という理解なのである。

ところが中世に関して、ローマ文化が欠如した暗闇の時代というものから、完全に無知の時代というものへ、強調のされ方が変化していく。しかしそれはイタリア・ルネサンスに由来するものではなく、のちのプロテスタントによる宗教改革、そして啓蒙主義に由来する。この両時期の著述家たちは、ルネサンス期の人々以上に中世イメージを汚すことに熱心だった。プロテスタントの改革者たちは、

カトリックの過去を腐敗と停滞一色に描きたがったし、十七世紀や十八世紀の啓蒙期の著述家たちは自身の「理性の時代」を称賛し、先立つ「信仰の時代」を中傷した。イマヌエル・カント、エドワード・ギボン、そしてヴォルテールのような啓蒙主義の学者にとっては、ルネサンスや宗教改革も、（カトリックであれプロテスタントであれ）宗教に支配されていたがゆえになお暗黒の時代だった。とくにヴォルテール（フランソワ＝マリ・アルエ、一六九四～一七七八年）はその辛辣で論争的な著作、たとえば『諸国民の風俗と精神について』で中世の過去を完膚なきまでに批判した。封建的な諸制度や、とりわけローマ・カトリック教会の思想と活動がその理由だが、なかでもスコラ哲学、十字軍、異端審問への憎悪にそのもっとも苛烈な表現が見られる（Bartlett 2001, 12）。ヴォルテールにとって中世は、野蛮で、残忍で、混乱し、専制的で、貧しかったが、彼はそれらすべてを教会の責に帰した。

　中世に関するこうした考えをルネサンスと啓蒙主義の両方から受け継いだもっとも影響力のある人物は、スイスの歴史家ヤーコプ・ブルクハルトだった。最重要著作は『イタリア・ルネサンスの文化』（一八六〇年）で、これはルネサンス史研究の基礎をなした著作の一つとみなされ、今日に至るも一般的なルネサンス観に最大の影響を与えている。しかしブルクハルトは、イタリア・ルネサンスは近代性を生み個人主義を発明したと主張しており、そう顕揚するため、必然的にその分だけ中世を過小評価する必要があった。それでも彼の中世非難は、とくに宗教改革や啓蒙主義による痛烈な攻撃と比較して非常に興味をそそられる。ブルクハルトにとっての中世は「暗黒」ではなく、むしろ意識が朦朧とし、あるいは「子どもの」ようである（「一次史料」参照）。中世の人々は「あたかも共通のヴェールのもとで夢想しているか、もしくは半ば目覚めたような状態にあった」。しかしながら、このヴェールは宗教や教会（彼に先立つ中世史家が好んでやり玉に挙げる対象）ではなく中世社会の束縛のことであり、これこそが個人の自立やかけがえのない人間性の発露をはばむものだった。イタリアが、ルネサンスを

確立したダンテ、ジョット、そしてペトラルカなどの「個人」を生むことができたのは、後期中世にかの地に特有の政治的・経済的状況が生まれていたからだとした。

現在、ほぼすべての西洋文明史の教科書が認めるところだが、ギボン、ヴォルテール、ブルクハルト、そして他の十八世紀および十九世紀の著述家たちは、中世について的外れな非難を向けていたわけではなく、これを過度に単純化していたのである。いまや、ほとんどの歴史家は中世が多様かつ創造的で、歴史のなかで固有の意義を持つ数多くの文化を生み出したことを認めている。彼らは、ローマ帝国を永続させることができなかったという一事でもって中世を裁くことはしない。しかしながら、敵意のこもった固定観念が息づくギボンの歴史書を渇望する読書市場はいまだに存在する。そこでは人気作家や著名な学者でさえ背中を押され、古代世界の光を破壊し、やがてルネサンスの輝きによって姿を消す暗黒時代として中世をとらえ、無自覚なままに同じようなフィクションを書き続けている。

著名なシェイクスピア学者であるスティーヴン・グリーンブラットは、ベストセラーで全米図書賞を受賞した著書『一四一七年、その一冊がすべてを変えた』で、これらの「反中世的」な考え方に新たな命を吹き込んだ。著者自身が二〇一一年の『ニューヨーカー』誌で本書の内容を簡潔にまとめており、中世全体を恐怖と無知の空虚な時代へと還元している。「一つの文化全体が読み書きから目を背けるということはありうる。ローマ帝国が崩壊し、キリスト教が台頭してくると、都市が衰退し、交易が縮小し、不安に駆られた民衆が蛮族の軍隊が来ないか地平線を見張っているうちに古代の教育制度は崩壊していった。……学校が閉鎖され、図書館やアカデミーが門戸を閉じると、専門の文法学者や修辞学の教師は職を失い、書記はもはや文書を書き写すことができなくなった」（Greenblatt 2011, 28）。グリーンブラットは問題の多い「暗黒時代」という言い回しを避けてはいるが、ルネサンス期にルクレティウスの『事物の本性について』によって古代ローマの詩が再発見されたと語ることで、

彼は中世を、古代哲学が忘れ去られ、あるいは意図的に破壊された、自ら進んでそうなった暗黒の一時代として描いた。

一般向けの著述家も著名な学者も、中世を「暗黒時代」として描くためにさまざまな理由を挙げている。ここでいう「暗黒」は、(ローマの統治や文化、近代の科学的手法、個人主義といった)何らかの欠如、あるいは(蛮族の王国、戦士団の指導者、そしてカトリック教会といった)何らかの抑圧的な存在によって規定されるのかもしれない。近年の歴史の本、とくに子ども向けの本を読むと、こうした姿勢がすっかり受け継がれてしまっていることがわかる。スーザン・ワイズ・バウアーは教科書『世界の物語　標準的な子どものための歴史』(二〇〇七年)で、ローマ帝国の統一性と安定性を中世の不統一性、無知蒙昧、そして自暴自棄と対比させている。「(中世の人々は)互いに離れた村落に住み、異なる言葉を話した。そして彼らはもはやラテン語やギリシア語で書かれた古い書物は読まない。彼らは日々生きるのに十分なだけの食べ物を作ることに心を砕き、蛮族がいつまた攻撃してくるかと恐れていた。……私たちはローマが滅んだあとの数世紀を中世と呼んでいる」(Bauer 2007, 318–19)。別の一節でも、バウアーはさらにこうしたステレオタイプを強調する。歴史や医学を知らず、基本的な読み書きさえできなかったとし、中世全体をこの無知の暗黒によって覆い隠してしまうのだ。この暗黒はルネサンス期の印刷機の発明を待ってはじめて除去された、というのである。

二十一世紀の子どもたちに、ギボンやブルクハルトであっても言うはずのない、後退した「暗黒時代」観を教えているのはなにもバウアーだけではない。実際、二〇一二年、オンラインの学習サイト「リードワークス」は野蛮な中世イメージを描いた。中世とは、ローマ帝国のあとの無知と怠惰、宗教的なマインドコントロール、そして〔戦闘に明け暮れ〕身体的にすさまじく消耗した時代以外の何ものでもない、とした。記事はこう結論づけている。「〔中世の〕人々は周囲の世界に好奇心を持つようなこ

とはなかった。だからこそ中世はときに暗黒時代と呼ばれる。ルネサンスのあいだにそのすべてが変わった。中世が暗黒であるなら、ルネサンスは新しい時代の輝かしい夜明けだった」(*ReadWorks* 2012)。

このような記述がなぜ問題か。それは、中世千年間の過度な単純化のみならず、一般に流布するステレオタイプに迎合するあまり、歴史的なエビデンスをないがしろにしているからなのだ。

一次史料

❖ヨルダネスの『ゴート史』(五五一年)より「蛮族の攻撃による惨状」

ヨルダネスは六世紀東ローマ(あるいは「ビザンツ」)帝国の官吏であり歴史家である。ゴート族の入植者の子孫として、五五一年、ゴート人の正史たる『ゲティカ』(『ゴート史』とも呼ばれる)をおそらく誇りをこめて執筆した。ヨルダネスはそこで、長大かつほぼ架空の過去をゴート族に与え、彼らもギリシア人やローマ人のように長く価値ある歴史を持っていることを示した。とりわけゴート族の、そしてフン族のような他の「蛮族」グループの軍事的営為に焦点を当てている。以下の『ゲティカ』の一節は、ヨルダネスが後期ローマ帝国で蛮族の暴力と破壊をどのように想像していたかを示している。

第二〇章　ガッリエヌス(ローマ皇帝位二六〇～二六八年)があらゆる種類の贅沢な生活をしているあいだに、

ゴート族の指導者であるレスパ、ウェドゥクス、タルアルスは船に乗り、ヘレスポントス〔ダーダネルス〕海峡を渡って〔小〕アジアに向かって航海した。そこで彼らは人口の多い都市を多数荒らし、エフェソスの有名なディアナ神殿に火をつけたが、先にも述べたようにそれはアマゾーン〔アマゾネス〕が建てたものである。ビテュニア付近から追われた彼らはカルケドンを破壊し、これはのちにコルネリウス・アウィトゥスがある程度は再建した。しかし、それは現在でも帝都〔コンスタンティノープル〕の近くにありながら、後世の証人として廃墟の痕跡を残したままである。こうして上首尾に終わったので、ゴート族は略奪品と戦利品を積んでヘレスポントス海峡を渡り、アジア侵攻と同一ルートで戻り、途中でトロイアとイリウムを略奪した。これら諸都市はかのアガメムノンの有名な戦争があっていまだ復興にほど遠かったが、敵意をあらわにした武力によってふたたび荒廃した。ゴート族がこのようにアジアを荒廃させると、次にはトラキアがその暴威にさらされることとなった。

出典：Jordanes, *History of the Goths*. 1912–1913. In *Readings in Ancient History: Illustrative Extracts from the Sources*, edited by William Stearns Davis. 2 vols. Boston: Allyn and Bacon, 2:207.〔訳は Iordanis Romana et Getica. 1882. In *Monumenta Germaniae Historica, Auctores antiquissimi* 5,1, edited by Theodor Mommsen. Berlin, 85-86を底本とした／訳者〕

❖聖ヒエロニムスのローマ略奪に関する書簡（四一二～四一三年）

おそらく現在のクロアチアに位置するローマ都市ストリドン出身でラテン語話者の聖ヒエロニムス（三四七～四二〇年）は、もっとも偉大な「教会博士」の一人である。ヒエロニムスの著作によって、キリスト教信仰は形作られた。彼はとりわけ、聖書（ヘブライ語の旧約聖書とギリシア語の新約聖書）をすべてラテン語に翻訳したことで知られている。この翻訳はウルガタ聖書と呼ばれ、以後一千年にわたってヨーロッパのキリスト教世界で使用された。ヒエロニムスはまた聖書各巻の註釈、聖人伝、宗

教的な歴史書、そして書簡を数多く遺した。ここに抜粋した二通の書簡には、四一〇年の西ゴート族によるローマ略奪に心を痛めている様子がうかがえる。彼はこれを悲劇ととらえているが、それはキリスト教徒の命が失われたためであり、そしてまたローマ略奪はすべての文明の破壊に等しいと考えていたためでもある。実際は西ゴート族はローマにさしたる打撃を与えなかったし、彼らが立ち去るとローマはすぐに復興したのだが、ヒエロニムスによる劇的な描写は中世とルネサンスを通じて読まれ、「ローマ崩壊」が「暗黒時代」をもたらしたという一般的な観念の形成に寄与したのである。

プリンキピア宛第一二七書簡〔四一二年〕**より**

12. エルサレムでこれらのことが起こっているあいだ、西から恐ろしい噂が聞こえてきました。ローマはすでに〔一度〕包囲され、市民は命を金で買わざるをえなくなっていたのでした。略奪にさらされた彼らはふたたび包囲され、財産だけでなく命をも失うことになりました。口述していても私の声は喉に突き刺さり、嗚咽で言葉が詰まります。全世界を占領した都市が占領されることになったのです。いえ、戦闘が起こるまえにひどい飢饉が起こっていて、ごく少数の市民しか捕縛されることはありませんでした。狂乱のなかで、飢えた人々はぞっとするような食糧だけが頼みの綱でした。互いに手足を引き裂いて、肉を食べられるようにしたのです。母親でさえも、胸の赤子を惜しみませんでした。……一夜のうちに、モアブは占領され、一夜にしてその壁は崩れ落ちたのです〔イザヤ書15－1〕。神よ、諸国民があなたの相続地に入り、あなたの聖なる宮を汚し、エルサレムを瓦礫の山としました。彼らはあなたの僕(しもべ)らの屍を空の鳥の餌食(えじき)とし、あなたに忠実な者の肉を地の獣に与えました。〔彼らは〕その血をエルサレムの周りに水のように流し、葬る者は誰もいませんでした〔詩篇79－1～3〕。

誰があの夜の破壊を、誰があの殺戮を言葉で
語り尽くせよう。どれほど涙を流せば釣り合うのか、あの苦難に。
いま、いにしえの都が崩れ落ちる、長い歳月にわたり君臨してきたのに。
道々のいたるところに、数知れず、薙(な)ぎ倒されたまま転がる
死体があり、家々や神々の神聖な門口をも満たしている。

〔ウェルギリウス『アエネーイス』第二歌三六一〜三六五〕

13. そうこうするうちに、このような混乱の場面では当然だが、全身に血を浴びた勝者の一人がマルケッラの家に侵入してきた。わが耳にしたことを語ることを許したまえ〔『アエネーイス』第六歌二六六〕、聖なる男たちが見たことを語ります。何人かがその場に居合わせ、あなたもその危機に際して彼女〔マルケッラ〕と一緒にいたというのです。兵士が入ってきたとき、彼女は何ら警戒の様子もなく彼らをなかに入れたようなのです。彼らが彼女に金を要求すると、彼女はその粗末な衣服を指差して、財宝など隠していないと彼らに示しました。しかし彼らは、彼女が自ら選んだ清貧を訝(いぶか)しく思い、彼女を罵倒し、鞭で打擲(ちょうちゃく)しました。彼女は痛みを感じず、彼らの足元に身を投げ、あなたのために涙を流して嘆願したということでした。あなたを彼女のもとから引き離さないでくれ、と。老女である自分は怖れないが、若い身のあなたにそのようなことを耐えさせるのは忍びない、と。キリストが彼らの野蛮な心を和らげたために、剣が血で染まるなかにあって慈悲の心がその居場所を見つけました。野蛮人たちは彼女とあなたを使徒パウロの教会まで連れていき、あなた方はそこで安らぎの場を、少なくとも墓石を見出すことになりました。その結果、マルケッラは大いなる悦びに満たされ、自身の祈

りに応えてあなたが無傷でいられたことを神に感謝したといいます。また、町を奪われたことで貧しさを強いられたのではなくむしろ見出せたこと、日々の糧に窮していても、キリストが彼女の必要を満たして下さりもはや飢えを感じないこと、そして言葉と行いによってこう口にできたことを神に感謝したといいます。「私は裸で母の胎を出た。また裸でそこに帰ろう。主は与え、主は奪う。主の名はほめたたえられますように」〔ヨブ記1－21〕。

ガウデンティウス宛第一二八書簡（四一三年）より

4. ああ恐ろしきかな、世界は滅ぶも我々のなかにある罪は滅びません。ローマ帝国の首府であるかの有名な都市は、かつて大火に飲み込まれました。いたるところに追放の憂き目を見たローマ人がいました。かつて神聖だった教会は、今では塵と灰の山にすぎません。それなのに私たちはまだ欲しいと身を焦がしているのです。我々はあたかも明日にも死ぬやもしれませんが、いつまでもこの世に生きていくかのように建設に従事しているのです。壁も、天井も、柱頭も金色に輝いていますが、キリストは裸で空腹のまま、私たちの扉のまえでその貧しき人々に代わって死んだのです。祭司アロンは、荒れ狂う炎に直面し、香炉に火をつけることで神の怒りを抑えたと書かれています。この高位聖職者が「死んだ者と生きている者とのあいだに」立ったので、火は彼の足元に届きませんでした〔民数記17－11～13より〕。またあるとき、神はモーセに「私を止めてはならない。……彼らを滅ぼし尽くす」（出エジプト記32－10）と言われました。主が、私を止めてはならない、とおっしゃったということは、むしろ脅しを撤回する可能性を示しています。そのようなわけで、主の僕の嘆願は主の力を阻むことになったのです。神の怒りに応じてその炎を防ぎ、使徒〔パウロ〕とともに「私自身、きょうだいたち……のためなら、呪われた者となってもよい」（ローマの信徒への手紙9－3）と言うことのできる人が、今、

天の下にいると思いますか？　民も祭司もそうなるように〔イザヤ書24－2〕、群れは羊飼いとともに滅びます。モーセは哀れみの心に打たれ語りました。「今もし彼らの罪をお赦しくださるのであれば。しかし、もしそれがかなわないなら、どうぞあなたが書き記された書から私を消し去ってください」〔出エジプト記32－32〕と。彼は滅びる者と一緒に滅びることを望み、自らの救済だけでは満足しません。「民が増すところには王の栄誉」〔箴言14－28〕です。

そのようなときに、私どものパカトゥラが生まれました。この揺りかごで第一の時期〔乳幼児期〕を過ごしたのですが、笑いより先に涙を知り、悦びよりも早く悲しみを感じる運命でした。そして〔人生が〕始まってもいないのに、もう終わってしまいました。彼女には、この世はいつもこんなものだと思ってもらいましょう。過去のことは知らぬように、今のことは避けるように、未来を乞い願うように。

私のこれらの考えは、急ぎかき集めたものにすぎません。失われた友への悲しみは途切れることはありませんが、ようやく最近になって、老人が幼子に手紙を書くに十分な落ち着きを取り戻しました。兄弟ガウデンティウスよ、あなたへの愛情ゆえに、何も言わないよりは少しでも言葉をかけた方がいいと思いました。悲しみが私の意志を麻痺させているのですが、もし私が何も言わなければ友情が疑われるかもしれないので、簡潔に書き記します。

出典：*The Principal Works of St. Jerome*. 1893. Translated by W. H. Fremantle, G. Lewis, and W. G. Martley. In *Nicene and Post-Nicene Fathers*, 2d ser., vol. 6, edited by Philip Schaff and Henry Wace. New York: Christian Literature Publishing, 257, 260.〔訳は *Patrologiae cursus completes. Series Latina*, vol. 22, edited by J.-P. Migne. Paris, col. 1094, 1095, 1099を底本とした。ウェルギリウス『アエネーイス』はウェルギリウス『アエネーイス』岡道男・高橋宏幸訳、京都大学学術出版会、二〇〇一年、七一～七二、二五七頁を借用した／訳者〕

❖エドワード・ギボン『ローマ帝国衰亡史』（一七七六〜一七八八年）

エドワード・ギボン（一七三七〜一七九四年）の『ローマ帝国衰亡史』は、広く、近代歴史学を基礎づけた著作の一つとされている。六巻構成で一二年かけて刊行された。本書でギボンは一次史料を用いてローマ帝国とその没落、それに続く中世の本性について合理的・非宗教的な歴史を構築した。絶大な人気を博し、ギボンの生前とその後二世紀を通して数多くの版と何百もの刷を重ねた。ギボンこそが、ローマの没落とそれに続く「暗黒時代」到来の責任をキリスト教の台頭と教会の形成に求めた最初の歴史家の一人であり、この見取り図は啓蒙思想家と、英国および合衆国のプロテスタントのあいだで評判が良かった。以下の有名な一節において、ギボンはローマ支配を終わらせ中世をもたらした「野蛮と宗教の勝利」に関する自身の長い議論を要約している。

第七一章第二節　蛮族の敵意のある襲撃とキリスト教徒

ローマの諸々の記念碑の破壊をゴート族とキリスト教徒の罪に帰している諸国の大勢の文人は、いったい彼らがどの程度まで敵対的な原理に促されていたか、そして彼らの敵意を満足させる方途と時間をいかなる程度まで有していたかの究明を怠ってきた。私はこの「衰亡史」のこれまでの巻で野蛮と宗教の勝利の軌跡を跡づけてきたが、ここであらためてそれと古代ローマの廃墟とのあいだの現実的もしくは空想的な繋がりを簡単に要約しよう。我々の想像力は、ゴート人やヴァンダル人という蛮族がオーディンの敗走に報復すべくスカンディナヴィアから出撃して人類の鉄鎖を打ち壊して圧制者を膺懲（ようちょう）した結果、彼らは古典文芸の記録をすべて焼き捨てた末にトスカーナやコリント式の柱頭の残骸のうえに彼らの民族的な建造物を築こうとした、という類いの甘いロマンスを喜んで創作もしく

は借用したがる。だがありていに言えば、彼ら北方の征服者はこの種の破壊と復讐の高邁な観念を抱くほど野蛮でも上品でもなかった。スキタイとドイツの牧羊者たちは、帝国軍隊に編入されて教育を受ける過程でその規律を体得し、その弱点に乗じて侵入したわけであり、彼らはラテン語の身近な習得によりローマの名前と栄誉への畏敬を覚え込んだ。彼らは昔の輝かしい時代の学問や芸術と張り合う能力を持たなかったが、それを破壊するよりは称賛する気持ちの方が強かった。たしかにアラリックやガイセリックの兵士は富裕で無抵抗の首都の一時的な占領に際して勝利の軍隊の激情に刺激されたけれども、好色ないし残虐の見さかいない彼らの放恣な探索の目的物は持ち運び可能な財宝に限られ、自分たちは昔の執政官や皇帝の記念碑を見るかげもないまでに破壊したという無意味な感慨から彼らが多少の誇りや喜びを感ずる余地はまったくなかった。実際彼らには時間が貴重だったはずで、ゴート軍はローマを六日目に、ヴァンダル軍は一五日目に早々と撤退している。破壊よりは建設が格段に困難な事業であることは論ずるまでもないが、彼らの性急な攻撃が古代の堅固な建築物に与えた損傷はおそらく軽微だったと信ぜられる。我々はアラリックもガイセリックもひとしく首都の建造物の保全を口にしたことを、そしてこれらがテオドリックの好運な統治下で雄々しく美しい姿で建っていたこと、そしてトティラの一時的な憤怒も彼自身の気性と彼の友人や敵方の忠告で和らぐに至った等々の経緯を想起してよいであろう。我々は、これら無実な蛮族民からローマのカトリック教徒らに非難の対象を移してよい。悪魔の塑像や祭壇や神殿は彼らの目には呪わしい対象であったために、彼らは首都の絶対的な支配権を手にした段階で、これら先祖の偶像崇拝の形見の抹殺に熱烈にしかも辛抱強く精を出したかもしれない。東方における神殿の破壊が彼らには行動の手本を、そして我々には信仰の論拠を与えた以上、この犯罪もしくは功徳の一部分は、当然ながらキリスト教に改宗したローマ人に帰せられてよいと思われる。しかし彼らの憎悪は異教の迷信の記念碑のみに局限され、社会一

般の事務や愉楽に捧げられた公的な建造物は、醜聞や損傷の対象にならずに保存されたはずである。宗教の切り換えは民衆の騒擾でなく皇帝と元老院、そして時の指図によって実現された。キリスト教の位階制度のなかで、歴代のローマ司教は通常もっとも分別心に富んで熱狂から遠い存在であった。現に、パンテオンの壮麗な建築物を保存し転用した高邁な行為に対して積極的な非難の余地は皆無のはずである。

出典：Gibbon, Edward. 1827. *The History of the Decline and Fall of the Roman Empire*. 12 vols. Oxford: D. A. Talboys, 8:379-81.〔訳は『ローマ帝国衰亡史』第XI巻、中野好之訳、筑摩書房、一九九三年、二五五〜二五七頁を借用し、適宜改変した／訳者〕

❖**ヤーコプ・ブルクハルト『イタリア・ルネサンスの文化』**（一八六〇年）

ローマ没落研究がエドワード・ギボンによって叙述されると（直前の「一次史料」を参照）、歴史的な一時代としてのイタリア・ルネサンスの研究がスイスの歴史家ヤーコプ・ブルクハルト（一八一八〜一八九七年）によって叙述された。ブルクハルト以前、ルネサンスに関する議論はほとんど芸術制作に限定されていた。ブルクハルトはルネサンスを政治、国政運営、慣習、そして宗教の観点から定義づけ、これらすべてが当代の芸術と文学に反映していたと主張した。ブルクハルトは、ルネサンスを論じるにあたり個々の天才とその偉業の顕彰に焦点を当てたが、まさにそうしたことが中世には完全に欠落していたものだった。

中世においては意識の両つの面――外界に向かう面と人間自身の内面に向かう面――は、あたかも共通のヴェールのもとで夢想しているか、もしくは半ば目覚めたような状態にあった。このヴェールは信仰、子どものおずおずとした気持ち、そして妄想を材料にして織られていた。これを通して見る

と、世界や歴史は世にも不思議に彩られて見えた。だが人間は自己を種族、民族、党派、団体、家族として、あるいはその他何か普遍的なものとして認識していたにすぎなかった。イタリアにおいて、はじめてこのヴェールが吹き払われて消え失せる。国家と、そしてまたおよそこの世界にあるあらゆる事柄とを客観的に考察し、かつ処理する精神が目覚める。これとならんで、主観的なものも全力を挙げて身を起こす。人間は精神的な個人となり、自分がそのような存在であることを認識する。かつてギリシア人がそのような存在として非ギリシア人にたいして一頭地を抜き、個性的なアラブ人がいまだ種族の域を出ない人間としてのアジア人にたいして一頭地を抜いたのも同じ事情にある。これには政治的状況がきわめて強力に関与していたということを立証するのは、難しいことではないであろう。

イタリアでは他の国よりもかなり早い時期にすでに、自立した人格の発展がときおり見かけられる。こうしたことは、同じ頃の北方諸国ではそれほどには起こっていないか、もしくは現れていないのである。リウトプランドが描き出している十世紀のあのものすごい無法者らの集団、教皇グレゴリウス七世と同時代の二、三の者たち（アルバ司教ベンゾーの書を読まれたい）、ホーエンシュタウフェン家の最初の頃の何人かの敵対者たちは、この種の相貌を示している。ところが十三世紀も末になると、イタリアは個性的人間でいっぱいになり始めるのである。個人主義のうえに置かれていた呪縛は、ここでは完全に破られている。何千という顔が一つ一つ、特殊な相を帯びて際限もなく現れてくる。ダンテの偉大な文学は、他のヨーロッパ諸国がいまだあの種族という呪縛につながれていたという理由だけからも、イタリア以外のどの国においても考えられなかったであろう。イタリアにとって、この崇高な詩人はその溢（あふ）れんばかりの個性によって、すでにその当時におけるもっとも国民的な先触れとなっている。だが、文学と芸術における人間の多様性の叙述、さまざまな彩りをもってなされる性格描写に

ついては、別に章をもうけて論ずることにしよう。ここでは心理的事実自体だけを問題にする。この心理的様相は完璧な姿で、かつ決然として歴史のなかに登場する。すなわちイタリアは、十四世紀になるとおよそ心にもない謙遜とか、また偽善というものをほとんど知らない。人目を惹くこと、他人と違っていること、また違って見えることをはばかるような人間は一人もいないのである。

出典：Burckhardt, Jacob. 1878. *The Civilization of the Renaissance in Italy*. Translated by S. G. C. Middlemore. London, 129-30.〔訳はヤーコプ・ブルクハルト『イタリア・ルネサンスの文化』上、新井靖一訳、ちくま学芸文庫、二〇一九年、二〇〇〜二〇二頁を借用し、適宜改変した。傍点による強調は原著のダブルスペースに対応／訳者〕

実際に起きたこと

「暗黒時代」だったとするさまざまな誤解を正すべく、中世に本当に起こったことを叙述しようとすれば、生涯にわたる時間と数百万言を費やさなくてはならない。限られた紙幅では中世をあっさり「暗黒時代」視することとの問題点を素描するのがせいぜいだが、以下に見られる各章はそんな貢献を意図して書かれている。うえで見たように、中世がしばしば「暗黒」とみなされるのは、古代ローマに比して知的に衰退したと考えられているため、あるいは残虐な暴力がはびこっていたためであった。ルネサンスと啓蒙時代の学者は知的な衰退を重視し、他方、現代の読者は中世に蔓延したとされる暴力に好んで焦点を当ててきた。いずれのステレオタイプも中世の一時期にならあてはまるのだが、おもに初期中世の前半だけ、つまり五世紀から八世紀にかけてのことであって、中世の一千年全体には

妥当しない。それにもかかわらず、中世に関する多くのフィクションが相変わらずなのは、中世の画一性、つまりローマの没落からルネサンスまでのあいだに人々や制度がほとんど変化しなかったという考えがあり、かつ、それが広範囲に浸透しているからである。どうすれば暗黒時代という神話に対抗することができるだろうか。

まず、「暗黒時代」という用語自体が、千年間を指すにはあまりに曖昧でかつ誤解を招きやすく、そして不正確である。この認識が共有されればこそ、「暗黒時代」なる用語は、すでに一世紀以上もまえからあらゆる学術書で姿を消しているのである。だからこそ、いまだに中世をそれに先立つ、あるいは後続する時代に比して絶望的なまでに遅れていると見る歴史家たちでさえ、この用語の使用を控えているのだ（先にスティーヴン・グリーンブラットについて見た通り）。十九世紀を通じ、歴史学が専門分野として確立されていくにつれて、学者たちに認識の変化が訪れた。すなわち、十一〜十五世紀は人口が増加し、都市化が進み、交易が活発になり、芸術的な創造性が復興し、リテラシーが拡大した時代であるから、侮蔑的な呼称である「暗黒時代」を用いて初期中世（おおよそ五〇〇〜一〇〇〇年）とともに一括りにするのは不適切であると考えたのである。一九〇四年、イギリスの文学者W・P・カーが『暗黒時代』を執筆した際、その冒頭に謝罪と弁明を置かねばならなかった。「暗黒時代と〔複数形の〕中世──あるいは〔単数形の〕中世──は以前は同一視されていた。同じ時代の二つの呼称として。しかし、やがて区別がなされ、暗黒時代はいまや初期中世以上のものではなくなった。中世という用語は、しばしばそれに続く数世紀、すなわち一一〇〇年から一五〇〇年に至る騎士道の時代、第一回十字軍からルネサンスまでの時代に限定される」（Ker 1904, 1）。カーの中世に対する慎重なアプローチも、今日では却下されるのが普通である。というのも、カーがなおも「暗黒」と呼ぼうとした初期中世の研究者は、この時代もまたいかに創造的で、独創的で、比類のない時代だったかを示してきたし、そ

の一方で、〔盛期〜〕後期中世の研究者は一一〇〇年から一五〇〇年までの全期間を単に「騎士道の時代」と括ることはないからである。およそ一世紀後、初期中世史のもっとも定評ある入門書（『初期中世のヨーロッパ　三〇〇〜一〇〇〇年』）を書いたロジャー・コリンズは、暗黒時代という言葉の使用さえ認めなかった。むしろ彼は、「本書が扱う数世紀は、ヨーロッパのみならず、長期的には世界の多くの地域におけるその後の発展にとってもっとも重要な期間を構成している」（Collins 1999, xxiii）ことを論証したのだった。

しかし、私たちの関心事はここで「暗黒時代」なるイメージそのものを否定することであって、使用を控えればよいというものではない。「暗黒の中世」はこの約六百年間、西洋文明の定義をめぐる中心的な課題だったが、「暗黒の中世」観に対して、私たちはどう異を唱えることができるだろうか。一つには、中世の人々は未開でも無知でもなく、ギリシア文化、ローマ文化の要素を多数保持していたこと、誤ってルネサンス発とされてきたいくつかの進歩が〔中世においてすでに〕達成されていたことは示せる。あるいはまた、暴力、不潔、絶望といったもっぱら中世に帰される要素が実際には古代やルネサンスの世界にも見られ、むしろ前近代社会に汎通的な要素であったことを示すこともできる（もちろん気の滅入る方法だが、間接的に中世を擁護する方法だ）。三番目の方法は、中世をローマとルネサンスの影から解き放ち、近代西洋文明の多くの政治・社会構造を生み出した文化として、中世社会それ自体を研究すべしと主張することである。

先のスティーヴン・グリーンブラットの引用、すなわち「都市が衰退し、交易が縮小し、不安に駆られた民衆が蛮族の軍隊が来ないか地平線を見張ってい」た時代に、中世社会の「文化全体が読み書きから目を背け」ていた（Greenblatt 2011, 28）という主張に戻れば、上記三つのアプローチが可能になるとわかる。ジム・ヒンチがグリーンブラットの著作を酷評するなかで示したように、グリーンブラッ

トの中世理解は完全に間違っているか、たかだか五世紀から八世紀までの侵入と移動の時代に適用されるものにすぎない（Hinch 2012）。聖書と他の宗教書が彼らの文化、学習、芸術の直接の焦点となったように、中世社会は古代ローマよりも読み書きに目を向けていたとも言えそうだ。中世文化は古代を見失いもせず、放棄もしなかった。というのも、ラテン文法とレトリックを学ぶため、中世の聖職者と学識者は、ウェルギリウス、オウィディウス、ホラティウス、プリニウス、そしてもしかすると散逸したとされるルクレティウスといった異教ローマの著述家たちの作品を読み、筆写し続けたからである。

たしかにヨーロッパ（かつての西ローマ帝国）で、五世紀から八世紀という難局に都市が縮小し、交易が衰退していったのは事実である。近年の考古学的調査も、これまで長きにわたりローマ文明の崩壊を立証してきた文字史料の記述を支持している（Ward-Perkins 2005）。しかし、この時期が終わりカロリング期（七五一〜八八八年）になると徐々に、そしてとくに紀元千年を迎える頃まではっきりと正反対のことがヨーロッパのほとんどの地域で起こったのである。古い都市が息を吹き返し、新たな都市が生まれ、かつての交易路が復興し、新たな交易路も作られた。その結果、ヨーロッパはアフリカ、近東、インド亜大陸、そして中国の文化とさえつながるようになった。暴力的な中世を題材にした大衆文化に広く影響を与えているヴァイキングの侵攻（九世紀と十世紀）でさえ、ヨーロッパの経済復興を止めることはなかった。なるほど、ヴァイキングの破壊性・残虐性を証言する同時代のヨーロッパ側の文書は存在するが、彼らは長距離交易と文化的つながりを強化した可能性すらあるのだ。

それゆえ、中世はほぼその全期間にわたって、経済と政治における成長と創造の時代だった。中世の人々がつねに「蛮族の軍隊が来ないか地平線を見張っていた」と主張することはやはり馬鹿げている。中世ヨーロッパのほとんどの住民は、まさに後期ローマ帝国時代に侵攻ないし定住した蛮族の末

裔だったからである。フランク族、アングロ＝サクソン族、ロンバルド族、（スペインやプロヴァンス地方の）西ゴート族などは、みなすみやかにキリスト教に改宗し、ローマ法や統治の基本構造をある程度受容し、ヨーロッパの諸国家や文化的諸地域として今に続く諸王国を創建した。ピーター・ブラウンやウォルター・ゴッファートに率いられた重要な歴史家たちは、「蛮族の侵攻」期の再考を要求している。ブラウンは多くの著書で、三〇〇年から七〇〇年までの時期を「古代末期」と呼ぶべきとする。旺盛な文化的創造性が見られる時代であり、新たにキリスト教化された社会のなかで、ギリシア・ローマ文化が生き延びたというのである（Brown 1989; Brown 2013）。ゴッファートは、後期ローマの人々とゲルマン諸部族は、私たちの想像に反し、平和的に文化を融合させたと言っている。暴力的な侵攻によってではなく、重要な、しかしありふれた「適応・順応」のプロセスが〔ローマとゲルマンの〕融合を可能にしたと言うのである（Goffart 1980）。

第2章から第11章で紹介する史料はほとんど十一世紀から十五世紀、すなわちいわゆる「盛期」および「後期」中世、文化程度が向上し、芸術と知性に関して高い創造性を示す時代のものである。しかし、以下に紹介する「一次史料」はまさにこの中世の前半期、いまだ一般に「暗黒時代」と呼ばれる時代に由来するものである。史料選定の理由は、俗説では野蛮と無知の時代とされる初期中世のヨーロッパにあって、創造的で知的な文化が営まれていたことを示すためだ。事実として、この時期の文筆と学問はほぼ教会のメンバー、つまり修道士と修道女、司祭と司教によるものだ。しかし、通念に反して、彼らは宗教にのみ関心を集中させていたのではなかった。ローマ時代の文章技法と知的ツールを継承・発展させ、聖書だけでなく恋愛文学、文芸評論、そして自然科学に適用したのだ。

以下の史料は六世紀から九世紀にかけての西ヨーロッパに由来し、男および女、世俗および聖職、修道士および在俗聖職者の手によるものだ。ガリアの詩人エウケリアの詳細はわかっていないが、彼

女はどうやら貴族の出で、学問を修めたことが見て取れる。ここに抜粋する、今に伝わる彼女の詩作は現代の読者には理解しづらいかもしれないが、ローマ帝国時代の詩の多くに匹敵する見事な構成である。中世の多くの著述家と同様、彼女はラテン語を完全に使いこなしており、事実キリスト教徒でもあったが、古代文化や神話に精通している。修道士ベーダは、初期中世における最高の歴史家かつ科学者の一人とされる。抜粋した著作『暦計算書』では、キリスト教の信仰があればこそ、科学的、数学的で詳細な観察がいかに可能だったかを示している。月の満ち欠けが潮の満ち干へおよぼす影響を計算しているが、古代ギリシアやローマのそれよりも正確で、続く中世の天文学や数学の発展に影響を与えた。メッス司教アマラリウスは、九世紀初頭のカロリング帝国の全盛期に生き、執筆活動を行った。ベーダと同様、彼はキリスト教の振興と完成のために執筆したが、［ギリシア・ローマといった］古典古代のモデルに依拠しながら、新たな学問体系を築いた。その交唱聖歌集（アンティフォナリー）（教会の礼拝で使用される典礼書の一種）の序文では、多数の交唱聖歌集の精読と比較に基づく自身の編纂方法を詳述している。

これら三つの史料は、中世が知性や創造性や古代の知識を欠いた「暗黒時代」ではなかったことを示す当時の厖大な著作から引用できるものの一部にとどまる。そう、ローマ帝国の一元化された統治と大陸を覆う規模の経済は初期中世に消滅したが、だからといってヨーロッパが単なる野蛮と無知に屈したわけではないのだ。中世の人々は、スティーヴン・グリーンブラットが主張するように読み書きや古典文学から目を背けていたのでもないし、多くの教科書に書かれているように、ローマの先人たちが用いたラテン語や写本を失ってもいなかった。中世の著述家、聖職者、科学者、建築業者、そして農民は、みな地中海とゲルマンの文化をキリスト教的な主題とイメージに結びつけ、完全に新しい中世社会を作り出したのだから、ローマ帝国やイタリア・ルネサンスの重要性に引きずられて判断してはならないのである。

一次史料

❖エウケリア「諷刺的な愛の詩」（五七五年頃）

エウケリアは、六世紀のフランク王国治下ガリアの女性詩人である。教会人だったのか、俗人だったのかは定かでない。ここに抜粋した彼女の詩は、五七五年頃に編纂された世俗詩集に取り入れられたものである。このラテン語諷刺詩のなかで、彼女からの愛情を求めていたらしいルスティクスという名の奴隷を嘲り（あざけり）つつ、彼女は古代の神話と劇的なイメージを織り交ぜ、そのまま並べれば不条理で現実味なく思える組み合わせを列挙している。本作や同じ時代から伝わる他の詩は、中世初期の「蛮族の」王国のなかでローマ帝国の文化が連綿と続いていたことを教えてくれる。

調和のとれた金属で輝く金の糸を、
　剛毛の塊（かたまり）と一緒にしよう。
絹の衣服、宝石をちりばめたラコニアの生地は、
　私に言わせれば山羊の皮にぴったりだ。
高貴な紫を醜い赤いジャケットに合わせ、
　きらりと光る宝石を重々しい鉛に合わせよう。
真珠を自らの明るさで虜（とりこ）にさせ、

暗い鋼に閉じ込めて輝かせよう。
……
岩のヒキガエルに金色の蛇を愛させ、
メスの鱒にもオスの蝸牛を探させよう。
高尚な雌ライオンには卑劣な狐を合わせ、
猿には眼光鋭い大山猫を抱かせよう。
さあ、雌鹿には驢馬（ドンキー）を、雌虎には驢馬（アス）を合わせ、
素早い鹿にはのろまな雄牛を合わせよう。
さあ、腐ったオオウイキョウの汁で蜜のようなロゼワインを汚し、
そしてさあ、蜂蜜をひどい毒と混ぜ合わせよう。
発泡水を泥だらけの汚水溜めと結びつけ、
泉の水を汚物の混ぜ物でいっぱいにしよう。
……
これら醜いものどもに、どうなるかは知らぬが自然の秩序を歪めてもらえば、
奴隷ルスティクスもエウケリアを求められよう。

出典：Mathisen, Ralph W. 2003. *People, Personal Expression, and Social Relations in Late Antiquity*. Ann Arbor: University of Michigan Press, 38–40.〔訳は Marcovich, Miroslav and Aristoula Georgiadou. 1988. "Eucheria's Adynata," *Illinois Classical Studies* 13, no. 1:165–67を底本とし Uden, James. 2012. "Love Elegies of Late Antiquity," *A Companion to Roman Love Elegy*, ed. by Barbara K. Gold, 459–75. Malden, MA : Wiley-Blackwell を適宜参照した。なお、最終行の「ルスティクス」は原著に従い人名として訳出したが、形容詞と解釈して「粗野な rusticus 奴隷も」とする方が有力である／訳者〕

❖尊者ベーダ『暦計算書』（七二五年頃）における月と潮の計測について

ベーダ（六七三～七三五年）は、今日のイングランドのヨークシャー地方とスコットランド南部にまたがるノーサンブリア王国の二重修道院ウェアマスとジャロウのアングロ＝サクソン人修道士である。聖人として崇敬され、そのため「尊者」の称号を得ている。彼は、居住する村ないし修道院を出なかったにもかかわらず、中世初期の偉大な学者の一人として名が通っている。もっとも有名な著作は歴史と文学の傑作である『アングル人の教会史』（最古のイングランドの通史）で、自身が属する「蛮族」集団の由来を古代の聖書やローマ人の歴史に求めている（現在はその由来を聖書やローマに求めていなかったという説が有力／訳者）。彼はまた、コンプトゥス、すなわちもっぱらイースターなどのキリスト教の祝祭日を正しく算出するために用いられた中世の暦算学について、いくつか著作を遺した。ベーダら「暦算学者（コンピュティスト）」たちは、キリスト教の暦とローマの世俗的な暦のあいだに整合性を得ようと試み、さらには太陽、月、星を注意深く観察することも心がけた。暦算学に関するベーダのもっとも大部の著作は『暦計算書』で、月と潮の関係について次のように考察している。

> しかし、他の何よりも素晴らしいのは、海と月の軌道のあいだに存在する偉大な関係である。（月が）昇り沈むたびに、（海は）ギリシア人が「レウマ」と呼ぶ熱気の力を送り込み、これが遠く離れた海岸を覆う。そしてその力が後退すると、それは海岸を露わにする。川の甘い流れは十分に混ざり合い、塩辛い波で覆われる。月が通過すると（海は）後退し、川は即座に自然の甘さと水位を取り戻す。それはまるで、月のある種の呼吸によって海がその意志に反して前方に引っ張られたかのようであり、月の力が止むと、ふたたび（川の水は）海に適切な水位で注がれるのだ。

私たちがうえで教えたように、月は毎日、前日より四プンクトゥス遅れて昇ったり沈んだりする。同様に、昼だろうと夜だろうと、朝だろうと夕方だろうと、満ち潮と引き潮はともに毎日行き来をやめず、それは（前日に比べて）ほぼ同じ時間ずつ遅れていく。一プンクトゥスは一時間の五分の一、五プンクトゥスで一時間になる。さらに、月は二朔望月（つまり五九日）で地球の周りを五七周するため、これと同じ期間で、海の潮汐はその二倍の一一四回最大潮位まで上昇し、同じ回数だけ最低潮位まで沈んでゆく。二九日のあいだに月は二八回地球の周りを照らし、ひと月（naturalis mensis）になるまでの残り一二時間のあいだに月は地球を半周する。そのため、たとえば先月正午に地球のうえに現れた新月は、今月、地球の下で真夜中に燃える太陽と出会うことになる。この時間の長さのあいだに、潮は二倍の頻度で来て、五七回にわたり「高く膨れ上がって、堰を切り、ふたたびもとの所へもどる」〔ウェルギリウス『農耕詩』第二歌 四七九～四八〇〕。月は半月（つまり十五昼夜）で地球を一四周半周り、新月のときは夕方に西に来るのに対し、満月のときは夕方に東に来る。この期間に海の干満が二九回起こる。夕方に西にあった月が（すでに説明したように）自然の遅れによって一五日間かけて東に移動するように、今朝東にあったものは今から一五日経つと西に移動しており、今夕発生する海の潮もまた、一五日後には朝に発生するだろう。一方、こうして毎日少しずつ遅れることにより、朝潮は夕方に上昇する。そして、月は一年で（つまり一二ヶ月、三五四日で）地球を回る回数が一二回少ない（つまり三四二回）ので、これと同じ期間に、海の潮は六八四回にわたって陸地に押し寄せては跳ね返るのである。

海は月の軌道を反映しているが、それは月の出入りに合わせるだけでなく、月の大きさの増減にも関係している。そのため潮流は、前日よりも時間が遅れるというだけでなく、毎日少しずつ大きくなったり小さくなったりする。潮位が大きくなるときは大潮、小さくなるときは小潮と呼ばれ、それらは、七日と八日を交互に繰り返しながら毎月を分割し、四通りの多様な変化をもたらしている。それ

らはときには同じ割合で七日半ごとに到来し、ときにはより早く、あるいはより遅く到来し、風や他の現象、あるいは自然の圧力によって前後する。その結果、ときに両者の順序が逆になり、ある月には大潮の方が多く、別の月には少なくなる、といったことも生じる。したがって、二つの潮の動きのうちいずれかが、あるときは夕方に、そしてあるときは朝に始まることになるだろう。たしかに、新月や満月のときに潮が最高位に達するとそれは大潮となり、次の七日間、この大潮の潮は朝潮よりも大きく、強くなる。同様に、朝に大潮が始まると、その後何日ものあいだ朝潮がより多くの海水を運んできて陸地を覆うことになる。夕潮は、朝潮が引いた境界線を限度としてそれ以上押し寄せてくることはないが、いくつかの月では両方の潮がまったく異なる速度で成長する。

出典：Bede, 1999. *The Reckoning of Time*. Translated by Faith Wallis. Liverpool: Liverpool University Press, 82-84.〔ウェルギリウス『農耕詩』は、ウェルギリウス『牧歌／農耕詩』小川正廣訳、京都大学学術出版会、二〇〇四年、一三六頁を借用した／訳者〕

❖メッスのアマラリウス『交唱聖歌規定書』序文（八四〇年頃）

メッスのアマラリウス（七七五頃〜八五〇年）は聖職者で、カール大帝〔シャルルマーニュ〕とその息子ルートヴィヒ敬虔帝の廷臣だった。トリーアとリヨンで司教を務め、キリスト教の典礼、すなわち宗教儀礼の実践に貢献した人物としてとてもよく知られている。次の一節は、交唱聖歌集（アンティフォナリー）、すなわち教会の礼拝で歌われる詩篇やその他典礼の素材を集めた聖歌集に付された序文から引用した。これを読むと、アマラリウスはより優れた新しい批判校訂版を編集するため、フランク王国に伝わる多くの交唱聖歌を丹念に読み、比較し、照合したことがわかる。この種の学術的営為は、中世を通じてときおり実践されたかもしれないが、十七世紀および十八世紀になってようやく当たり前のも

のとなった。

1.私は、私たちの地方に伝わる交唱聖歌集について苦慮していた。というのも、新しいものを見ると、古いものとは異なる順序で進行するなど、互いに一致していないからである。私はどれを堅持すればよいか皆目見当がつかなかったので、すべての人に万物を与えて下さる神が私をこの種の悩みから解放して下されば何と喜ばしいことか。コルビー修道院で多数の交唱聖歌集が、すなわち夜間の祈りのための三巻と日中の祈りのみを含む四巻目が発見されたとき、私は好奇心の大海から静寂の港に向けて船の舵取りをするのに難儀した。2.さて、私が、神聖にしてキリスト教徒として至高の皇帝ルートヴィヒによってローマの神聖にしてもっとも尊敬すべき教皇グレゴリウス四世のもとに派遣されたとき、教皇聖下は私に前述の巻について次のように述べた。「余の手元には、我が子である皇帝陛下に送ってもよい交唱聖歌集は残っていない。なぜなら余が所持していたものは、ワラがここで他の使節の任を果たした際にフランキアに持っていってしまったからである」。3.私はこれらの巻を自分たちが用いている交唱聖歌集と比較してみたが、順序だけでなく、言葉遣いや私たちが歌っていない応唱や交唱を数多く取り入れている点で、私たちのものとは異なっていることがわかった。実際、多くの点において、私たちの巻はそれらより合理的に設計されていることがわかった。4.私は、母と娘がどうしてここまで違ってしまったのか、と不思議に感じた。そこで上記の〔私たちの〕交唱聖歌集のうち一つの巻を手に取り、その内容を改めた結果、それが以前教皇ハドリアヌス〔一世、在位七七二〜七九五年〕によって編纂されたものであることを発見した。ローマで用いられているあの巻よりも、私たちの巻の方がずっと由緒正しいのだと認識したのだ。

5.それにもかかわらず、私はそれらの巻を参照して、私たちの巻もいくつかの箇所で修正を要す

ることに気づいたし、上述したように、私たちの巻の方がより合理的かつ適切に記述されている箇所もあった。したがって私は、よりよい配列の場合は私たちの巻から外れてしまわぬよう、そして規定や言葉遣いの点でローマの巻を参照して修正できそうな箇所を無視してしまわぬよう、この二つの巻の中間の道を選んだ。6.私たちの今のカントールたちは、曜日ごとに応唱や交唱を分け、また聖人の祝祭日には交唱を各徹夜課に割り当てるなど、権威ある言葉を用いてより合理的に聖務日課を行えるよう定めている。そこで私は、まずローマ式の規定を、続けて私たちのカントールの規定を書き留めた。規定が欠けているのを見つけた場合は、クリスマスと復活祭の直前の日と週がはっきりわかることに留意しつつ、私たちは両方の巻から規定を追記した。7.もし調査した巻の応唱と交唱の規定が、引用元の書物における規定や理性の定める調和と矛盾しているように思われる場合には、私はこの交唱聖歌集において、各祝祭日の歴史や理論的根拠とより一致すると思われるものに躊躇なく従った。

8.ローマ式の交唱聖歌集でよりよい規定だと思われた箇所には、私は余白に都市ローマを表す「R」を書き入れた。私たちの方で同様に思われた箇所には、都市メッスを表す「M」を書き入れた。さらに、私たち自身の賢明さに照らしてもっと理に適った規定でもいいのではないかと思われた箇所には、寛大さ indulgentia と愛情 caritas を表す「I」と「C」を書き入れた。9.それゆえ私はカントールたちに、〔従来の〕書物に見られる規定と理性の完全さに照らして議論するまえに、私たちの提案を軽視しないよう懇願する。そして、もしこれらのことが〔従来の〕書物に見られる規定に合わないと思ったり、他の理由を見つけたりしたなら、私の未熟さを思いのままにしてもよいが、一人の赤髪が刈り取った庭の収穫物を蔑ろにすることのないように。

出典：Amalarius of Metz. 2018. https://apps.carleton.edu/curricular/mars/assets/Amalarius_of_Metz_Prologue_to_the_Liber_de_ordine_antiphonarii_for_MARS_website.pdf, translated by W. L. North from *Amalarii Episcopi Opera Liturgica Omnia*, edited by

J. M. Hannssens. Vatican City: Biblioteca Apostolica Vaticana, 1958, 1:361–63.

さらに詳しく知るために

- Baronius. 1588–1607. *Annales Ecclesiastici*. 12 vols. Antwerp: Ex Officina Plantiniana.
- Bartlett, Robert, ed. 2001. *Medieval Panorama*. Los Angeles: J. Paul Getty Museum.
- Bauer, Susan Wise. 2007. *The Story of the World: History for the Classical Child*. Rev. ed. Volume 2, *The Middle Ages, from the Fall of Rome to the Rise of the Renaissance*. Charles City, VA: Peace Hill Press.
- Bauer, Susan Wise. 2010. *The History of the Medieval World: From the Conversion of Constantine to the First Crusade*. New York: W. W. Norton.
- Brown, Peter. 1989. *The World of Late Antiquity, AD 150–750*. New York: W. W. Norton.（ピーター・ブラウン『古代末期の世界　ローマ帝国はなぜキリスト教化したか？（改訂新版）』宮島直機訳、刀水書房、二〇〇六年）
- Brown, Peter. 2013. *The Rise of Western Christendom: Triumph and Diversity, A.D. 200–1000*. Rev. ed. Chichester, UK: Wiley-Blackwell.
- Burckhardt, Jacob. 1878. *The Civilization of the Renaissance in Italy*. Translated by S. G. C. Middlemore. London: George Allen & Unwin Ltd.（ヤーコプ・ブルクハルト『イタリア・ルネサンスの文化』上・下、柴田治三郎訳、中公文庫、一九七四年／中公クラシックスI・II、二〇〇二年）
- Collins, Roger. 1999. *Early Medieval Europe, 300–1000*. 2d ed. Basingstoke, UK: Palgrave Macmillan.
- Davis, William Stearns, ed. 1912–1913. *Readings in Ancient History: Illustrative Extracts from the Sources*. 2 vols. Boston: Allyn and Bacon.
- Gibbon, Edward. 1827. *The History of the Decline and Fall of the Roman Empire*. 12 vols. Oxford: D. A. Talboys.（エドワード・ギボン『ローマ帝国衰亡史』中野好夫・朱牟田夏雄・中野好之訳、全一一巻、筑摩書房、一九七六～九三年／全一〇巻、ちくま学芸文庫、一九九五～一九九六年）

- Goffart, Walter. 1980. *Barbarians and Romans, A.D. 418–584. The Techniques of Accommodation*. Princeton, NJ: Princeton University Press.
- Greenblatt, Stephen. 2011. "The Answer Man," *New Yorker*, August 8, 2011. https://www.newyorker.com/magazine/2011/08/08/the-answer-man-stephen-greenblatt
- Hinch, Jim. 2012. "Why Stephen Greenblatt Is Wrong: and Why It Matters." *Los Angeles Review of Books*, December 1, 2012. https://lareviewofbooks.org/article/why-stephen-greenblatt-is-wrong-and-why-it-matters/
- Ker, W. P. 1904. *The Dark Ages*. New York: Charles Scribner's Sons.
- Litvinoff, Barnet. 1991. *Fourteen Ninety-Two: The Decline of Medievalism and the Rise of the Modern Age*. New York: Macmillan.
- Manchester, William. 1992. *A World Lit Only by Fire. The Medieval Mind and the Renaissance: Portrait of an Age*. Boston: Little, Brown, and Co.
- Marsden, Richard. 2018. "*Game of Thrones*: Imagined World Combines Romantic and Grotesque Visions of Middle Ages." *The Conversation*, October 17, 2018. https://theconversation.com/game-of-thrones-imagined-world-combines-romantic-and-grotesque-visions-of-middle-ages-105141.
- Mommsen, Theodor E. 1942. "Petrarch's Conception of 'The Dark Ages'." *Speculum* 17, no. 2: 226–42.
- *ReadWorks*. 2012. "Non-fiction: The Renaissance: Introduction to the Renaissance." *ReadWorks*. https://www.readworks.org/article/The-Renaissance--Introduction-to-the-Renaissance/. No longer available December 1, 2018.
- Ripley, George, and Charles Anderson Dana. 1883. *The American Cyclopaedia: A Popular Dictionary of General Knowledge*. New York: D. Appleton and Co.
- Ward-Perkins, Bryan. 2005. *The Fall of Rome and the End of Civilization*. Oxford: Oxford University Press.（ブライアン・ウォード＝パーキンズ『ローマ帝国の崩壊　文明が終わるということ』南雲泰輔訳、白水社、二〇一四年）
- 小澤実「古代と近代の影としての中世ヨーロッパ」、長谷川修一・小澤実編『歴史学者と読む高校世界史』勁草書房、二〇一八年、二五〜四四頁
- 樺山紘一・田中明彦「「中世」を読み直す楽しみ　「暗黒の中世」から「新しい中世」へ」、『中央公論』一一七―四、二〇〇二年、二五六〜二六五頁
- スティーヴン・グリーンブラット『一四一七年、その一冊がすべてを変えた』河野純治訳、柏書房、二〇一二年

・ジャック・ル゠ゴフ『時代区分は本当に必要か？　連続性と不連続性を再考する』菅沼潤訳、藤原書店、二〇一六年

第2章

中世の人々は地球は平らだと思っていた

人々が起きたと思っていること

中世を「暗黒時代」とみなす人々に共通するのは、中世人は現代科学のごくごく初歩的な事実すら知らなかったと言い募ることである。私たちにさもありなんと思わせる無知の代表例は、中世人は地球は平らだと信じていたという考えである。地球が球体であることは、現代人の自然および宇宙に関する理解の核であるから、（「暗黒時代」信者であれば）愚かな中世人は地球が丸いことを知らなかっただろうと考えても無理はない。ただし、地球が丸いことを知っている現代人に広く共有されている誤解、すなわち中世人は地球は平らだと信じていたという誤解は、主に前世紀に活動し、本当に地球は平らなのだと信じ、その普及に努めてきた現代の「地球平面協会」の信仰と混同されてはならない。

このフィクション（虚構）によれば、中世人は地球と太陽系のことをほとんど理解しておらず、彼らを取り巻く世界を眺めても、見渡す限り平らであるという表面的な理解しかできなかった。もし世界が平面であるならば、大洋へ漕ぎ出すことは、船が世界の縁から落ちる恐れがあるのだから、危険というより不可能ということになる。大洋を横断し、世界が球体であることを証明する勇気と知恵を持っていたのが、クリストファー・コロンブスだった。しかしコロンブスが闘ったのは民衆一般の無知に対してではなく、聖書のみを信じ、この世界に関して新たに厄介な疑問を抱かぬよう人々に強いたカトリック教会に対してである。こうして歴史を振り返れば、コロンブスはより重要な地位を占めることになる。すなわち彼は単にアメリカ大陸に到達したのみならず、頑迷固陋（がんめいころう）であった中世の世界観を破壊し、教会の支配に異議を唱えたとみなせるのだ。

物語はいかに一般に流布したか

中世にまつわるこのフィクション〔地球平面説〕は幾度も現れては打倒されてきたので、「ゾンビ・フィクション」と呼べるかもしれない。中世に関する誤解の多くはなけなしの歴史的事実に基づいているものだが、このフィクションはほとんど完全に誤っている。ヨーロッパの啓蒙時代（一六七五年頃から一八〇〇年頃）に端を発する、中世に対する近代的な偏見の第一級の事例である。知性と哲学が大いに発展したあの時代に、ヨーロッパの思想家たちが科学、数学、自由、統治について進歩を誇ったのは当然のことである。こうした思想家の多くはプロテスタントや（創造神を信じるがキリスト教徒とは限らない）理神論者、あるいは無神論者でさえあり、中世ヨーロッパのカトリック文化を敵意あるいは憐れみをもって眺めた。彼らは中世を自らの価値に対蹠的なものと思い描き、自分たちと過去を分離・峻別する方法を探った。ということは、十八世紀の思想家は科学、読書、寛容、民主主義、人権に関心を払っているが、中世人は非科学的、無教養、不寛容、専制的だったということになる。

啓蒙主義の理想はアメリカ合衆国建国の父たちの指導理念となり、誕生まもないこの国で、中世の人々は地球が平らだと信じていたという神話が根づいた。アメリカ人はつねに革新者にして因習の破壊者であると自任し、クリストファー・コロンブスやフェルディナンド・マゼランら大航海時代の英雄たちを自分たちの英雄扱いし、国民国家の創世神話に向けて彼らの偉業を誇張し、あるいは歪曲することに熱心だった。ニューヨーク出身のワシントン・アーヴィング（一七八三〜一八五九年）は、一八二〇年に発表した短編小説「リップ・ヴァン・ウィンクル」や「スリーピー・ホロウの伝説」で今日

もっともよく知られているが、一八二八年に四巻本の『クリストファー・コロンブスの生涯と航海の歴史』を出版した。彼の『歴史』は、十九世紀に出版された英語文献のなかでもっとも人気あるものの一つだった。それは一七五版を数え、一九四二年に至るまで英語で書かれたコロンブスの伝記として代表的なものだった。

アーヴィングは執筆のためにコロンブスの時代の写本に直接あたったが、結局のところ彼の『歴史』はロマン主義的歴史小説以外の何ものでもなく、中世とカトリック教会の後進性およびルネサンスから啓蒙時代にかけて見られた進歩の重要性に対する英米の信仰を補強することになった。アーヴィングは、コロンブスの同時代人の大半は地球は平らであると信じており、カトリックの聖職者たちはこの信念を支持し、迷妄に果敢に挑んだコロンブスを妨害した、と説いたのだった。いやむしろ、捏造したというべきだが。アーヴィングはコロンブス神話を堅固ならしめるために場面や出来事を捻り出した。怒りと疑いのまなざしを向ける教会人の面前で、コロンブスが大西洋を西へ横断しアジアに到達する航海計画の正当性を訴える、サラマンカ大学で開催された虚構の教会会議がその一例である。以下「一次史料」の前半でおわかりのように、ワシントン・アーヴィングは、地球球体説を唱えるコロンブスに反対し、手を替え品を替え論駁を試みる教会人の姿を描いている。

アーヴィングの『歴史』が人気を博し、前近代の人々は地球は平らだと信じ込んでいたとする偏見は、アメリカ合衆国の教育の基礎に組み込まれ、必要とあらばさまざまな論証を支える「ファクト」として援用されることもあった。イギリス生まれ、アメリカ育ちの科学者にして歴史家であるジョン・ウィリアム・ドレイパーは、自身の著作『宗教と科学の闘争史』において、「カトリック主義が、空に天国、地下に地獄を伴った地球平面説という教義にコミットし、それが取り返しのつかないものであったことは記憶されるべきである」（Draper 1875, 294）と語っている。つまり地球平面説信仰は、著

者が明確に敵視するカトリック教会による陰謀だとみなされているのだ。アメリカ人法律家ロバート・グリーン・インガーソル（一八三三〜一八九九年）も同様である。彼は人文主義と宗教的不可知論を推進するべく講演を行い、書物を著した。以下の「一次史料」に掲げてあるが、もっともよく知られている講演の一つ「個性」（一八七三年）で、インガーソルは権威、とりわけ宗教的権威の重圧に抗して自ら考え、立ち上がった者たちを称賛している。彼が例として挙げるのは、当時の常識であった地球平面説を否定し、地球球体説を証明したと言われるフェルディナンド・マゼランである。なるほどこのマゼランの逸話は事実ではないが、アーヴィングのコロンブス物語などと違ってじつに論理的であった。コロンブスは大西洋を横断しただけなので地球が球体であると証明できなかったが、マゼランとその乗組員たちは地球を周航したから、球体説を証明できたのである。このエピソードはどう見ても偽造・捏造であったけれども。

マゼランは別の著作でも同様に描かれている。ニューヨークのコーネル大学初代学長アンドリュー・ディクソン・ホワイト（一八三二〜一九一八年）の著作『キリスト教世界における科学と神学の闘争史』（一八九六年）がそれである。たいそう評判になったようだ。題名から明らかなように、ホワイトは科学とキリスト教の全面戦争を想定している。執筆から遡ること二千年のあいだ、キリスト教会（おもにカトリック）こそが教育と創造性を積極的に抑圧してきたと考えた。ホワイトの著作は現在でも刊行されており、なお反中世的あるいは反カトリック的立場の形成に与っている。ホワイトは、とりわけカトリック教会と教皇が、コロンブスとマゼランが明らかにした「地理学的真実」を否認し、「神学的障壁」を設けたと述べている。本書第6章において、中世の教会は反科学的であったというフィクションをめぐって、ホワイトの著作をじっくり検討したいと思っている。

中世には「地球平面論者」がいた、と否が応でも信じたかった十九世紀の著述家たちは、ある問題

を抱えていた。というのも、古代や中世の著作に丸い地球の叙述があるからである。自説をなんとか維持すべく例外的な事例を探し出し、彼らはこの〔不都合な〕問題を回避した。とはいえ、初期ラテン護教論者であるラクタンティウス（二六五年頃〜三四五年）と『キリスト教地誌』（五四七年）を著したビザンツの著述家コスマス・インディコプレウステース、この二例にすぎない。どちらも中世というよりは後期ローマ時代の著述家であった。執筆したのは、キリスト教徒はこの世界を知るために聖書のみを読むべきか否か（したがって厖大な異教のギリシア・ラテン文学を拒絶するべきか否か）、いまだ合意が得られていなかった初期キリスト教時代のことである。ヒッポの聖アウグスティヌス（三五四〜四三〇年）に従った大半のキリスト教徒はこの問いに「否」と答え、教義に直接矛盾しない限り、あらゆる著作と知識はキリスト教徒に開かれているのがよいと考えた。アウグスティヌス自身も、聖書の多くの箇所は隠喩的に理解されるべきであり、科学的および地理的真実の根拠として用いるべきではないと述べている（Russell 1991, 21–23）。

ラクタンティウスとコスマスはともに丸い地球を否定したが、それには別の理由があった。ラクタンティウスは対蹠地、すなわち世界〔地球〕の反対側で人々が上下逆さまで生活している可能性を受け入れることも理解することもできなかった。そのため、彼らは地球が丸い可能性を完全に否定する。古代と中世の著述家の多くは地球が丸いことを認めていたが、対蹠人（地球の反対地点に住む人々）が実際に存在するかは議論していた。コスマスも同様に対蹠地と対蹠人の存在に否定的だったが、地球を幕屋にたとえる聖書の一節（詩篇104－2〜3）も字句通り受け取っている。彼の『キリスト教地誌』の写本には地図が描かれているものがあり、アーチ形天井をなす天の下に、平らで長方形の地球が描かれている。ラクタンティウスとコスマスについて記憶しておくべき重要な点は、球状の地球を支持する何千もの中世の著述家に比して、彼らの見解はごくわずかな反対意見にすぎないということである。こ

の二人は中世を通してほぼ忘れ去られてしまう存在なのだが、近代に至り、積極的に中世の地球平面論者を探し求めた人々が彼らを蘇らせたのだ。

これは容易に消え去らない神話であり、著名人・教養人がいたるところで繰り返している。元アメリカ議会図書館長ダニエル・ブアスティンは一九八三年に『発見者たち』を出版した。歴史上の革新（イノベーション）を論じた一般向けのものだ。曰（いわ）く、「この千年間というもの、キリスト教の信仰と教義によって、有用かつ貴重な世界の姿（イメージ）は抑圧されてきた。古代の地理学者が時間をかけ、苦労を重ね、細心の注意を払って描いた世界の姿が、である」（Boorstin 1983, 100）と述べて、古代ギリシア人は地球が丸いことを知っていたが、紀元三〇〇年から一三〇〇年の千年間に、ヨーロッパ人はその考え方を忘れてしまった、と主張した。ブアスティンは中世の迷信と無知をめぐる架空の描像にくわえ、「コロンブスの時代には、磁気羅針儀（コンパス）を用いる航海士はサタンと取引をしたと非難される怖れがあった」（Boorstin 1983, 221）などとまったく事実無根の主張をしている。実際は、中世の学者は磁気と航海用羅針儀に感銘を受け十二世紀以来利用していた。彼らはそれをサタンの道具ではなく、自然の驚異と考えていた。

バラク・オバマ大統領は二〇一二年の演説で、気候変動の現実を否定する人々を、コロンブスの時代におそらく地球は平らだと信じていた人々になぞらえた。ほぼ同時期に、テレビ評論家のグレン・ベックは「The Science Guy」〔アメリカの子ども向け科学番組〕のビル・ナイを批判して、世界が丸いことの証明に挑んだのはガリレオであると述べた。これは地球についてもガリレオについても二重に誤っているが、まったく目新しいものではない。トマス・ジェファソン大統領も『ヴァージニア覚書』のなかで、「ガリレオは、地球は丸いと断言したために異端審問に送られた。体制側は地球がトレンチャー〔中世に用いられた平皿〕のように平らであると定めており、ガリレオは自身の誤謬を取り消さねば

ならなかった」（Jefferson 1801, 236）という。同様に誤りである。ガリレオの時代（一五六四〜一六四二年）、地球が球体であることは誰もが知っていた。そうではなく、ガリレオは地球が太陽を周回しているという信念の放棄を強いられたのである。ジェファソンはなるほど称賛に値する人物だが、科学革命の知識についてはその限りではなかったのだ！

述べたようなフィクションは、今となってはあらゆる専門的歴史研究から消去されているが、スーザン・ワイズ・バウアーの『世界の物語』のような児童書ではなお生きながらえている。地球平面説が人口に膾炙しており、コロンブスをはじめとする探検家たちの航海のみが世界認識を刷新したと主張しているのである。たとえば「しかしルネサンスは、人々が過去の見方を学び直した時代にとどまらなかった。新発見の時代だった。はじめて船は世界中を航海した。探検家たちは（南にある沸騰した海や世界の縁から絶えず流れ落ちる水のような）世界に関する古い考えが間違っていることに気づいた。こうしてルネサンスの時期に男も女も世界に関する新しい理論を作り始めたのだ」（Bauer 2007, 321）などと。司書や大統領や教科書執筆者がこぞって中世の地球平面信仰の神話を繰り返す以上、このフィクションがいつまでも消え去らないのも不思議ではない。

一次史料

❖ワシントン・アーヴィング『クリストファー・コロンブスの生涯と航海の歴史』（一八二八年）

ワシントン・アーヴィング（一七八三〜一八五九年）は一八二八年に『クリストファー・コロンブスの生涯と航海の歴史』を出版した。歴史研究に基づいた記述もあるが、この「サラマンカ教会会議」におけるコロンブスと教会権威とのやりとりは完全にフィクションである。しかしこの逸話により、中世においてはいかなる「誤謬」も異端として告発され、処刑されることにつながるという通俗的認識は強まり、コロンブスが中世後期の教会の「誤謬と先入観、入り組んだ無知と学識、衒学的な頑迷」に立ち向かった、謙虚で、知的で、偏見に屈しない探検家だったという神話を作り出すことに貢献した。

サラマンカ教会会議に臨むコロンブス

コロンブスの計画に関連するこの興味深い会議は、スペインの偉大な学問の府であるサラマンカで開催された。それはドミニコ托鉢修道会の聖ステファノス修道院を舞台に行われ、審理のあいだコロンブスはそこに滞在し、大いに歓待を受けた。

宗教と科学は当時、そしてとりわけかの国では密接に関連していた。学問という財宝は修道院に閉じ込められ、教授の座はことごとく回廊の人々〔修道士〕によって占められた。聖職者の支配は教会と同様に国家にもおよび、宮廷の顕職は世襲貴族を除いてほぼ教会人に限られていた。兜と胴鎧を身につけた枢機卿や司教が軍勢の先頭に見出されることすらしばしばあった。というのもムーア人〔イスラーム教徒〕に対する聖戦のあいだ、ときに牧杖を打ち捨て槍を手に取ったからである。その時代は学問復興で名高くはあるが、宗教的熱狂の流行がより際立っており、スペインは信心の熱情において他のキリスト教国家を凌いでいた。異端審問はこの王国で創設されたばかりであり、異端のにおいのするあらゆる教説はその持ち主を憎悪と迫害の的にしたのである。

コロンブスの新説を調査するために、聖ステファノス修道院で教会の賢者たちの会議が開かれたのはそのような時代だった。それは天文学、地理学、数学および他の科学分野の教授に加え、さまざまな教会の高位聖職者および学識ある托鉢修道士から構成されていた。コロンブスは自身の結論を提出し、弁明するためにこの博学の会衆のまえに姿を現した。彼は粗野で無知な人々から妄想家として嘲笑されてきたが、勝利の確信を保証するには、啓発された人々に己の推論に冷静に耳を傾けてもらえば十分だと思い至った。……

何たる印象深い光景を、この古い修道院の広間はこの記憶すべき会議の場で見せてくれたことか！ただの水夫が、威圧的な教授や托鉢修道士や教会の高位聖職者の列の真ん前に進み出て、生来の雄弁さで自説を開陳し、まるで新世界の大義を訴えているかのようだった。伝え聞くところによると、彼が己の信念の根拠を述べ始めたとき、ただ聖ステファノスの托鉢修道士たちだけが彼に関心を向けた。同修道院は大学の他の人々よりも科学に造詣が深かったのである。残りの者は、かように多くの学識深い教授と宇宙論者たちがこの世界の形状を研究し、かように多くの有能な航海者たちが何千年ものあいだ世界中を航海したあとに、凡庸な男が、自分にそのような大発見をする余地が残されていると考えるとは僭越極まりない、という頑迷な立場に身を隠しているようだった。

この学識者の一団から挙がった反論のいくつかは現在にまで伝わっており、それはサラマンカ大学に対する軽蔑をもたらしたが、こうした反対意見は同大学特有の欠陥というよりは、当時の不十分な科学水準、そして急速に発展していたとはいえ、いまだに修道院の頑迷さによって進歩を妨げられていた知識への態度を証明するものであった。あらゆる対象はいまだに、古代の光明が踏み消され、信仰が探求の場を満たすことになった当時の、不明瞭な手段を通じて考察されていた。宗教論争の迷宮に当惑して、人類は道のりを引き返し、古代の知識の境界線から退いた。それゆえ、まさに議論が始

まろうとしたとき、コロンブスは、地理学的観点からの反論ではなく新旧聖書、すなわち創世記、ダビデの詩篇、預言者たちの預言書、使徒たちの手紙、福音書記者の福音書からの引用で攻め立てられたのである。これに、多くの聖人や崇敬された註解者、すなわち聖クリュソストモスと聖アウグスティヌス、聖ヒエロニムスと聖グレゴリウス、聖バシレイオスと聖アンブロシウス、そして尊敬すべき信仰の擁護者ラクタンティウス・フィルミアーヌスの註釈が加わった。教義上の論点が自然科学の議論と混同され、もし聖書の文言、あるいは教父の註釈と対立する場合には数学的証明は無視された。

……

聖アウグスティヌスの権威に基づき、より深刻な反論が表明された。彼は対蹠地説が我々の信仰の歴史的基礎と相容れないと断言している。というのも地球の反対側に人が居住する土地があると表明することは、あいだにある海を越えることは不可能だったので、アダムの子孫ではない民族が存在すると主張することになるからである。それゆえこの学説は、すべての人類がただ一組の共通の親から生まれたことを明示している聖書に疑義を呈することになるのである。

会議の冒頭でコロンブスが予期せず直面しなければならなかったのはそのような先入観であり、これは明らかに大学よりも修道院で好まれていた類いのものであった。地球球体説という非常に単純な彼の主張に、聖書の比喩的な文言が対置された。これらの文言によれば、詩篇において、天は一枚の獣皮が広がっているようなもの、とされている。すなわち、聖書註解学者によれば、天は古代の遊牧民が獣皮で作った幕ないし幕屋の覆いのようなものであって、聖パウロはヘブライ人への手紙のなかで、天を大地のうえに広げられた幕屋ないし天幕になぞらえており、したがって大地は平らに違いないと思われていたのだ。

敬虔な信者であったコロンブスは、自身、単なる誤謬の罪のみならず、異端の罪で有罪となる危険

にあることを知った。より科学に精通した者も、地球が球状の形体をしていることと、反対地点に居住可能な半球が存在する可能性は認めた。しかし、彼らは古代人の馬鹿げた空想を持ち出し、酷熱地帯の耐えがたい熱のためにそこに到達することは不可能であると主張した。彼らは、仮にこの酷熱地帯を越えられたとしても、地球の周囲は広大で航海に少なくとも三年はかかるに違いなく、航海を企てた者はこれほど長期間を乗り切る糧食を携行することは不可能なので、飢えと渇きで死ぬに違いないと述べた。彼はエピクロスを引き合いにこう言い立てられた。地球が球体であることは認めたとしても、居住可能であるのは北半球のみであり、そこのみが天によって覆われているのであり、反対の半球は混沌、深淵、あるいは大海原が広がるのみである、と。

〔コロンブスに〕表明されたもっとも馬鹿げた反論は、仮に船がかようにインドの先端に到達することに成功したとしても、地球は球状であるため何かしら山のような様相を呈しており、どんなに適した風が吹いていても船がそれを登ることは不可能であるから、二度と帰ることはできない、というものだった。

　こうした反論が、学説審査のあいだコロンブスが論争しなければならなかった誤謬と先入観、無知と学識の混淆、衒学的頑迷さの実例である。かように曖昧で幼稚な考えが大学の学識者のあいだで持て囃（はや）されたことを思えば、彼が法廷で味わった困難と遅滞に我々は驚嘆しないでいられようか。しかしここで引用された反論が記録に残ったすべてであるからといって、表明された反論がこれらだけであると考えてはならない。これらだけがその並外れた愚かさゆえに記録に残ったのだ。おそらくこうした反論は、修道院に隠棲して神学に没頭していたごく一部の者によって主張されたのだろう。そこでは、書物で読んだ誤った考えが日々の経験から矯正される機会はまずなかったのである。

出典：Irving, Washington. 1828. *A History of the Life and Voyages of Christopher Columbus.* 3 vols. New York: G. & C. Carvill, 1:73–78.

❖ロバート・グリーン・インガーソル「個性」（一八七三年）

ロバート・グリーン・インガーソル（一八三三～一八九九年）は、十九世紀後半のアメリカ合衆国におけるもっとも著名な知識人の一人である。合理性と不可知論について、幅広く執筆・講演活動を行った。以下の一節は一八七三年にはじめて行われた「個性」と題する講演から引用したものだが、そのなかで彼は、理性と知性を駆使して伝統（とりわけ宗教的伝統）に対して立ち上がった過去の偉人たちを称賛している。ここでは、普通はコロンブスのものとされている逸話をポルトガル人探検家フェルディナンド・マゼランの功績としている。マゼランに帰された引用句が一体何に基づいているのかまったく知る由もないが、いまだ十六世紀にマゼランが本当に語ったこととして広く引用されている。

人間の本性があまり服従的ではないことは、我々みなにとって何と幸いなことだろうか。万人の服従は世界の停滞である。不服従は進歩の諸条件の一つである。この世界の特定の時期を選び、無条件の服従がどのような結果をもたらしえたか述べてみよ。もし教会がいついかなるときも人間の思考を完全に制御しえたと想定してみよ。その場合でも、自由と進歩という言葉が人間の言語から考案されることはあったのだろうか。忠告に逆らうことで、世界は進歩してきたのである。

もし天文学者が天文学を独占し、医者が医学を独占し、国王が統治の決定権を保持し、我らが建国の父たちが「人はみな、うえに立つ権力に従うべきです。……今ある権威はすべて神によって立てられたものだからです」（ローマの信徒への手紙13－1）という聖パウロの助言に従っていたなら、そして教

会が今の世界を支配できてしまうのなら、我々は無秩序とかつての暗闇に立ち戻ってしまうだろう。哲学は不名誉の烙印を押され、科学はふたたび青白く思慮深い顔を牢獄の鉄格子に押しつけ、自由の四肢には迷信家の炎が立ち上るだろう。

いつの時代にも、己の信念によって立つに足る個性と勇気を持ち合わせる者、すなわち己の言いたいことを言える崇高さを持つ者がいることは幸いである。「教会は、地球は平らだと言う。しかし私は月に落ちた地球の影を見たことがある。そして私は教会よりも影の方がよりいっそう信頼に足ると考える」と述べたマゼランこそ、そのような人物であると信じる。彼の船の舳先(へさき)には、不服従、反抗、侮蔑、成功が掲げられていたのだ。

出典：Ingersoll, Robert Green. 1902. "Individuality." In *The Works of Robert G. Ingersoll*. 12 vols. New York: Dresden Publishing Co., 1:169–206, at 170–71.

❖アンドリュー・ディクソン・ホワイト『キリスト教世界における科学と神学の闘争史』（一八九六年）

アンドリュー・ディクソン・ホワイトの『キリスト教世界における科学と神学の闘争史』が出版されたのは、十九世紀後半の宗教家と科学者が何十年も続けた対立と議論が最高潮に達した時期だった。この対立に火を点けたのはとりわけチャールズ・ダーウィンの『種の起源』（一八五九年）である。ホワイトは、自然の探求が信仰から完全に切り離されることを要求する科学者の立場から、自説を立証するために、宗教団体、とくにカトリック教会が科学的進歩をつねに、そしていまだに抑圧し、否認し続けていることを明示しようと努めた（この神話の形成におけるホワイトの役割については第6章を参照）。ここに引用された一節のなかで、ホワイトはコロンブスとマゼラン以前には誰も地球が丸いことを知らなかったと主張しており、それゆえ、教皇庁はこの「新」事実を人々から隠そうと努

めていたのだと論じることができたのである。

コロンブスの闘争については世界中に知れ渡っている。ポルトガルでセウタ司教が彼を論駁したこと、スペインでさまざまな賢者が、詩篇や聖パウロや聖アウグスティヌスからのお決まりの引用で彼のまえに立ちはだかったこと、彼が勝利をおさめ、航海によって対蹠地説と密接に関連する地球球体説をたいへん強固なものにしたあとでさえ、教会は最高権威であることをよいことに、尊大ぶって過ちを犯し道に迷い続けたこと。一四九三年に教皇アレクサンデル六世は、新たに発見された世界の一部分について、領有権を主張するスペインとポルトガルの仲裁者になるよう嘆願され、教皇勅書を発給して両王国の領地の境界線を地球の表面に引いた。この線はアゾレス諸島の西一〇〇リーグの位置に南北に引かれ、教皇はその豊かな学識に基づき、この線の東で発見された土地はすべてポルトガル人に帰属し、西で発見された土地はすべてスペイン人に帰属すべしと宣言した〔教皇子午線〕。これは教会による、神に照らされた権威の行使として称えられた。しかし問題が起こり、一五〇六年に教皇ユリウス二世によって新たにカーボベルデ諸島の西三七〇リーグに線を引くという試みがなされた〔教皇子午線を修正して西経四六度三七分とした、一四九四年にスペイン・ポルトガル間で結ばれたトルデシリャス条約を教皇が追認したことを指す〕。この裁定は前回と同様問題を解決するための天賦の知恵と目されたが、直後にたいへんな問題が発生した。というのも、ポルトガル人はブラジルの領有を主張したが、当然ながら、もし十分に長い時間をかけて航海すれば、この線の東側を航行することでブラジルに到達できることを難なく証明できたからである。教皇アレクサンデルと教皇ユリウスによって引かれた線はしばらくは当時の地図に見出されるかもしれないが、彼らの勅書は人知れず、馬鹿げた過ちの目録に枚挙されることになった。

ところが、神学的障壁がこの地理学的真実に屈するには時間を要した。学者にとってその真実は明白なものとなっていたが、彼らはそれを全世界に公表することをためらったのだった。グレゴール・ライシュがかの有名な百科事典『哲学の真珠』を出版したとき、聖アウグスティヌスが地球球体説が聖書に反していることを証明してからじつに千百年もの時が流れていた。この事典は版を重ね、その隅々に正統学説が書き記されていた。しかしそれはあまりに酷使され、もう限界だった。というのも、対蹠地の扱いに関して、ライシュは敬意とともに聖アウグスティヌスに言及して科学的見解に反対するものとする一方、彼は慎重にも対蹠地説に反する聖書の引用はしておらず、同様に慎重にもそれを支持する地理学的な論拠を示唆しているからである。

しかし、一五一九年に科学は決定的な勝利を得る。マゼランがあの有名な航海をしたのである。彼の探検は、地球を周航することでそれが丸いことを証明し、その乗組員が対蹠人を見たことで対蹠地説を証明した。ところがこのことさえも闘争を終わらせるには至らなかった。多くの用心深い人々は、さらに二百年の長きにわたり地球球体説に反対した。このあとフランスの天文学者たちは赤道地帯と極地帯における角度を測定し、地球球体説の証明にあの長い振り子を加えた。この調査が完了し、科学的推論が単純な測地によって美しく完全に立証されるさまが目撃されたとき、そして信心深い宣教師ら信頼に足る探検家たちが故郷に対蹠地の報告を書き送ったとき、ようやく一二世紀間にわたる闘争は終焉を迎えたのである。

出典：White, Andrew Dickson. 1897. *A History of the Warfare of Science with Theology in Christendom*. 2 vols. New York: D. Appleton & Co., 1:108–09.

実際に起きたこと

ひと言でいえば、古代および中世の学識者で地球は平らであると信じていた者はほとんどいなかった。たしかに、古代最初期の人々のなかには地球は平らであると信じていた者もいたが、紀元前六世紀から五世紀の古代ギリシア以降、地球は球形であるという認識が西洋文明の共通認識となった。ピュタゴラス、パルメニデス、プラトン、アリストテレス、エウクレイデス、エラトステネスなどのギリシアの偉大な哲学者と自然学者は一様に、球状の地球について語っている。彼らの考えは大プリニウス（二三〜七九年）やクラウディオス・プトレマイオス（九〇〜一六八年）ら、ローマ帝国の著述家によって明確化・体系化され、自然や地理に関する彼らの著作の写本が中世に読まれていた。球体の地球は学術的著作のみならず、多神教のギリシア人とローマ人および中世の一神教のユダヤ人、キリスト教徒、ムスリムの彫刻や絵画にも頻繁に登場する。王、皇帝、神はみな、地上における権力の象徴としてその手に球状の地球（オーブ）を握った姿で描かれた。

しかし、本章が取り組むのはコロンブスとマゼランに至る中世の後半（一一〇〇年頃〜一五〇〇年頃）である。この数世紀間は地球平面説が広範に受け入れられていた時期ではなく、「球体宇宙論」の全盛期であった。中世の宇宙論（コスモロジー）（宇宙の成り立ちに関する学問）によれば、惑星と恒星は目に見えない球体の表面を動き、宇宙全体が球状であり、恒星と惑星の運動は「天体の音楽」を奏でているとされた。学識ある著者はみな、世界と宇宙の性質を語るに際して、地球と天空を球体とする前提に立っていた。しかも、彼らは一人として宗教的権威の埒外（らちがい）にはいなかったし、宗教的権威に対抗した世俗の「自由思

想家」でもなかった。球状の地球を語った中世の著述家はほぼすべて修道士、修道女、托鉢修道士から司祭、司教、教皇に至るまで、カトリック教会の一員であった。中世の末期に至るまで、教育とラテン語の読み書き能力はもっぱら聖職者の領分だったこと、そして教会は地球球体説に異を唱えていなかったことを考えれば、これは当然のことである。

以下に示す中世の「一次史料」はいずれも球体の地球を描写しており、すべてカトリック教会の一員（それどころか一人は聖人）であるバースのアデラード、ヨハネス・デ・サクロボスコ、聖トマス・アクィナスによって書かれたものである。彼らが、地球球体説を証明不要の端的な事実とみなしていることを言い添えておこう。それどころか彼らは、球状の地球を物理学、光学、運動、論理学、神学などの〔地学を超えた〕より高次の議論に援用しているのである。バースのアデラードは十二世紀イングランドの聖職者にして科学者であった。一一三〇年頃に書かれた『自然に関する諸問題』で、自然に関する多岐にわたる問題を、対話形式で論じている。そこには「地球は中空でどのように支えられているか」や「地球にまっすぐ貫通する穴をあけた場合、そこに投げ入れた石はどの方向に落ちるか」などの問いが含まれている。この二つの問いはともに地球が「球体」であることを前提としており、（ニュートンやアインシュタインの重力物理学の説明には程遠いながら）彼の真の関心は宇宙規模および局地規模における重力の性質にあった。ここでとくに注意しなければならないのは、彼の〔調査・研究のための〕旅と科学的探求は、教会の許可がおりていたばかりか奨励さえされていたということである。

十三世紀、聖職者にして学者であるヨハネス・デ・サクロボスコは小論『球体に関する論考』を著し、地球と宇宙が球状であると記し、説明を加えている。この論考に目新しさはなく、むしろバースのアデラードの「問い」の基礎となる、当時の最大公約数をまとめた大学の教科書であった。サクロボスコの著作はおそらく、十三世紀から十六世紀までもっとも広く読まれた地球の形状に関する議論

だっただろう。同書は多くの写本が作られ、ルネサンス時代になお印刷・出版され続けた。写本と印刷本のなかには、（以下、「一次史料」に示すように）航海や蝕の計算の分野との密接な関係を示すために丸い地球を描いた挿絵を含むものもあった。

これから引用する史料の最後に、地球の形状に関する中世の人々の態度を鮮明に示すものを入れておいた。トマス・アクィナス（一二二五～一二七四年）はドミニコ会の托鉢修道士、神学者、哲学者、そしてパリ大学教授であった。死後まもなく列聖され、カトリックの教義を説明し教導するその諸概念の重要性から「天使博士」として知られるようになった。最大にしてもっとも名の知れた著作『神学大全』で、神が支配するこの世界の、信仰と理性に関連するあらゆる主題を簡潔に論じようとした。神がすべてを創造したからには、科学的主題も含まれている。厖大かつ未完の著作のまさに冒頭で、アクィナスは神を理解するために必要な知識の類型を論じている。私たちにとって重要なのは、アクィナスが挙げた一つの事例、異なる諸科学によって証明されうる常識的事実のことである。すなわち彼は、「天文学者と自然学者は、たとえば地球は丸いという同じ結論を導くにあたり、前者はこの論証を数学によって……後者はこれを物質そのものによって証明する」と述べた。中世の教会にもっとも影響を与えた神学者の一人であるアクィナスは、地球が丸いこと、その知識が複数の方法で得られること、そしてこの事実が教会やキリスト教徒を何ら脅かさないことを自明視していたのである。

❖バースのアデラード『自然に関する諸問題』（一一三〇年頃）

バースのアデラード（一〇八〇年頃から一一五〇年頃）は十二世紀イングランドの学者で、地中海世界のギリシアとアラビアの学問に影響を受けた数学と自然哲学に関する著作で名を馳せている。彼の身の上についてはほとんど知られていないが、聖職者（叙品された教会の一員）だったことはほぼ間違いなく、バース＝ウェルズ司教区のジャン・ド・トゥール司教（一一二二年没）に仕えていたらしい。アデラードは当時の多くのイングランド人聖職者と同様フランスに学んだが、そこでの教育に物足りなさを感じ、東地中海のギリシア地方と十字軍諸国家を渡り歩いた。一一三〇年頃に完成した著作『自然に関する諸問題』で、一一一四年にアンティオキア（シリア）で地震が起こった際、かの地に逗留していたことに触れている。この著作は、十一、十二世紀の多くの著作と同様、プラトンのソクラテス的対話をまねて対話形式をとっている。そこでアデラードは、多岐にわたる科学的な問題について（おそらくこの作品のために創作された）「甥」と議論する。ここに引用した二つの問いにおいて、アデラードは地球がどのように空間のなかで静止しているかについて説明し、石が地球を貫通して落下するとどうなるかという仮定的な問いに取り組んでいる。どちらの場合も、彼は地球が「球体」であることを自明視するとともに、（十二世紀の学者にとって可能な範囲で）重力に関する理解を説明している。彼の説明は現代物理学に照らせばもはや正しいとは言えないが、それでもあらかた推論と自然の観察に基づいていることに注目すべきである。

第四八章　地球は中空でどのように支えられているか

甥――……最初に思い浮かんだ質問をします。（今私は個々の元素ではなく複合した元素について話しているのですが、）すべての質量を支えている我々の地球はどのように同じ場所にとどまっていて、それは何が原因なのでしょうか。というのも、石や木など質量を持つあらゆる物質は支えられる必要があり、またその質量ゆえに空気では支えきれません。もしそうなら、あらゆる事物の質量よりも重い地球はなおのこと支えられる必要があり、その全周囲を取り囲んでいる空気によって支えられることはありえないでしょう。したがって、地球が現にそうであるように静止していることは理性に反しています。

アデラード――しかし地球が落下するというのは適切ではない。我々が地球とともに落下することがないように、地球の静止が理に適っていることを示そうではないか。我々は、地球がその本性の性向ゆえに重いことを知っている。重い物質はもっとも低い位置においてもっとも安定する。個々の事物はその生命を守ってくれるものを好む。そこで個々の事物は、それが好ましく思うものに向かっていく。そのため、あらゆる土性の物質はもっとも低い位置に向かうのである。しかし球体の場合、中心にあるものは同時にもっとも低い位置にあるということは明白だ。したがって、あらゆる土性の物質は中央の位置に向かう。ここで中央の位置は分割できない一つの中心点であり、ある空間を占めている。したがって、あらゆる土性の物質は空間上の一点に向かうことは明らかである。しかしこの空間上の一点は、複数あるのではなくただ一つである。したがって、それは複数ではなくただ一つの土性の物質によって占められなければならない。ところが、その同じ一点に他のあらゆる土性の物質も向かう。それぞれがその一点に急行するので、個々の物質は別の物質を押す。質量を持った物質は、急行する地点に向かって、同時に落下もしている。というのも質量を持った物質の落下は、中心点への

急行にすぎないからである。しかしそれら物質が落下する場所、すなわち中心点は安定したままである。この安定した状態へと落下するとき、それらは何らかの力を受け、その結果としてその自然の傾向から押しのけられない限り、静止状態を維持する。したがって、お前が以前落下の原因と考えたのと同じものが、質量を持った物質に安定と結合を与えていることは疑いようがない。そのため、〔お前の考えとは〕逆のことが起こるのである。質量を持った物質は、それらが向かうもの〔中心点〕が静止していることを知ることで静止する。したがって、質量を持った物質はそれらが急行する場所によってある意味で支えられているのだ。もしこの場所が他の場所へ動くようなことがあれば、その場所に引きつけられるあらゆる物質も必然的に動くだろう。とはいえ、この中心点は安定の第一の原因ではなく、むしろ第二の原因である。というのも、以上の議論に従えば、運動の停止の第一の原因は実体の特性にあり、それによって得られる場所の安定はそれに次ぐものだからである。

第四九章　地球にまっすぐ貫通する穴をあけた場合、そこに投げ入れた石はどの方向に落ちるか

甥――私はそうした前提に反駁することはできませんし、まさに物質の結合によって、そうした前提からこの帰結がもたらされることを理解しました。そこで、私を戸惑わせる問題を提示します。もし球体である地球が掘り抜かれ、一方の天から他方の天まで通路が開き、一片の石がその穴に投げ込まれたとき、その石はどこに到達するのですか。

アデラード――地球に静止点を与えているものが、石の落下を停止させるのだ。

甥――少なくとも私には、話していただいたことで十分です。つまり石は中心点で停止するということですね。

アデラード――お前にはさらに次のことも理解してほしい。あらゆる自然物は己に似たものを好むの

で、己に反するものから逃れようとする。ここで火は、その性質が持つ実効力によって土と対置される。したがって土は火を避ける。火は周りを取り囲むというその自然の性質によってもっとも高い位置に存在する。したがって土は、火の存在するその高い位置を避ける。しかし、土は中心点からどの方向へ逃れようとも、それが逃れるべきものに出会ってしまう。そこで土は逃れるべきものに出会わないよう一目散に逃れることから、土は高い位置からあらゆる面で等しく離れた場所を占める。土は二つの原因によってその場所を占める。第一に、土はその質量ゆえにそれが好むもの〔もっとも低い位置〕を目指す。第二に、土はそれが好まないもの〔火〕から逃れる、ということだ。

甥――もし、すでに議論されたように、この世界の構造において中心ともっとも低い地点が同一であるならば、なぜ哲学者にして詩人であったかのスタティウスは「隠された世界によってさらに取り巻かれている地球は、もっとも低い位置にあるのか、それとも中心にあるのか」と述べ、両者を対置したのでしょうか。といいますのも、彼は両者を区別することで、両者を反対のものと判断したのではないでしょうか。

アデラード――そのように語るとき、彼には二つの目的がある。つまり、ここで彼は、民衆の矛盾した信念の誤りに言及しながら、物理的な真実を包み隠さず紹介しているのだ。なぜかといえば、民衆は不変の容器〔地球〕の周囲を取り巻く覆い〔宇宙〕のことを知らないからである。したがって、彼らは誤って肉体としての目を信頼するような曇った精神を持つために、誤って不完全な半球〔状の地球〕を考案してしまう。この愚かな見方では、地球は中心ではなくもっとも低い位置にあることになる。この誤謬に反駁することは誰にとっても容易なので、それはこの論考の課題ではない。というのも、つい最近学問を始めた者たちにとってさえも、地球がこの世界のもっとも低い位置にして中心にあることは明らかだからである。

出典：Adelard of Bath. 1920. *Natural Questions*. Printed with *Dodi Ve-Nechdi (Uncle & Nephew)*. In *The work of Berachya Hanakdan*, edited and translated by H. Gollancz. Oxford: Oxford University Press, 137–39.〔訳出は最新の校訂版 Adelard of Bath. 1998. *Conversations with his nephew: On the same and the different, Questions on natural science, and On birds*, edited and translated by Charles Burnett; with the collaboration of Italo Ronca, Pedro Mantas España and Baudouin van den Abeele. Cambridge: Cambridge University Press, 178–83 を底本とした／訳者〕

❖ヨハネス・デ・サクロボスコ『球体に関する論考』（一二三〇年頃）

ヨハネス・デ・サクロボスコ（一一九五年頃〜一二五六年頃）はほぼ間違いなく修道士か聖職者で、十三世紀にパリ大学で教鞭をとった天文学者である。その名は「聖なる森のジョン（ホーリーウッド）」を意味し、イングランド出身の可能性はあるが、生涯についてはほとんど知られていない。彼は天文学と宇宙論の教科書である『球体に関する論考』（一二三〇年頃）でもっともよく知られ、数学と教会暦に関する著作も遺している。『論考』で論じている「球体」とは球状の宇宙のことであり、そのなかで複数の球体が入れ子式に存在してその表面を惑星が移動する、と考えられていた。その内奥部に、宇宙の中心と考えられていた球状の地球が存在するという。おもにプトレマイオスの『アルマゲスト』とイスラームの天文学の著作に拠っていたので、（現代の教科書のように）この著作には独創的な概念はほとんど出てこない。『球体に関する論考』は天文学の著作として後期中世から近世にかけてヨーロッパで多くの人に読まれ、（ガリレオ以降の）十七世紀に至るまで写本と印刷本の形で出回っていた。科学、あるいは数学に関する初等教育を終えた者なら、本書を読めば誰でも世界が丸いことを理解しただろう。

球状の地球　地球もまた丸いことは、以下のごとく証明される。星座と恒星は地上のどこに住む者にとっても同時に上り、沈むわけではなく、東に住む者にとってはより早く、西に住む者にとってはより遅く上り、そして沈む。このことに関しては、地表の隆起以外に原因は求められない。さらに天体現象も、西に住む者より東に住む者にとってより早く現れる。というのも、我々にとっては夜の第一時に現れたのと同じ月蝕が、東に住む者にとっては夜の第三時頃に現れることは、彼らにとって夜と日没が我々より早く生じることを示しているからであり、その原因は地表の隆起に求められる。

地球が球体であることのさらなる証拠　地球が北から南に、そして南から北にも隆起していることは、次のように証明される。北方に住む者、つまり北極近くに住む者にとって特定の恒星はいつも見ることができるが、南極近くに住む者にとってはいつも隠れている。もしある者が北から南へ進んだ場合、それまでいつも見えていた恒星が徐々に沈んでいくのがわかるだろう。そして南に進むほど、恒星はさらに沈んでいく。そしていまや、その者はそれまでいつも隠れていた恒星を見ることができるだろう。南から北に進む者には、これと逆のことが起こるだろう。その原因は、単に地球が隆起しているためである。また、もし地球が東から西まで平らだったならば、恒星は西に住む者にも東に住む者にも同時に上っただろう。しかし、これは誤りである。同様に地球が北から南まで、そして南から北まで平らであったならば、いつも見える恒星は誰にとってもいつも見えるし、どこに行こうがずっと見えたままだろう。しかし、これも誤りである。地球はあまりに広大なので、人間の目には平らに見えるだけである。

球状の海面　水が隆起しており、およそ球状であることは次のように証明される。海岸に灯火を掲げ、船を出港させて、帆柱の最下部に立った人間の目ではもはや灯火が見えない距離まで航海したとする。船がそこで停泊し、その者が帆柱の先端まで登ると、灯火ははっきりと見える。しかし、灯火まで直

線を引くとわかるように、帆柱の最下部に立った者の方が、帆柱の先端に登った者より〔灯火までの距離が短いため〕灯火は明瞭に見えるはずである。したがって、このことは海の隆起以外に説明がつかない。というのも、雲や立ち上る蒸気など、あらゆる障害は考慮から除外されているからである。また水は同質の物質なので、全体がその部分と同じように振る舞う。そのため小さな水滴や葉のうえの露のごとく、水の部分はその本性から球形になろうとする。したがって、それらを部分として持つ水全体も球形になろうとするのである。

出典：John of Sacrobosco. 1949. *Tractatus de Sphaera*, translated by Lynn Thorndike. In *The Sphere of Sacrobosco and Its Commentators*. Chicago: University of Chicago Press, 121–22.

❖ヨハネス・デ・サクロボスコ『球体に関する論考』の初期印刷本（一五五〇年頃）**に掲載された図**

ヨハネス・デ・サクロボスコの『球体に関する論考』は、彼の死後中世を通じて筆写され、近世には印刷されるようになった。ここに掲載した図は十六世紀の版から採ったものだが、『論考』の多くの中世写本に描かれた挿絵によく見られる表現である。この図は先に引用した、水夫たちが甲板のうえおよび帆柱の先端からの見え方を比較することで、海面が球状であることを理解する方法を議論した一節を図示している。

出典：Joannes de Sacrobosco（1550）. *Libellus de Sphaerea*（Book on the Sphere）. Wittenberg.

❖聖トマス・アクィナス『神学大全』(一二六五〜一二七四年)

トマス・アクィナス(一二二五〜一二七四年)は、重要な書物を著してカトリックの教義を解き明かし築き上げたことにより、聖人、教会博士となった人物である。その最大にしてもっとも名の知れた著作『神学大全』は、今日まで続くカトリックの教義を形作るとともに、カトリックの枠外においても中世哲学の主要な著作と認められている。『大全』第一巻冒頭の「項」、すなわち問いのなかで、アクィナスは聖書や哲学から得られる知見をもとに、知識の本性と源泉を探求している。彼はこの一節で、地球が球形であることを、自然科学の推論によって得られる基礎知識の典型例として用いている。

第一巻第一項——哲学以外にさらなる教えは必要か否か

哲学以外にさらなる教えは必要ない、とも考えられる。というのも、

反論一——「お前にとって難しすぎることを追い求めるな」(シラ書3–21)と語られているように、理性を超えたものの追求は、人間の試みるべきことではない。他方、理性に属する諸般のことがらは、哲学において伝えられるところで十分である。それゆえ、哲学以外の教えは過剰であると考えられる。

反論二——教えの関わるところは「有 ens」にほかならない。というのも、およそ知ることのできるものは「真 verum」にほかならず、「真」はそれゆえ「有」と置換されるためである。それゆえ、哲学が扱うものはあらゆる「有」にわたっており、神もまた例外ではないのであって、だからこそ『形而上学』第六巻でアリストテレスが示しているように、哲学の一部門に対して「神学」の名称が与えられているのである。それゆえ、哲学以外にさらなる教えは必要ない。

反論一に対する応答——もとより、人間の認識以上の高次のことがらは、人間は理性によってこれを

追求すべきではない。我々はかえって、それらが神によって啓示されているものを信仰によって受容するべきである。続けて「すでにお前に示されたことでさえ人間の理解力を超えているのだから」（シラ書3－23）とある所以(ゆえん)である。そして聖教は、まさしくこうしたことがらにおいて成り立つのである。

反論二に対する応答――認識されるべきものに対する観点 ratio の違いに応じて、違った学問が導入される。たとえば、天文学者と自然学者は、たとえば地球は丸いという同じ結論を導くにあたり、前者はこの論証を数学によって、すなわち事物の抽象化を手段として証明するのに対し、後者はこれを物質そのものによって証明する。したがって、哲学においては、あることがらが、自然的理性の光によって認識される限りにおいて取り扱われ、それと同様に、別の学問においては、神的な啓示の光によって認識される限りにおいて取り扱われるということに、何の妨げもない。それゆえ、聖教に属するところの「神学」は、哲学の一部門とされる「神学」とは類を異にするものなのである。

出典：Thomas Aquinas. 1920. *The "Summa Theologica" of St. Thomas Aquinas. Part I. QQ I-XXVI.* Literally translated by the Fathers of the Dominican Province. 2d and rev. ed. London: Burns, Oates and Washbourne, 2-3.〔訳はトマス・アクィナス『神学大全』第一冊、高田三郎、山田晶、稲垣良典ほか訳、創文社、一九六〇年、四、六～七頁を借用し適宜改変した／訳者〕

さらに詳しく知るために

• Adelard of Bath. 1920. *Natural Questions*. Printed with *Dodi Ve-Nechdi (Uncle & Nephew)*. In *The work of Berachya Hanakdan*, edited and translated by H. Gollancz, 85-161. Oxford: Oxford University Press.〔最新の対訳校訂版はAdelard of Bath. 1998. *Conversations with his*

nephew: On the same and the different, Questions on natural science, and On birds, edited and translated by Charles Burnett; with the collaboration of Italo Ronca, Pedro Mantas España and Baudouin van den Abeele. Cambridge: Cambridge University Press〕

- Bauer, Susan Wise. 2007. *The Story of the World: History for the Classical Child*. Rev. ed. Vol. 2, *The Middle Ages, from the Fall of Rome to the Rise of the Renaissance*. Charles City, VA: Peace Hill Press.
- Bishop, Louise. 2008. "The Myth of the Flat Earth." In *Misconceptions about the Middle Ages*, edited by Stephen J. Harris and Bryon Lee Grigsby. New York: Routledge.
- Boorstin, Daniel. 1983. *The Discoverers*. New York: Random House, 1983.
- Draper, John William. 1875. *History of the Conflict between Religion and Science*. New York: D. Appleton and Co.〔ジョン・W・ドレイパー『宗教と科学の闘争史』平田寛訳、社会思想社、一九六八年〕
- Garwood, Christine. 2007. *Flat Earth: The History of an Infamous Idea*. New York: St. Martin's Press.
- Jefferson, Thomas. 1801. *Notes on the State of Virginia*. 8th ed. Boston: David Carlisle.〔T・ジェファソン『ヴァジニア覚え書』中屋健一訳、岩波書店、一九七二年〕
- Russell, Jeffrey Burton. 1991. *Inventing the Flat Earth: Columbus and Modern Historians*. Westport, CT: Praeger Publishers.
- Thomas Aquinas. 1920-1922. *The "Summa Theologica" of St. Thomas Aquinas*. Literally translated by the Fathers of the Dominican Province. 2nd and rev. edition. 10 vols. London: Burns, Oates and Washbourne.〔トマス・アクィナス『神学大全』全四五巻、高田三郎、山田晶、稲垣良典ほか訳、創文社、一九六〇〜二〇一二年〕
- Thorndike, Lynn. 1949. *The Sphere of Sacrobosco and Its Commentators*. Chicago: University of Chicago Press.
- White, Andrew Dickson. 1897. *A History of the Warfare of Science with Theology in Christendom*. 2 vols. New York: D. Appleton and Co.〔ホワイト『科学と宗教との闘争』森島恒雄訳、岩波書店、一九三九年。これは同書のもとになった講演 "The Battle-Fields of Science"（科学の戦場、一八六九年）の翻訳〕
- 板倉聖宣「大地球形説の発見」、『科学はどのようにしてつくられてきたか』仮説社、一九九三年、一三〜二八頁
- 海野一隆『日本人の大地像　西洋地球説の受容をめぐって』大修館書店、二〇〇六年
- 尾上深雪「地球球体説と地動説　「科学革命」をもたらしたもの」、『歴史研究』六〇巻五号、二〇一八年、四八〜五三頁

第3章

農民は風呂に入ったことがなく、腐った肉を食べていた

人々が起きたと思っていること

中世の人々についてみなが知っていることを何か一つ挙げろ、となれば、今を生きる私たちよりずっと不潔だった、ということになるかもしれない。中世に生きた人々のほとんどは農民、つまり泥と肥やしにまみれて働き暮らした農業労働者だった。彼らの体からシラミやノミがいなくなることはなかった。ギリシア人やローマ人に普及していた石鹼や入浴習慣は、中世には貧富の差を問わずなくなってしまった。農民は汚物にまみれていたが、富裕な者たちはあるいは年に一度くらいは入浴したかもしれない。それでも、彼らは悪臭を高価な香水で覆い隠すのをつねとした。中世の大小の都市では、さらに状況が悪かった。トイレや下水がなく、都市の街路や小路は人間や動物の汚物、さらには調理や各種産業由来のごみでいっぱいだった。こうした都市の不潔さは、公衆衛生の観念そのものが知られておらず、中世の役人や統治機関は臣民の健康にいっさい配慮しなかったことを示唆するものである（以上の内容は、Thorndike 1928: 192にやや戯画的に提示されている）。十九世紀の著述家ドレイパーなどは、ヨーロッパでは千年にわたり不衛生、怠惰、無為が続いたと踏んでいる（「一次史料」参照）。

私たちは、中世都市はこうして病気の蔓延を自ら招いたと信じ込んできた。入浴習慣がないのだから、中世の人々は現代人よりも悲惨な病いに感染する可能性が高かった。だから、中世には病気が猛威をふるったことだろう、と（本書第11章参照）。十字軍を扱った近著（児童書）は、出典を示すことなく、「十字軍士はさほど入浴しなかったので、病気や伝染病にかかりやすかったのです」と書いている（Cartlidge 2002: 26）。中世の病気を論じた最近人気のウェブサイトもまたこの固定観念（ステレオタイプ）を踏襲し、こんな

見出しを付けている。「不潔な中世にヨーロッパで流行った七つの伝染病」。七つとは、聖アントニオスの火〔麦角中毒〕、腺ペスト、「舞踏病」、「エルフの水ぶくれ病」、「王の病い」（瘰癧）、修道女の不行状、そして粟粒熱（Bunn 2015）。ここで描かれる中世とは、常軌を逸した病気もしくは振る舞い、そして病気や奇矯な振る舞いを引き起こす不衛生の組み合わせ、ということになる。しかし、これらほとんどは衛生状態とは関係なく、なかには中世よりあとの時代に属するものもある。

中世の農民が汚く、シラミがたかり、病気が絶えなかったと想像するだけでは飽き足らないのだろうか、一般向けの歴史書のなかには、中世人は腐った肉を食べ、悪臭を香辛料でこれをごまかした、と言い募るものさえある。俗見によれば、中世人はどうしようもなく貧しく、新鮮な食糧を入手するすべがないから、健康を害しかねない肉に手を出さなければならなかっただろう、というわけだ。

一般に流布した物語（ストーリー）——入浴について

中世を通じて人々はずっと不潔だったという観念は、基本的にある人物に発するものだ。フランス人の歴史家ジュール・ミシュレ（一七九八～一八七四年）である。本書では以降、しばしばご登場を願う。ミシュレは中世について、「千年ものあいだ、入浴という習慣がまったくなかった」（Michelet 1862, 110）と言い放ったことでじつに評判が悪い。彼は十九世紀フランスで人気を誇った著述家であり、多数の翻訳が出版されているが、それと軌を一にして中世をめぐる極端な見解が世界中に拡散された。ミシュレ本人は、中世にあこがれる同時代のフランス国内の保守派をあてこすって中世の不潔さを故意に

誇張したふしがあるが、多くの人々がミシュレの言い分を文字通りに受け止めてしまっている。

うえに引いた中世をめぐる悪評紛々たるミシュレのコメントは、筆が滑ってしまった、というものではなかった。中世社会の身体的・精神的後進性を語るミシュレの議論の中核をなしているのだ。この後進性をもっともよく表すのは、十三世紀におけるレプラ〔ハンセン病〕の流行であったと彼はいう。ミシュレは、レプラ流行の原因をこう列挙している。すなわち、十字軍時代のヨーロッパ人のアジアとの接触、ヨーロッパ人のあいだの異国の香辛料への欲求の増大（食用でなく、性的な刺激を増進する目的）、そして、とりわけ清潔さに対する嫌悪である。この嫌悪は身体を忌避するカトリックの聖人や聖職者が説教で語ったものだと想像される（「一次史料」参照）。ヨーロッパの農民はみな中世の修道士に盲目的に従う存在だった、とミシュレはいう。修道士たちが身体と性に対して過度の嫌悪感を説いた結果、農民たちは衣服を脱ぐことや、自ら体を清めることすら拒むようになったという。これらの主張のいずれについてもミシュレは典拠を示さず、「かつて手すら洗わなかったと称えられた聖人が一人ならずいた」（Michlet 1863, 118）と述べるのみである。いかにもミシュレの言というべきか。

ジョン・ウィリアム・ドレイパー、ジュール・ミシュレを筆頭とする十九世紀の歴史家は、数人ばかりの聖人の極端な禁欲主義と身体的自虐行為を中世人全体に敷衍（ふえん）する誤りを犯した。「一次史料」で示すように、ドレイパーはカンタベリー大司教で列聖されたトマス・ベケット（一一一九〜一一七〇年）の逸話を引いている。イングランド王ヘンリー二世に仕える騎士たちがベケットを殺害した。その後、遺体が検視された。するとベケットが、ざらつき汚れ、悪臭を放ち虫が湧く獣皮を、豪奢（ごうしゃ）な聖職者の法衣のしたに身につけていたことが明らかとなった。現代の歴史家には、これが、身体をないがしろにする宗教的信仰心の表れの一例であることがわかるだろう。だが、ドレイパーには、十二世紀イングランドにおいてもっとも裕福で権力ある人物の一人でさえかくも不潔ならば、より下層の民の環境

はさらに劣悪だったに違いない、としか思えなかった。同様に、中世の一個別事例を中世全体へと拡大適用した例として、歴史家のなかに黒死病期の入浴忌避を過大評価するむきもあることを挙げておこう（Stapelberg 2016: 167）。一三四八年、パリ大学医学部の教授会が流行していたペストの原因と治療法について公式に声明を発したことがあった（Horrox 1994, 163〔この一六三頁はミアスマについて直接言及した箇所で、教授陣のレポート全体は一五六～一六三頁に収録／訳者〕）。この声明には、度を過ぎた（頻度の）入浴への警告が含まれているが、それは毛穴が開くことで、ペストの原因、もしくは媒体としての瘴気（しょうき）（ミアスマ miasma）を取り込む危険を恐れてのことだった。細菌感染症についての彼らの誤解を嘲笑することは許されるかもしれないが、ここでの要点は、入浴制限が特例であり、その対象となるのも「度を越した」入浴をする者に限定された、という点である。この声明は、社会一般に入浴を戒めるものではなかったのだ。

　中世を題材に二十世紀、二十一世紀に刊行された著作のほとんどは、たしかに、中世人の身体に関わるこの種の言い回しを避けているし、根拠の不確かな結論を控えてもいる。しかし、中世の農民だけでなく中世人はみな不潔だったという扱いは、映画やテレビを通じ繰り返し流布され続けている。典型的（ステレオタイプ）な場面で、カメラは豪華な衣裳をまとい、手入れの行き届いた面立ちの高貴な騎士淑女から、虐げられた農民の群衆へとパンする。農民たちの衣服はくたびれぼろぼろであり、顔と手は泥にまみれている。あえて汚されているのは、ばかばかしく不自然なまでに甘美な前時代の「中世」映画の衣裳に満足しないぞという、歯に衣着せぬリアリズムによるものである。中世映画における泥とリアリズムの明瞭な粉飾・増量は、色鮮やかで颯爽たるエロール・フリン主演の『ロビンフッドの冒険』（一九三八年、マイケル・カーティズとウィリアム・ケイリーの共同監督）から、ほこりまみれの友情劇であるケビン・コスナー主演の『ロビン・フッド』（一九九一年、ケビン・レイノルズ監督）、さらにはたいへん不穏で「歴史

的にもっともらしいリアリズムの世界」を描くラッセル・クロウ主演の『ロビン・フッド』（二〇一〇年、リドリー・スコット監督）に至る流れのなかに見て取ることができるだろう（Bildhauer 2016, 57-58）。中世映画のなかで、泥と暴力は手を取り合って共存しているのだ。

ロビンとその陽気な一党、森のアウトローの一団が多少泥をかぶっているのは、リアリズムの点から見てもありそうなことだろう。中世なりのリアリズムを意識した泥の使用、そのいっそうあからさまな事例は、バーナード・コーンウェルの小説を原作とするイギリスのTVドラマシリーズ『ラスト・キングダム』（BBC Two 2015）である。第一話の冒頭、ヴァイキングの襲撃を受けている八六六年のアングロ＝サクソン期ノーサンブリアを舞台とする架空の王国の首都が映し出される（首都の存在以外の考証は史実的に説得力がある）。逃げ惑う農民の群衆から王その人、そして王の家宰に至るまで都市内のアングロ＝サクソン人すべてが泥だらけの衣を身にまとい、顔も泥にまみれている。家屋と家具の作りも粗末で、泥まみれだ。これらの人々は自分自身の身体、家、さらには都市を清める気も発想さえもなかったと信じるよう仕向けられている。もっとも、この泥まみれのリアリズムには説得力が伴っている場合もある。室内に配管設備が整っておらず、手軽に見られる鏡もなかった当時の人々は、私たちと比べてどうしても清潔から遠くなる、ということになるからだ（そうですよね？）。

物語はいかに一般に流布したか——香辛料と腐った肉

不潔な中世農民像と分かちがたく結びついているのは、中世人、とりわけ貧民層が腐った肉を食べ、

悪臭と味をごまかすために香辛料を使っていた、というイメージだ。この物語は、中世人を思い描くにあたり、典拠を欠いた、いい加減な推論をもとにしている。曰（いわ）く、中世人は衛生のいろはも教わっていなかったのだから、生肉についての知識もなかったのだろう（中世における医学については第9章を参照）。あるいは、しばしば貧乏（あるいは不注意）のために、腐ってだめになってもなお肉を手放せなかったのだろう。さらには、彼らの内臓は私たちよりずっと丈夫にできていたから、腐った肉でも消化できたのだろう、といった具合だ（van Winter 2007, 55-56）。

中世人は平気で腐った肉を食べていたという思い込みは、今でもメディアでしばしば目にする。他方、この主張は一九三九年刊のある本以前に遡ることはないだろうと思われる。イギリス人の化学者にして栄養学の専門家であったサー・ジャック・セシル・ドラモンド（一八九一～一九五二年）は、一九三九年、妻のアンネ・ウィルブラハム（一九〇七～一九五二年）と『イングランド人の食卓　五世紀にわたるイングランドの食事』を執筆した（一九五二年、夫妻は娘のエリザベスとともにフランスでの休暇中に悲劇的な形で殺害された。この殺人事件は「ドミニシ事件」として現在でも犯罪史研究者や警察官の研究対象となっている）。『イングランド人の食卓』はその大半をイングランド人の食、栄養、料理、しかもより新しい時代のそれに割いている。冒頭でのみ、中世後期から近世にかけてのイングランドの食品の歴史が簡潔にまとめられており、その箇所で夫妻は腐った食品〔摂取〕の神話を踏襲、むしろ創造したのだった。

夫妻が記述した中世料理のほとんどは、数多くの「料理店（クックショップ）」発祥の地である中世後期ロンドンの典拠をもとにしている。「料理店」とは、レストランの初期形態で、加工済みのミートパイを買うこともできれば、肉を持ち込んで調理してもらうこともできた。当時の条例は、「料理店」による腐肉販売を非難しており、夫妻はその条例をもとに、中世人はしばしば腐った肉を食べていたと推測したのだ。しかし史料が示すのは、中世ロンドンの当局が、まるで近代のように健康と食品の安全に意を用

いていたことだ。夫妻が行ったことは、中世人の不衛生と病い、というステレオタイプを誇張しただけだった。

この夫妻はさらに、一五九四年のレシピを読み違え、話を厄介なものに仕立て上げた。レシピでは、「緑の」肉を熟成させるには、縛って一日土中に埋めておくこと、とされている。夫妻は「緑」を「腐っている」の意味と誤解したのだが、当時の英語の用法では、屠殺したばかりで熟成が必要な肉、あるいはカッテージ・チーズやリコッタなど生に近いチーズに用いられる形容詞だった。牛肉や狩猟された獣は埋めると熟成過程が促進され、柔らかさと風味が増すのである（Myers 2018）。著者は一五九四年のレシピにあった「緑の」肉から中世の香辛料交易に議論を飛躍させ、「肉にきつめに香辛料を効かせるようになったのは、悪臭をまぎらす必要があったから」と主張した。夫妻は、東方（オリエント）由来の香辛料はこの目的に合致する、とも述べている。だが、〔香辛料を使う余裕のない〕貧しい人々であれば、玉ねぎやニンニク、ハーブだって使えたではないか（Drummond and Wilbraham 1991, 37）。

一次史料

❖ジョン・ウィリアム・ドレイパー『宗教と科学の闘争史』（一八七五年）

ジョン・ウィリアム・ドレイパー（一八一一〜一八八二年）は、化学と写真技術のパイオニアであり、一八四〇年頃に鮮明に映る写真の最初期のものを生み出したことで名高い。だが、彼はアマチュア

の歴史家でもあり、アメリカ南北戦争やヨーロッパの知の歴史についての著作も世に問うている。ドレイパーは、宗教と科学はつねに相争う、という「闘争史観」を積極的に唱えた人物である。この仮説は、彼とその同時代人アンドリュー・ディクソン・ホワイトの名を取って、ときに「ドレイパー＝ホワイト・テーゼ」と呼ばれることもある。以下の抜粋では、ドレイパーは中世の思想、宗教、文化の有効性を幅広く否定しようと試み、中世ヨーロッパがいかに想像を絶する不潔さだったかを強調している。本書第6章で、中世の教会が科学的な研究・知識を積極的に抑圧した、というフィクションを広めた張本人としてドレイパーをふたたび取り上げることになるだろう。

千年間にわたってヨーロッパの人口を停滞させた抵抗の性格について、もう少し具体的に見ていくことにしよう。ヨーロッパ大陸の土地の大半は、道なき森に覆われ、そこかしこに修道院と都市が点在するだけだった。低地地方と川沿いには沼地が広がっていたが、その範囲はときに数百マイルにおよび、有毒な瘴気（ミアスマ）が発散され、マラリアも広く蔓延していた。家屋は木造で粘土が塗布され、麦藁（むぎわら）か葦（あし）の草ぶきだった。窓がなく、製材所（の水力のこぎり）が発明されるまでは、木製の床を備えた家屋はごく少数にとどまった。贅沢なじゅうたんも知られていなかった。その代わりに、藁が室内に散らされることはあった。煙突もなかった。燃料が足らず、弱々しい火から立ち上る煙が、屋根に開けられた煙突から外に逃げていく。排水路も作らず、悪臭を放つごみは単にドアから放り出してそれで終わりだった。老若男女問わず同じ家屋で眠り、家畜がそれに加わることも珍しくなかった。そのように家族の別がはっきりしないなかでは、慎みやモラルを守り抜くのは不可能だった。せいぜい藁を寝袋に、丸太を枕代わりにする程度である。個々人の清潔などまったく未知の観念であり、国家の大臣や、はてはカンタベリー大司教のような高位の人物にさえ虫がたかる始末である。イングランド王と敵対

したトマス・ベケットはそうだったと語られている。個々人の不潔を隠蔽するために香水が必要となり、広く用いられた。市民はよろこんでなめし皮製の衣服を身にまとったが、それはどんどん汚れても長持ちする素材だったからだ。新鮮な肉を週に一度でも食べられるなら、余裕ある人物とみなされたことだろう。街路に下水道はなく、舗装もされず街灯もなかった。日が暮れると、部屋の雨戸が開けられ排泄物がぞんざいに捨てられる。それらは薄ぼんやりとしたランタンを手にして狭い街路を行く通行人の歩みを邪魔した。

……泥が塗られた葦ぶきの小屋、杭を組んだ家屋、そして煙突がなく煙の逃げ道がない建物から立ち上る泥炭の煙。それらは、寄生虫や寒さをこらえようとして四肢へとたぐりよせた藁の束といっしょに広まる、身体的、さらには倫理的な汚染のすみかだった。マラリアにかかった農民には、聖人の聖廟に祈る以外治癒の助けになるものはなかったのだ！　このような有様で、どうして人口が増える道理があるだろう？

出典：Draper, John William, 1875. *History of the Conflict between Religion and Science*. New York: D. Appleton & Company, 264-65.〔訳出は原著を底本とした。既存の邦訳は『宗教と科学の闘争史』平田寛訳、社会思想社、一九七八年、二四三〜二四五頁／訳者〕

❖ジュール・ミシュレ「千年ものあいだ入浴というものがまったくなかった」（一八六二年）

ジュール・ミシュレ（一七九八〜一八七四年）は、フランスにおける近代歴史学の創始者の一人とみなされており、大部の『フランス史』（一八五五年）の著者としてもっともよく知られている。この代表作をはじめとして、ミシュレは世俗的、理性主義的なアプローチを歴史研究に採用し、その一方でカトリックの聖職者や王政を敵視するバイアスが頻繁に顔をのぞかせる。ミシュレは宗教と王政

に特徴づけられる中世に対して根深い嫌悪感を持っており、そうした傾向の代表作が『魔女』（一八六二年）である。この著書でミシュレは、中世が「千年ものあいだ、入浴という習慣がまったくなかった！」と評判の悪い主張を展開している。

イスラームの著述家のなかには、十三世紀を特徴づける皮膚病（レプラ）の大流行を、とりわけ衰えた愛欲をよみがえらせ、新たに湧きたたせるためのある種の刺激剤の服用の所産とみなす者もいる。東方から輸入された燃えるような香辛料が、この事態と何らかの形で関係があることは疑いの余地がない。蒸留法の発明や、ある種の発酵性の飲料についても同じことが言えるかもしれない。

だが、それよりも重要な、そしてより普遍的な「発酵作用」が現在進行中であった。二つの世界と二つの精神のあいだでの鋭い、内的な相克関係が止まぬなかで、第三者が現れその争いを鎮めた。争っていた両者とは、色褪せつつある信仰と、新たに生まれてきた理性であった。そのあいだに割って入った存在が、人間を虜にした。それは何だろう？　不潔で荒れ狂い、欲望をむき出しにしてひどく頭のなかで騒ぎ立てる「精神」である。

身体の喜びであれ、精神の自由なほとばしりであれ、発散できぬままに生命の樹液は抑圧され、腐るにまかされた。光なく、声もなく、言葉もないなかで、苦痛にもだえつつそれは語った。そして、恐るべき新たな現象が起こった。減衰することなくくすぶっていた欲望が、残忍な魅惑、耐え難い変容により阻まれたのだ（ミシュレはここに、中世ヨーロッパ人の不潔さについて、文字史料からの引用を含む長い脚注を挿入している）。愛は、その両腕を開きつつ、目をつむって前進した。……だがいまや、あとずさり、身震いする。しかし、逃げようとしても無駄だった。血の猛り騒ぎは止むことなく、肉は鋭い痛みを覚えながら自らを貪り、絶望がくべられ炭火で焼かれるなかで、その鋭さはいや増すばかりであった。

……レプラは、この災厄の極みというべき最終段階である。だがほかにも、それほどひどくはなくともやはり残忍な無数の病いがいたるところで猛威をふるっていた。たいそう純潔であろうと、美しくとも、〔病いという〕悲しみの花を咲かせる者はおり、すると人々は病いを罪のしるしか、神の罰のあらわれとして目に留めるのであった。

(ミシュレによる脚注) レプラは、アジアから十字軍を通じてもたらされたとされる。だが、ヨーロッパ内部にもその原因が存在していた。それは中世が身体と清潔さに対して戦いを宣言した所産である。かつて手すら洗わなかったと称えられた聖人が一人ならずいた。ならば、他の者はどれほどまれにしか手を洗わなかったのだろうか！　一瞬でも裸体をさらすことは、罪とみなされただろう。世俗社会の人々も、この修道制の教えに忠実に従っていた。結婚を犠牲に、姦通詩によってのみ活力を得ていたようにうかがえるこの繊細で洗練された社会は、こんな無邪気な点についてだけははばかりを見せる。それは清めという行いのすべてを、汚れとして恐れた。千年ものあいだ、入浴という習慣がまったくなかったのだ！

出典: Michlet, Jules. 1863. *La sorcière: The Witch of the Middle Ages*. Translated by L. J. Trotter, London: Simpkin, Marshall, and Co., 117-19. 〔訳はフランス語原文 Michelet, Jules. 1862. *La sorcière*. Paris: E. Dentu, 109-11 を底本とし、『魔女』上、篠田浩一郎訳、岩波文庫、一九八三年、一七三〜一七七頁を適宜参考にした／訳者〕

❖チャールズ・シェパード「ヴィクトリア朝医師の入浴に関する神話」(一八九二年)

チャールズ・H・シェパード（一八二五〜一九一〇年）はニューヨーク生まれの医師で、公衆衛生の提唱者でもあった。彼は、清潔と健康の増進目的で「トルコ式浴場」、つまり公衆浴場開設を強く推し進めた人物として記憶されている。シェパードはヨーロッパ人の二千年にわたる入浴に関する

通俗的な歴史をまとめているが、そのなかに、中世にはキリスト教の影響により入浴が終わりを迎えた、と主張する箇所がある。しかし、彼がその典拠として引用するのはミシュレの著作（前項参照）だけだ。中世の後進性、不潔さは、ギリシア人とローマ人が入浴について抱く強迫的偏愛と対比されることでいっそう強調される。

医学博士チャールズ・H・シェパード「病気の予防手段としての公衆浴場」

水泳プールからはじまり、大浴場、シャワー、灌水（かんすい）、温水浴、薬湯、泥風呂、そしてロシア式風呂とも言われるサウナに至るまで、さまざまな種類の浴場が存在する。最近は、温水シャワーがたいへん好まれているようだが、あらゆる階層、健康と病気の条件のニーズに応えるために、古代、そして近代科学が発明したもので、暖めた空気を用いる、俗にいうトルコ式浴場に比肩するものはない。自然な刺激で、ほかではありえない形で活力を与える。それは、浴場を必要としているところであれば、その土地土地の、あるいは一般的な条件のすべてを、ほかのあらゆるやり方よりも完全に満たしている。

……主題（入浴の健康上の効用）についてより詳しく説明するため、トルコ式浴場に関する過去三〇年余りの記録と照合しつつ、その古代史を参照してみよう。

紀元前五〇〇年、すでにヒポクラテスは伝染病を和らげるために入浴一般と、とりわけ発汗を促進するタイプの入浴法を勧めていた。温暖な気候では楽しみと疲れを取る目的で冷水に飛び込む慣行がおよそ世界中に見られるが、暖めた空気を用いる公共大浴場（テルマエ）の確立は、第一義的には医学的見地から検討されたものである。もっとも、後代になると贅沢なものとして入浴されるようになったのだが。

ケルススはこれらの入浴を患者に求めている。マルティアリスもまた、名声を博した『警句詩（エピグラム）』の

なかで、ラコニクム〔サウナ〕の乾燥した暖気、そして南イタリアで水のきれいさで定評のあった二つの水道、アクア・ウィルゴとアクア・マルキアの冷水につかることを勧めている。ガレノスもまた、消耗症（マラスムス）の治療の一環としてこうした浴場の利用を指示した記録を残している。〔『警句詩』五—二〇、六—四二で言及。プラエネステ（現パレストリーナ。ローマ近郊に所在し、帝政期有名だった避暑地）にアグリコラが建設した水道の水のことと思われる。女神フォルトゥーナの神殿があり、「乙女（ウィルゴ）」の名称はその女神を指すものかもしれない／訳者〕

厳格で美徳ある生活を送った初期キリスト教徒にとって、公共浴場は恐怖の対象であった。何世紀にもわたり、浴場と入浴は法でもって禁じられた。ミシュレは中世を、「千年ものあいだ、入浴という習慣がまったくなかった」時代だと語っている。この長きにわたる時代は、恐ろしい伝染病の時代であった。謎に包まれた疫病が、都市の不潔さから力を得て幾多の人々の命を奪い去ったことは疑いの余地がない。

……さて、現在、どのような浴場があるだろう？　ローマ人は去って久しく、ローマ時代の浴場はどうやら失われてしまった。当世の浴場の父ウルクハート氏は次のように述べている。「ギリシア語もラテン語も知らぬ人々が、古代の偉大な遺産をヨーロッパの地に守り続けている。子どもたちにせいぜいラテン語とギリシア語を伝えるくらいの我々に対し、ローマの壮大さとギリシアの嗜好すべてを体現するこの施設を紹介してくれているのだ。そう、古代ローマの浴場は、現代においてはトルコの公衆浴場ハマムをその子孫として生きながらえているのである」。〔デイヴィッド・ウルクハート（一八〇五〜一八七七年）。スコットランド人。ギリシア独立戦争への参加をはじめ十九世紀初頭に中東に滞在したあと、国会議員（一八四七〜一八五二年）となりトルコ式浴場をイギリスに紹介／訳者〕

我々の学校でローマ人の言語、文学、法は教授されているが、そのもっとも重要な慣行と衛生についての実践の一つ、きわめて物質的な形で彼らをあまりに強力で偉大たらしめた入浴慣行は、まった

くもってないがしろにされてしまっているのだ。

出典：Charles H. Shepard. "Public Baths as Preventive of Disease." *Journal of the American Medical Association* 19 (1892), 429-30.

実際に起きたこと——入浴

ならば、中世人はどれだけ不潔だったのだろうか？　質問そのものは単純だが、回答は簡単ではない。歴史家のなかにも、中世人はめったに入浴しなかった、というよく耳にする見解の支持者もいれば、衛生に配慮した入浴は中世でも比較的一般的であり、社会の全階層が実践していた、と主張する者もいる。それではなぜ現代の読者は中世がどこまで清潔だったか想像しにくいのか。それは、各戸に清潔な個人用洗面所・浴室があることを自明視してしまい、公衆便所と公衆浴場を清潔とは言いがたく、道徳的にも問題がある、と感じてしまうからだ。だがこうした態度は前世紀にはじめて生み出されたものであり、古代や中世、あるいはヴィクトリア朝期に至るまでの近代の清潔観を反映していない。十九世紀のヨーロッパは、産業化と都市の人口密集を背景に、中世に勝るとも劣らぬ不潔な場所であった。

ミシュレにいくら権威があろうと、また、「中世には入浴が存在しなかった」と主張しようと、医学、法学、宗教上の多数の文献が、また、考古資料や中世から現在に伝わる建築物〔の構造〕が、中世でも都市部では入浴が一般的であり、彼らが清潔や衛生に配慮していた、という見方を強く支持している。ただし、中世は古代ほど入浴が一般的だったわけではない。〔古代においては〕ローマ帝国領内の

各都市では、イングランドのバースからエルサレム、さらには首都ローマに至るまで、堂々たる公共浴場や個人用の浴場の遺跡があるため、〔入浴の習慣の〕普及が判明している。しかし、中世で入浴が古代に比して一般的でなくなったからと言って、習慣が消え失せたわけではない。

中世人の入浴観は、古代ギリシア・ローマから受け継がれたものだ。実際、コスのヒポクラテス（前四六〇年頃〜前三七〇年頃）と、その衣鉢（いはつ）を継ぐ多くの「ヒポクラテス派（コス派）たち」の著作に見られる。ヒポクラテスの『急性病の養生法』を、「一次史料」に掲載した。この著作をはじめとする数多くのヒポクラテス派の著作が、中世、とりわけ十一世紀以降に翻訳され、読まれていたからだ。ヒポクラテスは入浴を、身体への影響、体液への影響、さらに元素の質への影響といった観点から考察しており、この点は中世人も同様であった。中世における入浴は現代の入浴同様複数の効能があり、身を清める、治療、身体的なセラピーといった目的をもって行われた。たしかに、王や高位貴族以外の中世人で、屋内に個人的な入浴やトイレのための部屋や配管設備を持っていた者はほとんどいなかった点は考慮が必要だろう。としても、これは彼らが不潔極まりなく、身を清める習慣がなかったことの証拠とはならない。

十二世紀までにはヨーロッパの大都市で公共浴場が一般に見られるようになっていた。十二世紀の学者、アレクサンダー・ネッカムは、パリの街路で湯が熱すぎると大声で叫ぶ入浴客について書き記している。十三世紀パリから伝わる記録は、三二の公共浴場を記載している（Archibald 2005, 110-11）。入浴史の研究者であるファビオーラ・I・W・M・ファン・ダムは、中世において入浴がどう解されていたかを研究している。単に「入浴は体に良い」とか「悪い」で片づけられるものではない。中世人はさまざまな理由、さまざまなタイミングで入浴をしていたが、およそ身体の健康を顧慮していつ入浴するかを決めていた。それでも、ファン・ダムは、説教、百科全書、医学の手引書など、多様なジ

ャンルの著述家が概して入浴を肯定していたことを示した（van Dam 2011）。中世後期の説教者はしばしば入浴を批判したが、それは入浴行為や清潔さ自体を敵視していたからではなく、公共浴場が案の定、不品行の舞台となっていたからである。

中世でもっとも人気があった浴場は、イングランドのバースのスリス・ミネルヴァ、あるいはイタリアのポッツォーリの浴場など、天然の鉱泉の近くにあった。どちらの鉱泉も古代から知られており、中世初期に一時衰退し消滅したかもしれないが、中世中期には再建され、復活を遂げた。ポッツォーリの浴場の効能と種類の豊かさは、〔後出する〕「一次史料」に示したように、とりわけエボリのペトルスをはじめとする著述家がさかんに書き立てた。中世における入浴の最終章を飾るものとして、アルブレヒト・デューラー（一四七一〜一五二八年）の手になる一四九六年頃の公共浴場男湯の木版印刷をご覧いただきたい（賢明なことに、女湯とは分けられていた。女湯についても、デューラーは印刷物として刊行している）。この作品を、裸体を賛美する「ルネサンス」芸術の傑作と評してもよいが、デューラーが描いたのは、中世後期ヨーロッパの共同体でありふれた活動の一コマだった。

中世人で個人用の浴室を持つ者がほとんどいなかったのは事実であり、彼らが現代社会のほとんどの者よりも泥まみれであったことは疑いない。だが、中世を今日の対極、「暗黒時代」ととらえ、中世人が一度たりとも入浴したことがなかった、また、入浴を憎悪し、恐怖していたなどと思い込む罠に陥るべきでない。通常、公共浴場における定期的な入浴は、中世の生活において重要な構成要素だったのである。

実際に起きたこと——香辛料と腐った肉

異国の香辛料は、古代ローマと中世の食生活、いずれにおいても欠かせないものだった。中世初期（五〇〇年頃から一〇〇〇年頃にかけて）に遠距離交易の衰退とともに香辛料は入手しづらくなったが、それでも胡椒のように変わらず手に入るものもあった。値は張るが、十一世紀以降に香辛料は入手がいっそう容易となる。中世において、「香辛料」の範疇（はんちゅう）に入るものは、現代よりずっと多かった。干しブドウ、香水、あるいはアロエや樟脳（しょうのう）、スカモニア液、さらにはショウガやガランガル、シナモン、クローヴ、サフランのような品々、今日世界中で使われている食品用のスパイスが含まれる（Benito 2012, 53-54）。「香辛料」を定義するのはその産地である。地中海の島々や東アフリカのスワヒリ海岸に加え、中東やインド亜大陸、あるいは中国、そして現在のインドネシアに位置する「香料諸島」など、「オリエント」産のものがそう呼ばれたのである。「オリエント」と西ヨーロッパの主たる仲介役だった地中海のイタリア商人、そしてアラブ商人にとって、香辛料は価値ある交易品だった。彼らはこれらの物珍しい品々を直接裕福な家庭に、あるいは大都市の香辛料商人、さらには薬剤師や医師に売りさばいた。

ひと言でいって香辛料は高価だった。腐肉でも食べなければ、と思うような人々には手が出なかった。中世における食の歴史の研究者ヨハンナ・マリア・ファン・ウィンターが明らかにしたように、十一世紀における香辛料使用の増加は、腐った肉や魚の消費量増加によるものではなく、ヨーロッパ商人のあいだで新たに、高価なわりに軽量な香辛料に目が向けられたからだ。香辛料交易は、東地中

海でリスクを取って交易を重視する者にとって、大きな利益を生む存在だった（van Winter 2007, 23）。香辛料は保存のためでなく、高価であり、手のこんだ料理の装飾や薬としてのみ用いられたのである。

肉は、香辛料よりもずっと安価だった。つまり、香辛料が買えるだけ豊かならば、新鮮な肉を買う経済的余裕はあったと見てよい（Freedman 2008, 3-4）。ファン・ウィンターは、こう念押ししている。「現在のヨーロッパに比べれば貯蔵技術はたしかに素朴だった。しかし、彼ら〔中世人〕が賞味期限切れになるまで消費をためらい、香辛料を多用して食していたなどと考えるのはまったく非合理的である。……彼らにも、何が健康によくて何が健康を害するか、知識はあった」（van Winter 2007, 56）。中世後期には黒死病による劇的な人口減を経験し（第11章参照）、疫病を生き延びた者の賃金が多くの地域で上昇し、さらに東ヨーロッパからの食肉の供給が増大することによって肉食がより一般化した。これは当時の下層民にもあてはまる。中世の農民と貴族はいずれも、どのように塩や酢を用いて食肉を腐敗から守るか知っていた。ハムやベーコン、豚肩肉がその具体例である（Benito 2012, 47-48, 52）。

一次史料

❖ヒポクラテス『急性病の養生法』よりその一八「入浴の効能」（紀元前四〇〇年頃）

ヒポクラテス（紀元前四六〇年頃〜前三七〇年頃）の医学書は、中世世界で、イスラーム、ユダヤ、キリスト教文化の別なく広く読まれた。みな彼を「医学の父」として受け入れていた。彼のものとさ

れる著作のうち、およそ六〇編は真作とされる。だが、紀元前四世紀から前三世紀にかけ、彼の名を冠した「ヒポクラテス派」学徒による著作も数多存在する。ヒポクラテスおよびその学徒による手引書『急性病の養生法』は、おそらくはヒポクラテスその人の真作か、少なくともその生前に書かれたものと思われる。この重症（「急性」）の病いのための『養生法』、すなわち治療法のなかには入浴療法の項目も含まれており、清潔な備品や介助者を備えた、大規模で専門的な公共浴場が存在することが前提となっている。中世には、これをはじめとする数多くのヒポクラテスおよびヒポクラテス派の著作が読まれ、模倣された。それらが、健康と清潔さに関する中世人のイメージを作り上げたのだ。

18. 入浴は、多くの病いに効果を発揮する。ただし、恒常的に入浴療法を用いるべきものと、そうでないものがある。十分な備品がない場合は、入浴の頻度を減らさねばならないこともあるだろう。すべての備品が家に備わっていることはまれだろうし、それを適切に使える人がいるとも限らない。患者が適切な方法で入浴をしないと、少なからずその体を痛めることにもなりかねない。患者を湯気や過度の水、何度も入浴するための備品に近づけないようにする場所が必要だが、不要な場合はさして広くなくてもよい。〔患者の身体に対し〕摩擦を加えない方がいいが、やむをえない場合は、温めた石鹸を普段よりも多量に用い、また、同時に多量の灌水を行い、これを繰り返すべきである。湯の器は手元に置いておく必要があり、すぐに手に取れるようにしておくこと。だが一方で、入浴する者は指示を守り、慎み深くあるべきであり、自分一人では何事もしようとせず、別の者に灌水や摩擦、さまざまな温度の灌水用の湯の支度とすみやかな灌水を任せるべきである。また、あかすり器具（ストリギル）の代わりにスポンジを用い、十分に身体が乾いていない場合には油を塗ること。だが、頭部は完全に乾くまでス

ポンジでふき取ること。手足の先も、頭部も、その他身体各部も冷えないようにすること。薬湯など飲み物を一服口にした直後に身体を洗わないこと。また、入浴直後も薬湯など飲み物を口にすべきでない。だが、多くの点については患者次第である。健康状態が良好、入浴を非常に好む、入浴が習慣になっている、というような患者であれば、入浴が十分でないと感じる、入浴すると気分が良くなったように感じる、入浴しないと身体に害があるように感じる、などが〔入浴を勧める〕患者の例となる。一般に、急な発熱よりも肺炎患者の方が入浴は適している。入浴は、わき腹や胸、背中の痛みを和らげるからだ。切りやすい痰を作り、その排出を促す。呼吸を楽にし、だるさを取り除く。関節や外皮を滑らかにし、排尿を促し、頭の重さを取り除き、鼻詰まりを改善する。適切な前提条件がすべて整っていれば、これらが入浴の効能である。だが、前提で一つならず欠けているものがあった場合、入浴はプラスの効能ではなく、むしろ身体を害する可能性もある。介助者により適切に準備されない場合、すべての前提について身体を害することになるかもしれない。患者が腹をあまりに下している、あるいは度を過ごして食事をしているのに便通がない場合は、入浴は決して適切な療法ではない。衰弱し、あるいは吐き気を覚えたり実際に吐き戻したりしている、さらに胆汁をともなうげっぷをしているような患者に、入浴をさせてはならない。また、鼻血を出しているときも禁物である。ただし、（あなたに病状についての知識があり）その病状に照らして出血が思ったほど多くないと判断した場合を除く。十分に血を出せていない場合には、効能が身体全部におよぶか頭部だけに限定されるかはともかく、入浴するべきである。十分な前提条件が整っており、患者が入浴に適した病状であれば、毎日入浴療法を施して構わない。また、患者が入浴を好み、入浴が身体に害をおよぼさない場合、一日に二度行ってもよい。薬湯を制限なく口にできる患者への入浴療法の適用の方が、そのエキスだけを服用している者への適用よりもずっと好ましい。ただし、後者においても適用が妥当な場合がある。水しか口

にできない患者の場合はもっとも不適当であるが、それでも入浴療法が妥当な事例もあるかもしれない。だが、これまで述べてきた、どの治療法として効能があるか、どれについてはそうでないか、というルールに基づき、個別に判断を行うこと。適切な前提条件のいくつかが欠けているが、症状に対しては効能を発揮するだろう、というような場合には入浴を行うべし。一方、前提条件を満たしていても、入浴が勧められないような症状の場合には入浴するべきではない。

出典：Hippocrates. 1868. "On Regimen in Acute Diseases." In *The Genuine Works of Hippocrates*, edited by Charles Darwin Adams, #17. New York: Dover.

❖エボリのペトルス『ポッツォーリの浴場について』（一二〇〇年頃）

ペトルスは南イタリアのエボリ出身の修道士で、ラテン語で著作をものした。彼は一一九六年から一二二〇年にかけて、シチリア王と神聖ローマ皇帝を兼任したハインリヒ六世、そしてその息子のフリードリヒ（フェデリーコ）二世の宮廷で人気を博した詩人でもあった。ペトルスの著作の一つに、シチリア王国に属したナポリ郊外、ポッツォーリ近郊の温泉浴場を扱ったものがある。これらの浴場は人気ある観光スポットであり、ペトルスはさまざまな天然温泉について、それぞれの治癒や回復の効能を強調している。皇帝フリードリヒ二世も、一二二七年に十字軍出立の準備中に病いを得た際、これらの温泉で長いこと過ごした。

入浴は助けとなる　実態（res）からその名声（nomen）が生まれる。入浴は病人の助けとなる。そして、その名声が病人を喜ばせることで、実態となる。入浴は肺を清め、脾臓から重圧を、内臓から腫れを除く。冷たくなった心臓からは、悲しみの原因も取り除く。腹部の体液を優しく濡らして洗い流し、

腹から食欲不振をも取り除く。腹を以前の状態にまで癒し、ごちそうを味わえるようにする。ガラガラ声を癒し、あらゆる種類の痛みも取り除く。入浴をこのように愛する者は、湯の波で活力を取り戻す。慢性化した痛風の重荷を除き、一時的ではあるが安らぎをもたらしてくれる。

聖アナスタシア浴場　おお、アナスタシアよ、人々はあなたの名であなたの名でこの浴場を呼ぶ。入浴によって多くの効能を人にもたらすこの湯のことを、あなたの名で呼ぶのだ。ぎこちなくなった四肢に活力を吹き込む。その湯の波は、身体を新生させる。驚嘆に値することまで起こる。砂を掘ると、なんとそこから熱い湯がほとばしり出るのだ。泉から湧き出る湯は、〔病人から〕症状を取り除く。もっとも、熱い湯を浴びその熱さに耐えるならば、の条件つきだが。いったん泉から汲まれた湯は、いかなる効能も示さない。冷めてしまった湯でも、同様である。というわけで、弱った体にきちんと活力を取り戻したいのなら、湯を新鮮なものに取り換えると助けが得られるだろう。

カンタレルス浴場　海のなかに沸き立つ湯が海に流れ出てしまわぬよう煉瓦で囲いを作っている。海が波立つと、この浴場は波の攻撃を受ける。病人がこの浴場に赴くのはほぼ不可能である。カンタルス（カンタレルスの別称）の湯は、ありがたいことに人間に対し効能がある。古傷も、新たな傷も、肌を再生してくれるのだ。体液（膿）がにじみ出て肌を痛めている潰瘍も、カンタルスは癒してくれる。目もはっきり見えるようになり、流れ続ける血も凝固させる。関節炎にも効能をあらわす。足にも効く。熱や寒気に対しても効能がある。だが、この湯をいつも浴用に供すると、肺には良くない。

牧草地の浴場　人々が「牧草地の浴場」と呼ぶ湯がある。多くの者が、キケロがこの浴場を作らせたと信じている。歩きにくい下り坂が延びていて、それをたどると病人が求める湯にたどりつく。内臓を落ち着かせるのによい、とされている。怠惰ゆえに体液が重くなった体を身軽にする。また、凝り固まった腕の筋肉をほぐし、頭や肩を正常に戻すにもすばらしく良いとされている。涙目を清め、潰

瘍も取り除く。身体全体に効能がある。汗をかきながら湯につかる者は、若干のあいだ身体を冷やすのを避けるべきである。また、四肢が熱を帯びているあいだは、水分をとるべきでない。

トリペルゴーラという名の浴場　大きな湖〔ポッツォーリ北西約五キロメートル弱に所在するアウェルヌス湖のこと〕があり、そこでキリストが地獄の門を砕き、死者たちを救い上げた。ここには〔浴場に加えて〕二つの家屋の複合建築物があり、それにふさわしく「トリペルゴーラ」という名が付いている。片方の家屋には衣服〔入浴着〕が収められ、もう片方には、非常に汗をかいた者のために水が蓄えられている。疲労感を足の重々しさとともに取り去ってくれる。この温泉はさまざまな腹の病いを癒し、全身の痛みを伴うだるさも除き去る。万事力が出ず、体が重い場合には、頻繁に入浴することがおすすめだ。この湯を愛する者は、病いを得ることなく、健康な身体を享受するであろう。

出典：Peter of Ebola, *De Balneis Puteolanis (sec. XV)*. Edited by Pietro Migliorini and Massimo Rodella, Italian translation by Carlo Marcora, English translation by Jane Dolman. 2. Vols. Milan: edizioni Il Mondo Positivo, 1:22-31.

❖アルブレヒト・デューラー『男湯』（一四九六年）

アルブレヒト・デューラー（一四七一～一五二八年）は、北方ルネサンス、すなわちドイツ・ルネサンスにおける最大の画家にして版画家の一人である。一四九六年頃、デューラーは男女別公衆浴場の男女を描いた一連の版画を出版した。世俗的なものを題材とし、人間の裸体に焦点を合わせているためこれらは「ルネサンス」に分類されるが、中世後期の都市生活でありふれた光景を提示してくれている。浴場は体を清潔にするだけでなく、くつろぎ、体を動かし、社交を行う場でもあった。

出典：Albrecht Dürer, *Das Männerbad* (The Men's Bath). Metropolitan Museum of Arts, Accession Number, 19.73.155. https://www.metmuseum.org/art/collection/search/387563.

さらに詳しく知るために

- Archibald, Elizabeth. 2005. "Did Knights Have Baths? The Absence of Bathing in Middle English Romance." In *Cultural Encounters in Romance of Medieval England*, edited by Corinne Saunders, 101–15. Woodbridge, Suffolk, UK: Boydell.
- Benito, Pere. 2012. "Food Systems." Translated by Leah Ashe. In *A Cultural History of Food in the Medieval Age*, edited by Massimo Montanari, 37-55. London: Bloomsbury.
- Bildhauer, Bettina. 2016. "Medievalism and Cinema." In *The Cambridge Companion to Medievalism*, edited by Louise d'Arcens, 45–59. Cambridge: Cambridge University Press.
- Bunn, Curtis. 2015. "7 Outbreaks That Afflicted Europe during the Unsanitary Medieval Ages." Atlanta Black Star, February 13, 2015. https://atlantablackstar.com/2015/02/13/7-outbreaks-that-afflicted-europe-during-the-unsanitary-medieval-ages/
- Cartlidge, Cherese. 2002. *The Crusades: Failed Holy Wars*. San Diego, CA: Lucent Books.
- Draper, John William. 1875. *History of the Conflict between Religion and Science*. New York: D. Appleton and Co.〔ジョン・W・ドレイパー『宗教と科学の闘争史』平田寛訳、社会思想社、一九七八年〕
- Drummond, J. C. and Anne Wilbraham. 1991. *The Englishman's Food: Five Centuries of English Diet*. London: Pimlico [Reprint of 1957 edition, originally published 1939].
- Freedman, Paul. 2008. *Out of the East: Spices and the Medieval Imagination*. New Haven, CT: Yale University Press.
- Horrox, Rosemary, ed. 1994. *The Black Death*. Manchester; Manchester University Press.
- Michelet, Jules. 1862. *La sorcière*. Paris: E. Dentu.〔ジュール・ミシュレ『魔女』上・下、篠田浩一郎訳、現代思潮社、一九六七年／岩波文庫、一九八三年〕
- Michelet, Jules. 1863. *La sorcière: The Witch of the Middle Ages*. Translated by L. J. Trotter. London: Simpkin, Marshall, and Co.

- Myers, Daniel. 2018. "Drummond's Rotten Meat: When Good Sources Go Bad." *Medieval Cookery*. http://medievalcookery.com/notes/drummond.pdf
- Shepard, Charles H. 1892. "Public Baths a Preventive of Disease." *Journal of the American Medical Association* 19: 429–32.
- Stapelberg, Monica-Maria. 2016. *Through the Darkness: Glimpses into the History of Western Medicine*. Surrey: Crux Publishing.
- Thorndike, Lynn. 1928. "Sanitation, Baths, and Street-Cleaning in the Middle Ages and Renaissance." *Speculum* 3, no. 2: 192–203.
- van Dam, Fabiola I. 2011. "Permeable Boundaries: Bodies, Bathing and Fluxes, 1135–1333." In *Medicine and Space: Body, Surroundings and Borders in Antiquity and the Middle Ages*, edited by Patricia Baker, 117–45. Leiden: Brill.
- van Winter, Johanna Maria. 2007. *Spices and Comfits: Collected Papers on Medieval Food*. Tornes, UK: Prospect Books.
- ヴェルナー・レーゼナー『農民のヨーロッパ』藤田幸一郎訳、平凡社、一九九五年
- 堀越宏一『中世ヨーロッパの農村世界』山川出版社、一九九七年

第4章

人々は紀元千年を恐れていた

人々が起きたと思っていること

第三千年紀がはじまろうとしていた一九九九年、世界中の人々は「Y2K」、つまり二〇〇〇年一月一日の午前〇時〇分を迎える際に起こりうる事態を恐れ、気が気ではなかった。多くの人々が、「ミレニアム・バグ」（コンピュータの実際のバグではなく、システム上のコードの問題）が、政府運営の発電所、財務資料（金融取引に関するデータ）、病院などの基幹コンピュータ・システムの広範なトラブルにつながると頭から信じていた。Y2Kで実際に深刻な問題は生じなかったが、この恐怖は、多くの人々が「Y1K」、すなわち紀元一〇〇〇年前夜に何が起きたかを問うきっかけになった。当時人々は何を恐れていたのだろうか？　ほかにも理由はあるにせよ、それで社会は崩壊したのだろうか？

二〇〇〇年前後、メディアは紀元一〇〇〇年、いやむしろ九九九年に生じたこと、あるいは生じたと自分たちが考えていることを報道していた。曰く、第一千年紀が終わろうとする頃、迷信深いヨーロッパの農民たちは最後の審判の日がいよいよ到来することに死ぬほど怯えながら生きていた、といった具合に。紀元千年前後、死者が墓から蘇り、キリストが生者・死者を裁きにくるのではないかと怯える者は多かった。恐怖にかられた中世人は、恐怖に身を寄せあうか、修道院や教会に贖罪を行うために参集し、なけなしの財産を寄進した。聖職者に自分たちの魂のために祈りを捧げ、天国に行けるようにしてもらいたいと考えてのことだった。恐怖は、カトリック教会の聖職者の説教や著作が拍車をかけた。しかし聖職者は聖職者で、近代以降の著述では農民同様に迷信深い存在、あるいは無教養な人々を操る強欲で冷笑的な存在として描かれている（Landes 2000, 97-98）。

物語はいかに一般に流布したか

紀元九九九年、一〇〇〇年、一〇〇一年、あるいはその近辺で、世界の終末がいまや到来すると信じられていた、とするステレオタイプは近代以降の産物であり、そのほとんどを十九世紀半ば以降の著述家に負っている。第一千年紀の最後にアンチ・キリストが到来すると中世人が信じていた、とはじめて記した著述家の一人は、カトリックの枢機卿カエサル・バロニウス（一五三八～一六〇七年）だった。バロニウスは全一二巻で構成される大部の教会史、『教会年代記』（一五八八～一六〇七年）を著した人物である。彼は著作の一一巻目を一〇〇一年から書き始めているが、そこで、人々のなかに、「もしアンチ・キリストが姿を現したら世界は終わる、あるいは終わりに近づくだろうと予言する者がいた」と書き留める（Burr 1901, 430）。裏付けとして、バロニウスはフルーリのアボ、そしてラウール・グラベールといった中世の著述家を引用する。彼らについては、のちほど触れることにしよう。

だが、枢機卿バロニウスは、人々が紀元千年を恐怖していた、とは述べていない。この観念を練り上げ、中世における黙示録的な言説を千年王国主義の狂騒曲へと羽ばたかせたのは、十九世紀に精力的に活動を行った複数の著述家だった。『並外れた集団妄想と集団の狂気』〔邦題『狂気とバブル』〕は大きな影響力をふるった。スコットランド人の著者チャールズ・マッケイ（一八一四～一八八九年）は、紀元千年のパニックを、一〇九五年から一〇九九年にかけて行われることになる第一回十字軍への重要な先駆として描いている。「奇妙な観念が、十世紀末から十一世紀初めにかけて人々の心に根を下ろしていた。世界の終わりが迫っていると広く信じられていたのだ。それによると、千年におよんだ黙示

録の時代が終わりに近づいており、イエス・キリストが人類を裁くためにエルサレムに降り立つという。キリスト教世界全体が大騒ぎになった。恐怖のパニックが弱者、だまされやすい者、さらには罪人を襲った。当時、そのような人々は人口の九五パーセント以上を占めていた。家も、親族も、生業も捨て、彼らは主の到来を待つべくエルサレムへと集った。巡礼の労苦と憔悴が罪の重さを軽減するはずだ、と信じたがゆえに」（Mackay 1852, 2:3）。

マッケイと同時代人であったフランス人の歴史家ジュール・ミシュレ（一七九八〜一八七四年）は、中世キリスト教徒がいかに紀元千年に躍らされやすかったか、彼らが感じた恐怖と〔最後の審判の日の〕主の再臨に対していかにばかばかしくも周到な準備を行ったか、さらに詳細を記述している。後出の「一次史料」には、ミシュレの一八五五年版の『フランス史』（一八八七年に英訳）を、紙幅を割き引用した。実際に書かれた当時の一次史料を一つたりとも引用することなく、ミシュレが私たちに語るのは、抑圧された農民たちがキリストの帰還〔再臨〕を恐怖と希望双方をない交ぜに待ちわびる、悲劇的で救いのない物語だ。ミシュレが言外ににおわせたのは、ローマ帝国も、シャルルマーニュの帝国もない世の中で、彼ら農奴がなぜ生き続けねばならないのか、ということだった。

マッケイとミシュレの時代以降、一次史料の分析に基づく科学的歴史学はかなりの進歩を遂げ、数多くの歴史家が、第一千年紀の終わりにパニックが起きていた、とする説を否定する論文や著作をものしてきた。早くも一八七三年に、フランス人の歴史家フランソワ・プランは「紀元千年の恐怖の誤り」と題する論文を執筆し、一九〇一年にはジョージ・リンカーン・バーが、いかなる形でも「紀元千年の恐怖」はなかったということを、「紀元千年と十字軍の先駆」という影響力があった論文で示した（Palmer 2014, 4-6）。また、著名なフランス人の美術史家であるアンリ・フォション（一八八一〜一九四三年）も、無知が生んだ紀元千年の神話を扱った著作を書き、一九五二年に『紀元千年』〔邦訳『至福千

年』として刊行した。この著作は、一九六九年に英語にも翻訳されている。

だが、これら真面目な歴史家が「紀元千年の恐怖」を百五十年間否定し続けたにもかかわらず、アマチュアの歴史家は、ヨーロッパとヨーロッパ人が紀元千年の到来を目前にしてほぼ停止（シャットダウン）してしまった、というフィクションを触れまわるのを、二十世紀の末に至ってもやめようとしない。注目に値する例として、リチャード・アードス（一九一二～二〇〇八年）が筆を執った『紀元千年　黙示録を目前に控えた世界』という劇的なタイトルを付された著作を見てみよう。アードスは数多くの著書をもつ書き手で、芸術家や写真家としての活動を行っているが、中世学者として訓練を積んだわけではない。彼の著作のほとんどはネイティヴ・アメリカンの文化についてのものだ。アードスの本から抜き出した抜粋には、印象的な九九九年のヨーロッパの光景が描かれる。それは、マッケイやミシュレといった旧世代の著作から着想を得たものだ。アードスは、紀元九九九年の一二月三一日の除夜に、教皇シルヴェステル二世（在位九九九～一〇〇三年）がおののく民衆に対して説教を行う光景を描く。アードスはこの光景が創作であることは認めるが、それでも自著をフィクションではなく、歴史書として位置づける。ほぼ同じ物語は、ジャーナリストであったジェイムズ・レストン・ジュニアにより、そのアマチュア歴史家としての数多くの著作の一つ『最後の黙示録　紀元千年のヨーロッパ』でも語られる（Reston 1998, 204-06）。

だが、アードスやレストンのような著述家にも、黙示録的な想像力を支えるに足る正真正銘の中世の史料があった。ラウール・グラベール（〈禿（はげ）の〉ラウール）（九八五～一〇四七年）という、十一世紀の修道士にして歴史家のことである。ラウールは『歴史五巻』という名で知られる著作で、九〇〇年から一〇四四年にかけてのフランスとキリスト教圏ヨーロッパ各地の事件を取り上げる。ラウールは非常に迫力ある黙示録神学を奉じており、さまざまな事件の善悪を問わず、キリストの再臨が迫っていると

いう信念に立って所説を述べることでとりわけ名高い人物だ。王の戴冠から巨大クジラの出現に至るさまざまな事件が、「我らが主にして救い主の誕生から千年後」、つまり紀元千年からどれだけ遡るか、を基準にして年代が示される（Rodulphus Glaber, in Coulton 1910, 5）。リチャード・アードスは、とくにグラベールによる天災の描写にスポットを当てる。紀元千年よりまえの中世人は、三月の春雷を再臨を告げる神の声と考えたというのだ。また、九九三年のヴェスヴィオ〔ヴェスウィウス〕火山の噴火は、地獄の口が開く事件にたとえられ、ローマのサン・ピエトロ教会の火事や、さらには聖アントニオスの火として知られた病い（麦角中毒）の「火」の勢いと結びつけて解釈された。グラベールにとって、これらすべての「火」は最後の審判が迫っているしるしだったという。

　第一千年紀におけるパニックの典拠としてしばしば引用される中世の著述家は、ただ一人だけだ。フルーリのアボ（九四五～一〇〇四年）は、フランス出身の修道士であり、数多くの著作をものし、現在では聖人とみなされている。晩年に著した書簡によると、アボは若い時分（一〇代とするなら九六〇年頃かもしれない）に、アンチ・キリストが紀元一〇〇〇年（あるいは一〇〇一年）に到来する、とする説教師の言葉を耳にした。近代以降の著述家のなかには、アボのこのコメントを中世キリスト教信仰の典型として引用するむきがあるが、彼らが明らかにしていないことがある。アボは、件の説教師がすぐに教会権力により論駁されたとも述べているのだ。つまり、彼はこの千年王国主義的な思想が誤りであり、馬鹿げていると考えていたことになる。仮にアボ本人がこの思想を受け入れていたとしても、アンチ・キリストもしくは最後の審判についてのパニックが九六〇年、一〇〇〇年のいずれの時点で起きたとも彼は記していない。

「紀元千年の恐怖」というイメージについての非専門家の見解は、グラベールの記述にほぼ全面的に依拠した過去の〔史料〕批判を欠く歴史記述、そして近代以降のキリスト教の展開、という二点によ

って作り上げられたものである。一例を挙げるなら、近代人や現代人が想像する恐怖に怯える中世のキリスト教徒の記述は、おそらく十八～十九世紀プロテスタント神学における携挙（けいきょ）（神学者のあいだでは、「前千年王国説的経綸主義」として知られる）の影響を受けている。現在アメリカの福音派キリスト教徒のあいだでもっぱら見出されるこの思想は、選ばれたキリスト教徒はその生死を問わずキリストの再臨が実現するまえに姿を消し、キリストとともに天に挙げられる（「移管される」）のに対し、ほとんどの人間は地上にとどまり、「苦難（患難）の時代」を通じて苦しみ続ける、というものだ。この苦難の期間は、文字通り理解するか比喩的に理解するかは人により異なるが、しばしば千年におよぶと言われる。中世の神学者は最後の審判の性格についてさまざまな議論を行ったものの、携挙について中世の教説で扱われた形跡はほとんどない。それでも、現代の著作が記す、紀元千年をまえにして恐怖にもてあそばれるままだったとする中世の農民像は、携挙後に「置き去りにされた」者たちについてと同様、近代以降の発想に基づき作り上げられたもののように思われる。

一次史料

❖ラウール・グラベール『歴史五巻』（一〇四五年頃）

ラウール・グラベール、もしくは〈禿の〉ラウール（九八五～一〇四七年）はフランス生まれの修道士で、数々の著作をものした。その一つが、フランスのサン・ベニーニュ修道院の院長、ヴォルピ

アーノのグリエルモの依頼で書かれた『歴史五巻』である。この著作で、グラベールはもっぱら、生前にフランスを舞台に起こった数多くの政治および宗教上の事件を取り上げている。だが、以下の一節がもっとも名高い。グラベールは紀元一〇〇〇年前夜のヨーロッパ各地で起きた恐ろしい事件を記し、黙示録や「審判の日」の到来と関連づけている。

聖句の警告にあるように、最後の〔審判に至る〕日々が進んでいくなか、人々の慈愛が凍りつき、邪悪がはびこることで、魂の危険が際立つようになった。多くの古代の教父が主張するように、強欲が大手を振ってまかり通ることで、本来さらに推し進め強固とすべき過去の信仰の掟もしくは戒律が、腐敗を受け入れてしまうことを知らされている。……

それゆえ、やむことない訴訟騒ぎと頻繁なスキャンダルが続き、秩序と調和がさまざまな逸脱によって引き裂かれている。つまり、不信心が聖職者のあいだでまかり通る一方、あつかましさと抑えがたい欲望が人々のあいだに広がっているのだ。嘘がはびこるなかで、詐欺と殺人に満ち満ちており、ほとんどの者が堕落を余儀なくされている。カトリック信仰の目(め)である教会の高位聖職者が暗中で視力を失い、正しき救いへの道を知らぬ平民もまた、逸脱という破滅にその身を貶めてしまった。

指導者たちの信仰が失われ、修道院長でさえも修道規律を軽視するようになり、さらにまた規律の活力そのものがなくなると、平民たちもそれらの人々の行いを見て、必ずや神の命を好き勝手に称するようになろう。それはまさに人間種全体が、自発的な堕落によりいにしえの混沌へ立ち戻ることにほかならないのではなかろうか。……

そして、使徒の権威によりその成就を悟ったように、とりわけ自らのことを偏愛する人々のあいだで慈愛が凍りつき、邪悪がはびこるなか、これまで述べてきたことが救世主にして主の生誕からおよ

そ千年後に世界中で起こるようになった。

前述の紀元一〇〇〇年の七年前〔紀元九九三年〕、ヴルカヌスの鍋、とも呼ばれるヴェスヴィオ火山がこれまでしばしば見られた例の休眠状態から目覚め、火と硫黄、そして大岩を大量に噴出し、それらは三マイル四方にまで転がった。その悪臭を放つ息吹ゆえに、周囲は居住に適さない土地になってしまった。……

その頃、イタリアとガリアのほぼすべての都市が火災で被害を受け、都市ローマでさえその大部分が大火で焼け落ちてしまった。その間、サン・ピエトロ大聖堂のバシリカの梁にも火が点き、青銅板のしたの木材にもわずかながら燃え移った。居合わせたすべての人がこの事実を知ったが、被害を軽減する術に思い至る者は誰もおらず、みながそろって驚愕の声を上げ、筆頭使徒〔ペトロ〕の告解室に駆け込み罪を悔い改め、ペトロに対し、ご自身の教会さえきちんと見張っていて下さらず、信仰の守護者たりえないならば、地上の多くの者たちが信仰の実践を放棄してしまいましょう、と救いを乞い求めたのであった。だが、炎はただちに教会の梁を飲み込み、ばらばらにしてしまった。……

同じくその頃、とてもひどい災いが人々のあいだで猛威をふるっていた。それは、隠された「火」の性質を持つ病い〔聖アントニオスの火、麦角菌のアルカロイドによる中毒のこと〕であり、その病いに侵された四肢は灰となって体から腐り落ちてしまうのだ。たった一晩のうちに、数多くの者がこの「火」に焼き尽くされてしまった。……

また時を同じくして、ひどい飢饉が五年にわたり全ローマ世界を襲った。この飢饉のために、パンが足らなくならなかった地方はない、と聞いている。人々のあいだで、多くの者が飢えて命を落とすことになった。さらに、ひどい飢饉が襲ったたいへん多くの地方で、汚れた獣や地を這う爬虫類だけでなく、男女、さらに子どもの肉さえも、親子や縁者であるかに関わりなく食用に供することを強いら

れた。この飢饉はかくも惨たらしいものであったため、成人した息子が母を食らう一方、母がその母親としての愛を捨て幼き子を食らった。

出典：Rodulphus Glaber. 1910. *History in Five Books*. Translated by G. G. Coulton. In *A Medieval Garner: human Documents from the Four Centuries preceding the Reformation*. London: Constable & Company, 4-6. Spelling and punctuation modified slightly.〔訳は *Patrologiae Latinae*, vol. 142, edited by J.-P. Migne. Paris. 1853, cols. 635–38, 40 を底本とした／訳者〕

❖フルーリのアボは黙示録の到来を説く説教者を思い起こす（九九四〜九九六年頃）

フルーリのアボ（九四五〜一〇〇四年）はフランス生まれの修道士で、フランスとイングランド双方の修道院で修道院長にまでなった。彼は数多くの著作をものし、紀元一〇〇〇年前後には宗教と政治両面で精力的に活動をしていた。その一例として、フランスの改革修道戒律と慣習律をイングランドに導入したことが挙げられる。アボは『フランス王ユーグとロベール宛の弁明』と題された長文の書簡をしたためた。宛先はフランス王ユーグ・カペーと彼の息子で九八七年から九九六年まで共同統治王だったロベール二世である。書簡では、数多くの宗教上の問題が俎上（そじょう）に載せられ、アボは王に対してフランスの教会改革を主導し、キリスト教信仰を率先して守護するよう求めている。書簡の最後に、彼は何件かの非正統的、言い換えるならば異端の疑いのある信仰がフランスで見られる、と記している。そのなかには、アボ自身がパリで過ごした若き日に、アンチ・キリストが紀元一〇〇〇年に到来するという説教師の言葉を耳にした記憶も含まれる。アボは、自分がこの考えに与していないこと、そして当時も聖書の知識をもってそれに戦いを挑もうとしたことを明記している。

まず、信仰について以下のことを申し上げます。フランスとイングランドの教会で内陣を交代する〔所属を変える〕なかで、さまざまなことを耳にしました。アタナシオスの言葉に基づいているような、「聖霊は、御父と御子とより出で、形成されたのでもなく、創造されたのでもなく、生まれたのでもなく、発出したのである」と語る者がいます。その一方で、「聖霊は、御父と御子とより出で、形成されたのでもなく、創造されたのでもなく、発出したのである」とだけ語る者もいます。後者の「生まれたのでもなく」を省略する人々は、グレゴリウス聖下〔教皇グレゴリウス一世（在位五九〇～六〇四年）〕の教令に自ら従っていると考えています。そこにはこうあります。「聖霊は生まれた、生まれなかったというのではなく、発出したのである」。

世界の終末については、若き日に私はパリの教会の人々のまえで語られた説教を耳にしたことがあります。そこでは、紀元一〇〇〇年になるとただちにアンチ・キリストが到来するであろう、そしてほどなく万人への審判が続くであろう、とされていました。この説教に対し、私は福音書と黙示録、そしてダニエル書をよりどころに、力がおよぶ限り〔立ち向かおうと〕立ち上がったのです。

最後に、世界の終末について根付いていた誤謬を、私の修道院長であり故人となられたリシャール院長が賢明にも排斥された点について述べておきます。それは、彼がロレーヌ地方から書簡を受け取り、私に返信をしたためるよう命じたあとのことです。当時、あるうわさが世界中のいたるところに広まっていました。曰(いわ)く、主の受胎告知が聖金曜日に重なると、特別なこともないままに世界が終わる、と。また、毎年主の降誕のまえに祝うことになっている主の待降節のはじまりについて、重大な間違いが起きたことがあります。一二月のカレンダエの五日前〔一一月二七日〕よりも、ある者はあとに、また別の者はまえに祝い始めたのですが、降誕節は四週間にせいぜい一日を加えた期間より長くなることは決してありません。この種の相違は教会内部での不和を広げるものですから、協議で決定すべ

きです。それにより、そのなかに暮らす者すべてが一致を見ることができますよう。陛下らの熱心さによりこのことが実現し、我々があなた方の家に統一された見解のもとで住まうことを望まれますよう。

出典：New translation of Abbo of Fleury, *Apologeticus ad Hugonem et Rodbertum reges Francorum.* In *Patrologia Latina*, vol. 139, edited by J.-P. Migne. Paris. 1853, cols. 471-72.

❖ジュール・ミシュレ『フランス史』（一八五五年）

ジュール・ミシュレ（一七九八～一八七四年）は、近代歴史学における最重要著作の一つ、一九巻におよぶ『フランス史』を一八五五年に完成させた。彼は、中世史の大半のことに対する軽蔑の念と、深く根差したフランス・ナショナリズムをこの著作をはじめそこかしこで明らかにしている（「魔女」に関する本書第3章、第10章の議論を参照されたい）。以下の一節では、ミシュレは史料を引用することなく（実際にはここに掲載した文章だけでもミシュレは三箇所でグラベール等の史料を引用しているが、著者は無視している／訳者）、無教養で過度に信仰篤いヨーロッパ人が紀元一〇〇〇年を迎えようとする際に感じていたとされる恐怖を、劇的な形で再構成している。

中世には、主の受肉から千年目に世界が終わると広く信じられていた。キリスト教以前、エトルリア人も同様に自分たちの歴史の期限として一〇世紀〔千年間〕を定めており、その予感通りに事は進んだ。天を追われた客人、旅人としてこの地をさまようキリスト教徒は、進んでその信仰を取り入れた。中世世界は古代都市のごとき定型化された外面を欠いており、詳細で深遠な秩序を認めるのは難しい。その世界に見て取れるのは、ただ混沌のみ。だが、中世人も秩序を、とりわけ死の床で欲していた。

くわえて、中世は奇跡譚と聖人伝の時代であり、そうした作品中、すべてにステンドグラス越しで眺めているかのような奇妙な色が付いていた。目にする現実すべてが、夢ではないかと訝られたかもしれない。……

かくも悲しき世界に終わりが訪れるという考えは、中世においては希望であれ、大いなる恐怖であれ、すべてであった。十世紀から十一世紀にかけて作られた年経た大聖堂の彫刻を見てみるといい。貧弱で、物言わず、顔をしかめて固まっている。生きていても、痛みを覚えているか、醜く死を迎えているようではないか。彫刻が手を握りしめ、懇願するのは待望の、しかして恐ろしき瞬間、復活に伴う第二の死であった。そのとき、彼らは言葉で言い表すこともできぬ悲しみから解き放たれ、無から実在へ、墓から神のもとへと上昇するのだ。これが、ちっぽけで希望を失い、数多くの廃墟のうえに立つ世界のイメージだった。ローマ帝国は崩壊し、シャルルマーニュの帝国もまた過去のものとなった。キリスト教はこの世の悲しみを除けると信じたが、だがまだ苦しみは続く。不幸と廃墟が、また新たに積み重なった。転機が必要であり、その到来が望まれていたのだ。囚われの身の者は、暗い牢獄で、あるいは安らう墓場でそれを待ち望んだ。農奴は醜い塔の影のもと、畝でそれを待ち望んだ。修道士もまた、修道院での禁欲中にそれを待ち望んだ。孤独な心を騒がせ、誘惑に屈し、そしてまた悔い改め、奇妙な幻を見ながら。彼は悪魔が周囲でふざけまわるその玩具であり、悪魔は夜にその毛布をめくり、笑いながら「汝は我がものなり」と囁くのだ。

すべての者たちが、どのような犠牲を払ってでもこの苦しみからの解放を欲していた。神の掌中にみなが転がり込み、焼けたベッドであれ永遠に安らう方が、現状が続くよりまだましだったのだろう。裁きのときにも、魅惑するものはたしかにあった。鋭く、心を揺り動かす大天使の喇叭が暴君の耳を突き刺すときに思いをめぐらせよ。すると、地下牢から、修道院から、そして畑の畝から、涙にくれ

るなかで怖気をふるうような笑い声が発せられることとなろう。
この恐ろしき審判の日の到来への期待は、紀元一〇〇〇年に先立つか、その直後に起きた災厄とともにいや増した。恐るべき疫病がアキテーヌを苦しめた。病人の肉は焼かれたようになり、骨から剝がれ落ち、腐ってしまった。巡礼地に向かう街道には、憐れな人々が教会に押しかけ列をなした。とりわけ、リモージュのサン・マルタン教会では、その扉のまえに人が殺到して窒息してしまう者がいたほどだ。彼らは教会の周りの悪臭にもくじけなかった。南仏の司教のほとんどは、聖遺物を自らの教会のなかに運び込むことにした。群衆の数は増し、疫病の勢いも増した。彼らは聖遺物のうえに倒れ、死を迎えるのだった。

出典：Michelet, Jules. 1887. *History of France*. Translated by G. H. Smith. New York: D. Appleton and Co., 1:184-85.〔訳はフランス語原文 Michelet, Jules. 1893. *Histoire de France*, t. 4: Moyen Âge. Paris: Flammarion, 104-05 を底本とした。フランス語版からの翻訳として『フランス史〈中世〉II』桐村泰次訳、論創社、二〇一六年、二一～二三頁がある／訳者〕

❖リチャード・アードス『紀元千年　黙示録を目前に控えた世界』（一九八八年）

リチャード・アードス（一九一二～二〇〇八年）はドイツ系アメリカ人の作家兼芸術家で、雑誌やドクター・スースの本の挿絵画家でもあった。第1章で俎上に載せたバーネット・リトヴィノフ同様、アードスは中世史を専攻したわけではないアマチュア歴史家であり、このテーマについての本は一冊しか書いていない。そのため、彼の著作である『紀元千年　黙示録を目前に控えた世界』は、フィクション交じりの中世像を提示した作品であり、学問的著作として理解すべきではない。アードスは実在する中世の史料、とりわけラウール・グラベールに由来する光景を描いているが、自由に

それを拡大解釈し、紀元一〇〇〇年を控え、ローマでさえまったき恐怖に襲われたとする劇的な光景を創作している。教皇シルヴェステル二世がこの真夜中のミサを司式した歴史的根拠は存在しない。

いにしえの年代記によると、紀元九九九年の最後の日に、ローマの年経たサン・ピエトロ大聖堂には泣き叫び、震える信者が世界の終末を待って集っていた。一千年紀そのものの最後の晩であり、地上が灰と化す怒りの日の前夜（イブ）だった。この場に集う者たちの多くは、土地、家屋、そして家財道具といった財産のすべてを貧者に分け与えていた。そうすることで、自分たちのささやかな罪を最後の審判で赦され、天国で全能なる主の足元近くの特等席を確実にしようとしたのだ。多くの憐れな罪人たちは――彼らのうち、なにがしかの罪を犯していない者はいただろうか？――教会に頭陀袋と灰をまとって入り、すでに何週間、何ヶ月も贖罪を続け、その肉体を痛めつけていた。

天の御父に捧げられた祭壇では、教皇としての権標一式を身につけた教皇シルヴェステル二世が深夜のミサをとりおこない、対面するすべての者に祝福を与えていた。多くの者は顔すら上げようとせずに色とりどりの大理石の床にその面を落としたままであり、腕を十字の形に広げていた。何人かは神聖な恍惚にかられ、キリストとの合一の瞬間を待っていた。数分が過ぎ、運命の時が訪れようとするなかで、死んだような沈黙がその敬意を集めるバシリカを満たした。聖句を唱える教皇の声だけが流れ、カトリックのミサの終わりを示す「イテ・ミッサ・エスト」をシルヴェステルが口にすると、大鐘が鳴り始めた。

群衆は足に根が生えたように動かず、その場に釘付けとなっていた。かろうじて息だけは続けていたほどだ。「少なくない数の者が恐怖で死に、あちらこちらで幽霊にその席を譲った」という。この

記述は伝聞に基づいており実際にはそうはならなかったかもしれないが、全員を襲い、人類を貪り食おうとしていた黙示録の恐怖を伝えるものとしては悪くないだろう。伝説はこの期間〔第一千年紀〕に黙示録的な背景を与え、第一千年紀の終わりを曖昧な部分のある最後の審判の恐怖と結び付けていた。史実では、九九九年にとどまらず、それに先立つ一世紀すべてが暗い時代であった。その間ずっと、人々は「血でその目をつぶされ、恐怖に怯えながら、苦難のぬかるみにはまり、手探りで道を探していた」のだ。

終末の到来が迫っているとすべての者が信じていたわけではない。そうでない者も、数多くいた。高位聖職者と修道院長は、地上が大火事になる、などといううわさを激しく非難した。だが、平民や下級貴族、村の司祭、そして農民たちは、そのうわさを絶対的な真実として、「宇宙の没落はもうすぐ」と受け止めていた。

キリストの再臨が九九九年の大みそか、それも真夜中に起こるだろう、と信じていた者たちもいた。また、別の者は最終戦争（ハルマゲドン）はもう少し早く、クリスマス・イブに「光の子が邪悪な悪鬼で構成されるゴグの軍勢に戦いを挑む」ときに訪れるだろう、と信じた。さらに別の一派は、その日を主の受難から千年後の夏至と冬至の日とした。

フランスと〔当時ドイツ王国治下の〕ロレーヌでは、賢者たちがこのうわさを笑い飛ばした。彼らは、受胎告知の祝祭日が聖金曜日と重なり、「闇が地上を覆い、星が天から降ってくる」ときに終末が訪れるだろう、というしっかりした典拠を見つけていたのだ。具体的にいつのことか論争はあったものの、ラウール・グラベールの言葉によれば、彼らはみな「千年が過ぎ、サタンがまもなく解き放たれる」ことでは一致していた。

……多くの者が、最後の審判はエルサレムが舞台になると信じていた。九九九年を通じ、聖地に集

う巡礼者の数は厖大な数に上り、まるで軍隊のようであった。これら敬虔な旅人たちは、世俗の財産を売り払って巡礼の足しにすることもしばしばであった。

……黙示録についてのうわさを強めるしるし、予兆があった。同時代の年代記を信じるならば、数多くのその種の「しるし」が現れている。初期の記録を残した写字生は、空が裂け、巨大な松明が稲妻のごとく長く伸びる光の軌跡とともに地上へと降ってきたと記す。その雷鳴のごときとどろきは、野外にいた人々にとどまらず、安全な屋内にいた人々さえ驚かせたという。空の裂け目はふたたび閉じたが、そのとき、青い足を備えたドラゴンのような存在が姿を現し、その頭部は成長し続け、地上の端から端までおよんだ。

出典：Erdoes, Richard. 1988. *A. D. 1000: A World on the Brink of Apocalypse*. Berkeley, CA: Seastone, 1-4.

実際に起きたこと

中世のキリスト教徒はすべて、キリストの再臨と最後の審判を信じていたはずである。これは、〔新約〕聖書の最後の書（パトモスのヨハネによる）『ヨハネの黙示録』の主題でもある。また、これらをめぐる言説は、ニカイア＝コンスタンティノープル信条（三八一年）でも中心的な位置を占める。中世にも引き続き、そして数多くのキリスト教の教会で今日に至るまで用いられるこの信条では、キリストは「生者と死者とを裁くために、栄光とともに再臨するであろう」とされている。最後の審判に対する中世の信仰は『ヨハネの黙示録』の解釈に基づくが、黙示〔最終的な神の啓示〕をめぐる理解は多くの点

で十分定義されているとは言えなかった。またそうした定義の曖昧さは、不和の種をまくためにやってきて、キリストのみならず、終末のときにキリスト教信仰をまとめようとする良きキリスト教徒たちにも敵対するアンチ・キリストと呼ばれる存在についても言えた。多くの中世の神学者が、再臨、黙示録、そしてアンチ・キリストについて学術的な論考を執筆している。もっとも高名な学者として、イングランドのベーダ（六七二～七三五年）と、フランスのモンティエ＝アン＝デの修道士アドソ（九二〇～九九二年頃）の名を挙げておこう。アドソはフランスの王妃ゲルベルガのために、アンチ・キリストに焦点を当てた小論を九五〇年頃に執筆している。歴史家は長いあいだ、中世人が世界の終末をどれだけ気にかけていたか議論を重ねてきたが、とりわけ学識ある聖職者が、自分の生きているあいだに終末が到来する可能性を考察していたことには疑いの余地がない。

黙示録をめぐる中世の状況がこうした意味で真実なら、本章が中世の「フィクション」を扱う本書に入っているのはなぜだろうか？　マッケイにはじまり、ミシュレ、アードス、そしてレストンら近代以降の著述家が描く黙示録パニックには、二点大きな問題がある。一点目は、「パニック」という定義そのもの、そして二点目は「紀元千年」という箇所だ。まず、中世ヨーロッパのどの時点をとってみても、黙示録をめぐって社会全般がパニックに襲われたことを示す証拠は存在しない。キリストの再臨へのパニック、より正確に言えば恐怖があったとしても、それは農民（彼らについての史料はほとんどない）ではなく、少数の学識ある聖職者のあいだに見出される。神学〔神の啓示を真理とする信仰体系〕のことや、キリストの再臨が迫っている可能性に思いをめぐらす時間的な余裕があったのは、彼らの方だった。さらに言うならば、中世のキリスト教徒が紀元千年を、キリストの再臨と世界の終末の年代として恐れるどころか、そもそもその年代同定を受け入れていた証拠そのものが薄弱である。近代以降の学者のなかでもリチャード・ランデスに代表される一派は、いまだに紀元千年が中世のキリスト

教徒にとって重要だったと強く主張する。だが、それは恐怖の対象としてではなく、希望のしるしとしてであった。黙示録は、世界の暴力的な終末ではなく、キリストの再臨により、敬虔な信徒が報われる時代の到来をその主眼としていた。ランデス、および彼と意見を同じくする学者は、紀元千年は中世人にとって重要な年代ではあったが、世界の終末というより、その前後五〇年ほどにわたりキリスト教社会に大きな変化をもたらした転換点としてであった（Landes, Gow & Van Meter 2003, v-ix）。

すでに見たように、ラウール・グラベールは紀元千年を重要とみなしていた。だが、彼はこの年の到来に対するパニックは一言たりとも記していない。むしろグラベールが語るのは、人々が自然からの異常なメッセージに心を悩まし、それがキリストが再臨するしるしなのかどうか判断に困っていた、という点だった。グラベール本人が紀元千年からおよそ三〇年後に執筆している（そして、私たちと同様の紀年法を用いている）という事実だけでも、彼が紀元千年を黙示録の時代として正当化しようと心を砕いていたのではなく、天からの重要なしるしが見られた年、と考えていたことを示すものだ。グラベールのメッセージは、恐怖ではなく、紀元千年のキリスト教世界の現況への大いなる楽観主義に彩られている。彼が生きていた時代は、聖人崇敬や教会建築、「神の平和」を決議する教会会議や修道制の繁栄など、キリスト教の復興の時代だった（Head & Landes 1992, 12）。さらに、グラベールは証人の一人にすぎず、同時代の風潮を必ずしも代表していない可能性がある。グラベールのほぼ同時代人でもあるメルゼブルクのティートマル（九七五〜一〇一八年）は、その年代記のなかで紀元千年を明らかな喜びと楽観主義をもって記している。「聖処女が無辜の身で救世主をお産みなされてより千年、ここに光あまねき朝のおとずれに会う」（Focillon 1969, 60）。

だが、紀元千年という年代そのものについてはどうだろう？　この年は、中世ヨーロッパ人にとって、実際には黙示録と無関係に重要とみなされていたことは間違いない。だが、問題は現代の私たち

と同じように「紀元千年」を認識した人間が、当時ほとんどいなかったのではないか、という点にある。中世には、現在が何年か、あるいは、年代を数えるためにどの紀年法を用いるべきか、広範な合意は存在しなかった。キリストの誕生から数える「西暦（ADはAnno Domini、直訳するなら「主の年」の略記である）」システムは六世紀に修道士ディオニュシウス・エクシグウスにより編み出され、ベーダが七二五年頃に記した論考ではじめて体系的に適用されたものだ。だがこの紀年法は、私たちの数え方で紀元千年を迎える段階になっても（Riddle and Black 2016, 245）、まだヨーロッパで広く使われていたわけではなかった。たとえば、中世スペインのキリスト教徒が用いていた暦は、私たちのものとは三八年も違っていた。俗に「スペイン暦」と呼ばれるこの暦は紀元前三八年に始まり、中世の終わりまでヨーロッパの一部で使われ続けた。つまり、中世人が紀元千年を恐れたとしても、それぞれの地方ごとに、異なったタイミングで起こったはず、というわけだ。

紀年法の問題をさらに複雑にするものとして、現代人の多くが抱く「千年王国主義」に関わる言説がある。現代人は、イエス・キリストの生年を起点としてその再臨を考える。だが、この年代決定は、中世人のようにキリストの一生ではなく、クリスマスにとらわれた近頃の思考を反映したものだ。中世のキリスト教徒にとっては、イエスが三三歳で迎えたその死と復活（中世人の紀年法に従うなら、紀元三三年の出来事、ということになる）の方が、誕生よりもずっと重要であった。だから、実際には中世の著述家の多くが紀元一〇〇〇年よりも一〇三三年に関心を寄せており、あるいは黙示録の年を九六八、九七九、九九二年、もしくは紀元一〇〇〇年よりもずっとあとの年に同定している著述家もいるのである。リチャード・ランデス率いるボストン大学の千年王国主義研究所の研究者は、十世紀から十一世紀にかけて記された、黙示録に触れた史料を判明している限りすべてまとめた「ファイル」を作成したが（「黙示録ファイル」（九六七〜一〇三三年））、キリストの再臨について深い関心が見られる一方で、紀元千年と

いう現実の具体的な時点に由来する事例はほとんどない。逆に、「ファイル」に収録された多くの史料抜粋は、奇妙な出来事を記録する一方で、それらを世界の終末と明確な形で結びつけようとはしていなかった。

黙示録の恐怖と関連して、「千年王国主義」という語が誤解されている、という問題点を最後に指摘しておきたい。「千年王国主義」、もしくは「千年王国主義思想」は、しばしば紀元一〇〇〇年や二〇〇〇年のような千年単位での重大な転換点にキリストが再臨するものとして理解される。だが、この語はむしろ、キリストの復活と実際の世界の終末までのあいだに横たわる千年間、その平和と繁栄の時代の到来にまつわる信仰を意味するものなのだ。千年王国主義の言説は、かならずしも再臨や黙示録の具体的な年代同定を伴うものではなく、むしろ終末時に起きる出来事の年代同定に関心を寄せていた。一例を挙げるなら、すでに触れた千年王国主義研究所は、紀元一〇〇〇年や二〇〇〇年といった具体的な年代をめぐる言説ではなく、キリスト教徒とその時間意識の研究から名を取ったものである。

キリストの再臨と紀元千年についての中世人の言説を、どのように理解したものだろう？　たしかに、中世人が黙示録を意識していたことはフィクションではない。黙示録にまつわる言説は、中世文化の重要な一側面であり、中世学者のなかでもきわめて優秀な研究者らによってさまざまに研究されている。英語圏の学者だけでも、リチャード・ランデス、リチャード・エマーソン、バーナード・マッギン、キャロル・ウォーカー・バイナム、ジェイムズ・パルマーといった名が挙がる。彼らのなかでさえ、中世の黙示録言説や千年王国主義、さらには紀元千年が中世人にとって実際どのような意味を持ったかについて、ときに大きな意見の対立が見られる（Steinfels 1999）。中世人で、紀元千年の宗教的意義について思いをめぐらせた者がいただろうか？　ほぼ確実にいただろう。だが彼らは当時、終

末がやってくるといって恐怖（パニック）に襲われ、もしくはそれに期待をかけただろうか？　おそらく、そんなことはないだろう。それを裏付ける証拠は乏しい。世俗の事件に宗教的意味を読み取った恐怖（パニック）としては、むしろ十世紀半ば、十一世紀半ば、あるいは第一回十字軍前夜の一〇九五年に数多くの事例が見られる（Focillon 1969, 60–61）。いわゆる「紀元千年の恐怖」は、中世の実際の言説に起源を持つ部分はあるにはあるのだが、ほとんどは中世を、超自然的な思考に過度にとらわれるあまり社会全体が「一〇〇〇」という数字を目にして一時ではあれ崩壊してしまった、と考えたい近代以降の著述家のファンタジーなのである。

一次史料

❖ラウール・グラベール『歴史五巻』（一〇三〇年頃）

フィクションの例として引いた「一次史料」（本書一二二頁）で、「紀元千年の恐怖」についてほとんどのアマチュア歴史家が語る詳細の裏付けとして有名な箇所をラウール・グラベール『歴史五巻』から取り上げたが、ここでの抜粋はそのすぐあとの箇所からである。だが、通して読むならば、グラベールがキリストの降誕後千年に前後して起きた吉事と凶事双方を幅広くとらえていたことが見て取れるだろう。これらの事件は九九〇年から一〇三〇年頃にかけて絶え間なく起きており、紀元一〇〇〇年という一時点だけに集中しているわけではない。また、グラベールはこれらの事件に

ついて、いかなる意味でもパニックが起こったとはしておらず、これら信じられないような事件と、「我らが救世主の受肉」の重要な記念日のあいだのつながりを強調している。

前述の紀元一〇〇〇年から三年近くが過ぎ、ほぼ地上のすべて、とりわけイタリアとガリア〔フランス〕で教会堂が建て直された。そのほとんどがきちんとしていて、修理の必要がなかったにもかかわらず、である。キリスト教を奉じる民は競い合うようにすすんで改築を行った。あたかも世界そのものが身震いし、古き時代を脱ぎ捨て、いたるところで教会という白き衣をまとったがごとき有様であった。そうして、信者たちはついにほぼすべての場所で司教座聖堂を、さらにはさまざまな修道院、そして小さな村の礼拝堂も増改築した。……

すでに述べたように、新たな教会堂という白き衣に世界すべてが身をくるんだあと、前述の救世主にして人たる御方の年の一〇〇八年目、これまで長いあいだ人目に付くことのなかった非常に数多くの聖遺物が、さまざまなしるしにより明らかとされた。復興を飾りたてるかのように彼ら侍者が神の御心によって目のまえに姿を現したことは、信者らの心に大いなる慰めをもたらした。この種の発見が最初にあったのはガリアのサンスで、殉教者聖人ステファヌスの大聖堂周辺で始まった。当時大司教位にあったのはレオテリクスであり、その彼によっていにしえの聖人たちの聖遺物がそこで見つかったのだ。これは驚嘆に値する知らせだった。多くがそれまで発見されてこなかったものだが、そのなかでもモーセの杖が見つかったと言われている。このうわさを聞きつけ、ガリアの諸教会管区に加え、ほぼイタリア全土、さらには海を越えた諸地域から信徒が訪れた。そして、少なくない数の病人が、諸聖人のとりなしにより健康になって帰路についた。だが、ご利益が湧き出るまさにその源から、悪しき欲望に駆られ堕落へと向かうこともきわめて頻繁に起こった。というのも、すでに触れたよう

に、前述の都市〔サンス〕に人が集い、信仰の恩恵が非常に価値のあるものとなったことで、住人たちは大きな利益を求めて過剰な厚かましさを身につけてしまったのだ。……

さて、紀元一〇〇〇と九年目のことである。エルサレムの我らが主と救世主の墓のうえに建てられた教会〔聖墳墓教会〕が、バビロンの君主〔エジプトのファーティマ朝カリフだったハキーム〕の命によりその礎石から取り壊されてしまった。……

すでに触れたように、教会が撤去されて程なくして、邪悪なユダヤ人のせいで、かくも邪悪な行為が計画されたことが明るみに出た。地上全土にそれが広まるなかで、全キリスト教徒の共通の合意として、すべてのユダヤ人は彼らの土地と都市内においてよりどころを失い追放されるべきことが定められた。みなの憎悪の対象となり、都市から追放された彼らユダヤ人のなかには、剣で殺された者や溺死させられた者、さまざまなやり口で殺された者がいた。また、少なからぬ者が自らさまざまな形で命を絶った。この当然の報いゆえに、ローマ世界で彼らと出会うことはほとんどない。さらに、司教たちにより、あらゆるキリスト教徒が彼らといかなる件でも付き合いを持つことが禁じられた。だが、司教たちは、そのようなユダヤ人であっても、改宗して洗礼の恩寵にあずかり、ユダヤ教の慣習と流儀のすべてを捨てたいと願う者がいた場合、その種の輩のみは受け入れるべき、とも定めた。改宗者の多くは現世での生を愛するがゆえであり、永遠の命を享受するより、死をもって強制されてのことだった。このように自発的に改宗した者はみな、厚かましくもすぐに以前の宗教〔ユダヤ教〕に逆戻りしてしまった。……

我らが主キリストの年一〇〇〇年に前後して多くの驚異が起こると、多くの知恵ある者たちが同じ主の受難から一〇〇〇年目が近づくなかでほかにも予言していたものが、明らかな形で実現することとなった。……

その頃、数え知れぬ病人が件の教会会議を訪れ、聖遺物によって癒された。ただし、手足が血まみれになり、肌の傷や肉が裂けたのだから、おおごとではあった。以前の状態に戻るのに、多量の出血が伴われたからだ。とりわけこのことから、それまで疑いを抱いていた者も信仰を持つようになった。そのためみな大いなる熱意に駆り立てられ、司教の手を通じて司教杖を天へと掲げ、自らの掌を広げて神に向かって「平和を、平和を、平和を！」と異口同音に叫んだ。すなわち、彼らと神のあいだで結ばれた永遠の協定のしるしである。ただし、この点に関しては、五年後にこの平和の恩寵がまた世界のすべての人々によって確認されるとしたら驚くべきことであろう。同年に、穀物とワイン、他の作物も豊作に恵まれ、今後五年間はそれ以上を望めないほどだった。肉や美味な付け合わせと一緒に食べるものとして、人間にとって穀物より価値あるものはなかった。そして、この年〔の収穫〕は、あたかもいにしえのモーセの時代の安息年のごときものだった。翌年も、三年目、四年目も、それに劣らぬ収穫が得られた。だが、なんと嘆かわしきことか！　人類は神の恵みを忘れ、犬が吐き戻した場所に戻るがごとく、また豚が泥のぬかるみで体を洗うがごとく、はじめの邪悪に立ち返る。つまり、協定の多くを自発的に履行しようとしなかったのである。聖書に書かれているように、「肥えると、足で蹴った」（申命記32－15）というわけだ。いまや、聖俗双方の有力者までもが強欲にとらわれ、以前同様、あるいはさらに度を越して欲望まかせの略奪を行った。中位の者や下層民も、より上位の者を範とし、とんでもない恥さらしに身を落としてしまった。近親相姦や姦通、血のつながった者同士の不法な関係、さらには内縁関係のような悪しき行いに手を染めた者の話を、耳にしたことがない者がいただろうか？　このように邪悪がいや増した理由として、人々のなかに他人の行いを正そうとする者がほとんど、いやまったくいなかったことが挙げられる。かくして、「民も祭司も」（イザヤ書24－2）という預言者の言が成就することにもなった。また、とりわけ当時にあっては、俗人の有力者があま

ねく未成年者だった。人々の罪により、「王が若者で〔高官たちが朝から食事をする〕国よ、あなたに災いあれ」（コヘレトの言葉10－16）というソロモンの言葉もまた成就したのだ。ローマ教皇その人も例外ではなかった。教皇ベネディクトゥス〔八世〕とヨハネス〔十九世〕の甥、彼らの後継教皇〔ベネディクトゥス九世〕は一〇歳〔実際は二〇歳で即位〕になるかならぬかの少年であり、ローマの住民の宝物庫から出した金銭で教皇に選ばれた人物だったからだ。しかし、その彼ら〔ローマの住民〕により、頻繁に教皇の排斥と受け入れが繰り返され、教皇その人には権力はなかった。さらに、すでに述べたように、当時の他の高位聖職者も、その行いよりむしろ金銀によって職を勝ち取るのがつねだった。なんと嘆かわしきことか！　聖書にはきわめて明確に、神ご自身の口から出た言葉としてこう書かれているではないか！「彼らは王を立てた。それは私から出たことではない」（ホセア書8－4）と！

同じ頃、世界中から数え切れぬほど多くの人々がエルサレムの聖墳墓に向かい始めており、それまでの誰もが予想できぬ規模であった。まずは身分の低い平民が巡礼し、次いで中位の人々が続いた。そしてそのあとに王や伯、そして司教といった最高位の人々が赴いた。最後に旅するようになったのは、身分の上下を問わず数多くの女性たちである。多くが、故国に戻るよりまえにむしろ死ぬことを望んでいた。……。くわえて、当時は不安が広がっており、多くの人々から、前代未聞の大群衆がエルサレムに向かったことが一体何を意味するのかと尋ねられた者は、十分に慎重ながらこう返答している。世の終わりに到来すると聖書に記されている、堕落したアンチ・キリストが出番を控え現れようとしているのではないか、と。

出典：Rodulphus Glaber. 1910. *History in Five Books.* Translated by G. G. Coulton. In *A Medieval Garner: human Documents from the Four Centuries preceding the Reformation.* London: Constable & Company, 6-11.〔訳は *Patrologiae Latinae*, vol. 142, edited by J.-P. Migne. Paris. 1853, cols. 651-82 を底本とした／訳者〕

さらに詳しく知るために

- "The Apocalyptic Dossier: 967–1033." 1998–2005. *Center for Millennial Studies at Boston University*. https://www.bu.edu/mille/scholarship/1000/1000-dos.html
- Burr, George Lincoln. 1901. "The Year 1000 and the Antecedents of the Crusades." *American Historical Review* 6 (1901): 429–39.
- Coulton, G. G. 1910. *A Medieval Garner: Human Documents from the Four Centuries preceding the Reformation*. London: Constable and Co.
- Erdoes, Richard. 1988. *A. D. 1000: A World on the Brink of Apocalypse*. Berkeley, CA: Seastone.
- Focillon, Henri. 1969. *The Year 1000*. Translated by Fred D. Wieck. New York: Frederick Ungar Publishing. 〔フランス語の原著は *L'An Mil*. Paris: Colin, 1952. 日本語訳はアンリ・フォション『至福千年』神沢栄三訳、みすず書房、一九七一年〕
- Glaber, Rodulfus. 1989. *The Five Books of Histories*. Edited and translated by John France. Oxford: Clarendon Press.
- Head, Thomas, and Richard Landes. 1992. Introduction to *The Peace of God: Social Violence and Religious Response in France around the Year 1000*, 1–20. Ithaca, NY: Cornell University Press.
- Landes, Richard. 2000. "The Fear of an Apocalyptic Year 1000: Augustinian Hagiography, Medieval and Modern." *Speculum* 75, no. 1: 97–145.
- Mackay, Charles. 1852. *Extraordinary Popular Delusions and the Madness of Crowds*. 2d ed. 3 vols. London: Office of the National Illustrated Library.
- McGuinn, Bernard, trans. 1995–2014. "Letter on the Origin and Time of the Antichrist by Adso of Montier-en-Der." *PBS: Frontline*. www.pbs.org/wgbh/pages/frontline/shows/apocalypse/primary/adsoletter.html
- Michelet, Jules. 1887. *History of France*. Translated by G. H. Smith. New York: D. Appleton and Co. 〔フランス語原著は *Histoire de France*, Paris, 1840-. 日本語訳（中世部分のみ）はジュール・ミシュレ『フランス史〈中世〉』六分冊、桐村泰次訳、論創社、二〇一六

〜二〇一七年〕
・Palmer, James T. 2014. *The Apocalypse in the Early Middle Ages*. Cambridge: Cambridge University Press.
・Reston, Hames, Jr. 1998. *The Last Apocalypse: Europe at the Year 1000 A. D.* New York: Doubleday.
・Riddle, John M. and Winston Black. 2016. *A History of the Middle Ages, 300–1500*. 2d ed. Lanham, MD: Rowman and Littlefield.
・Steinfels, Peter. 1999. "Beliefs; Millennial Fears in the Year 1000: Apocalypse Then, Apocalypse Now, and Apocalypse Forever." *New York Times*. July 17, 1999. https://www.nytimes.com/1999/07/17/nyregion/beliefs-millennial-fears-year-1000-apocalypse-then-apocalypse-now-apocalypse.html
・神崎忠昭「千年目の年に　ロドルフス・グラベルの『歴史五巻』に見る終末思想」、歴史学研究会編『再生する終末思想』青木書店、二〇〇〇年、三一七〜三四八頁
・ジャン＝ポール・クレベール『ミレニアムの歴史　ヨーロッパにおける終末のイメージ』杉崎泰一郎監訳／金野圭子、北村直昭訳、新評論、二〇〇〇年
・ノーマン・コーン『千年王国の追求』江河徹訳、紀伊國屋書店、一九七八年／新装版二〇〇八年
・藤田朋久「ラウール・グラベールと「紀元千年の恐怖」」、木村尚三郎編『学問への旅　ヨーロッパ中世』山川出版社、二〇〇〇年、一五七〜一七八頁
・バーナード・マッギン『アンチキリスト　悪に魅せられた人類の二千年史』松田直成訳、河出書房新社、一九九八年
・三佐川亮宏『紀元千年の皇帝　オットー三世とその時代』刀水書房、二〇一八年

第5章

中世の戦争は馬に乗った騎士が戦っていた

人々が起きたと思っていること

燦めく鎧をまとい精強な軍馬にまたがる騎士の姿。中世の象徴の最たるものである。騎士は、中世の戦争と騎士道を特徴づける暴力と名誉、その双方を体現していると思われているだろう。一般に、中世全般は「封建的」な社会であり、騎士たちが主君のために敵対する騎士や主君と名誉ある(あるいは名誉を欠いた)戦闘に従事していた。社会の経済構造は、総じて騎士のいくさを支え、高価な武器や鎧をまかなうためのものだった。それゆえ典型的な中世の戦闘には、みながみな馬に乗って槍と剣を持ち、重武装したエリート戦士たちが登場し、彼らは単騎あるいはほんのわずかな歩兵と弓兵の助けを借りて戦った。こうした戦闘は、互いに自身と主君の栄誉を追い求めて対峙する騎士たちの一騎打ちで決着がついた。

近年目にする記事の多く(とくにインターネット上のもの)によれば、馬に乗った騎士は「中世の戦車」にたとえられる。すなわち重武装で、徒歩の兵士たちからすれば止めようのない戦力である(たとえば *It's History*, 2018を参照)。だが別の記述によれば、中世の騎士は戦争の専門化の障害だったとされる。すなわち、騎士たちは練度が低く、あまりに自立心が強く、またとくにかさばる鎧を着たまま落馬しようものなら極度に脆弱だった(McGlynn 1994)。その場合、歩兵は鎧の隙間を狙って短剣で造作なく殺せるのだから。しかし、歴史家と一般書の著者が騎士を中世の戦争にとって戦力とみなそうが、お荷物だとみなそうが、ほぼみな馬の背に乗った騎士を中世の戦争の中核として描いている点は共通している。

騎士たちは中世の戦争だけでなく、中世人の振る舞いのモデルだった。英語の「騎士道 Chivalry」と「騎兵 Cavalry」は同じ単語、中世ラテン語で騎乗した戦士を意味するカバラリウス（caballarius）に由来している（ただし英語に入るまえにフランス語を経由している）（Bouchard 1998, 103-05）。騎士道は、もっとも優れた馬上の騎士たちに求められた振る舞いである。騎士道に生きる騎士は主君や婦人を重んじ、弱者、女性、子どもを守り、あらゆる面においてキリスト教的ヨーロッパ人の良き振る舞いの模範とならねばならなかった。中世の騎士たちの英雄物語、とりわけアーサー王、ランスロット、ギャラハッドに関するものは、しばしば中世ヨーロッパの実際の戦争を反映するものだと解釈される。

一般に流布した物語（ストーリー）

本章で扱うフィクション（虚構）は、他の章と比してやや微妙である。というのも、中世の戦争に騎士がどれだけ参加していたかという、程度の問題だからである。もちろん、馬に乗った騎士は存在した。しかし彼らは、戦争という文脈から切り離され、中世全般を体現するものとみなされ、中世の戦争で中心的役割を担ったと思われている。過去二世紀にわたる文献や映画、テレビ番組、そして児童向け歴史本にも共通する中世観である。たとえば二〇〇一年の著作『……もしあなたが騎士の時代に生まれたら』は中世全体を「騎士の時代」として扱い、「騎士の時代はるか昔のことです。その時代は歴史上の中世として知られています」とする（McGovern 2001, 5）。著者は一二五〇年頃のイングランドを描いていると限定してはいる。また、本文で中世文化の多様な側面をよく調べてもいる。し

かし、子どもたちがこの本から読み取るメッセージは「中世＝騎士」だろう。

騎士はまた、ゲームシリーズ『シドマイヤーズ シヴィライゼーション』の「中世」シーンでも典型的なモチーフであり、もっとも強力な「ユニット」の一つとして登場する。『シヴィライゼーションVI』のオンラインWikiによると、「騎士はまさしく鉄の鎧の山であり、突撃と敵戦線突破のスペシャリストである。騎士の軍勢は優位な「戦闘力」をもって、敵軍だけでなく、守りの手薄な都市にもダメージを与えることができる」（"Knight (Civ6)," 2018）とある。この描写には〔中世の〕空想の戦術と実際の戦術が入り混じっている。しかしこのゲームは、実証された歴史的事実に依拠、と称しているものだから、プレイヤーは中世の騎士のこんな描写が正しいのだと思わされてしまう。このゲームは一九九一年のリリース以来、多くの続編を出して数百万本を売り上げた。したがって、現代における中世騎士観の形成にもっとも影響力のある創作物の一つだろう。

しかし、これはフィクションなのである。しかも、中世それ自体に根を持つフィクションだ。なぜなら、戦士たる貴族たちはもっぱら馬に乗って戦う訓練を受けており、その戦いぶりは彼らが愛好する芸術や文学作品に表現されていたからである。初期の好例が、有名な《バイユーのタペストリー》に見られる。これは、ノルマンディー公ギヨーム〔のちのウィリアム「征服王」〕が一〇六六年のヘイスティングズの戦いによってイングランドを征服したことを祝し、一〇八五年頃に刺繍されたものである。《タペストリー》のほぼすべての戦闘シーンが、ノルマン騎士がアングロ＝サクソンの歩兵と弓兵を圧倒するさまを描いている。なるほど歴史家も認めるように、ノルマン人は騎馬戦士〔mounted warriors〕のおかげで現地のイングランド人に対して優位に立った。しかし《タペストリー》は、騎士たちが戦闘の中核となって活躍する様子を誇張して描いている。ノルマン人たちが、弓兵、歩兵、そして騎兵の突撃部隊を巧みに組み合わせ、イングランドのよく訓練された兵士たちとその盾の壁を

突破した、と語る史料もあるくらいだ（Patterson 2008, 91）。《タペストリー》は、ノルマン人のエリートたちによって彼ら自身のために制作されたものであり、自らが好む騎兵としての戦いぶり、とりわけウィリアム征服王と彼の異父弟であるバイユー司教オドを強調したかったのだ。実際、馬上で戦う二人の姿が《タペストリー》に描かれている（「一次史料」の図像を参照）。

それと同じように、中世盛期の叙事詩や騎士物語（ロマンス）には、戦闘、決闘、馬上槍試合に挑む戦士たる貴族が頻繁に主人公として登場する。もっともよく知られた騎士道物語の一つは『ロランの歌』であり、一一〇〇年頃の作とされる。この物語は八世紀末の歴史上の出来事に基づいてはいるが、本質的には中世盛期の十字軍と、爛熟（らんじゅく）した封建制の文化を反映している。ロランと彼の仲間たちは基本的に槍を持つ騎士として描かれ、他の騎士たちと戦っている。彼らの戦闘はさながら命がけで行う馬上槍試合のようであり、両陣営の戦士たちが対峙している――一方は良きキリスト教徒の騎士、他方は悪しき「サラセン人」。彼らはたいてい死ぬか勝利するまで鞍上（あんじょう）にあり続ける。

ほとんど架空の戦闘スタイルだが、これは以後中世末まで騎士道物語の中心であり続けた。そこにはロランが登場する後代の作品も含まれるが、とりわけアーサー王と円卓の騎士たちが登場する騎士物語（ロマンス）がよく知られている。なかでも有名なアーサー王伝説は、十二世紀にクレチアン・ド・トロワやマリ・ド・フランスのような騎士物語作家によって創り出された。物語は娯楽を目的とし、決して中世盛期の騎士と社会の現実を描写するものではなかった。歴史家コンスタンス・ブシャードが指摘するように、「騎士道文学でもっとも顕著なのは、数多くの矛盾と相反する目的である。完全に騎士道的であることはどう考えても不可能である」（Bouchard 1998, 113）。ここで言われていることは、もっぱら理想的な騎士に求められた社会的振る舞い、あるいは宮廷における挙措のことだが、騎士道の起源は「もちろん」戦場における戦士としての振る舞いだ。文学作品中の戦士たちはほとんどみな高潔であ

り、馬上の戦士であり、馬上試合の一騎打ちで名を上げる。つまり騎士道のルールとされるものは、実際の戦場ではめったに起こらないこの〔特殊な〕戦闘形態に基づいているのだ。これらの騎士物語では長弓や弩弓の使用も騎士道に悖ると断罪されるが、実際には中世の主だった戦場で使用されていた。また、馬上の良き騎士は地上の敵を攻撃することは決してない、と強調されるが、どう見ても行われていた(Bouchard 1998, 117)。

中世における偉大なアーサー王物語の最後の一つが、『アーサー王の死』である。これは一四六〇年代のトマス・マロリーによる物語の集大成で、出版業者ウィリアム・カクストンによって一四八五年にはじめて出版された。現代のアーサー王作品の多くはマロリーの物語を主たる典拠としている。T・H・ホワイトの『永遠の王』や、ウォルト・ディズニーの『王様の剣』のあら筋もそうだし、一九八一年の映画『エクスカリバー』も同様である。『アーサー王の死』は、本書で扱うフィクションを理解するうえでとりわけ重要である。一八一六年にもなってふたたび印刷され、大好評を博したからだ。これは、近代になってから人々が中世に魅了され、史実に依拠することあまりに乏しい「中世主義」が創造されるようになった端緒と見るべき事件である(詳細は本書「イントロダクション」を参照)。アーサー王物語におけるいくさは、たいてい英雄的な冒険や騎士同士の決闘の描写に限られる。馬上槍試合に始まり、馬を降りて剣で戦うという展開をたどる。

十九世紀における『アーサー王の死』と他の「騎士道」作品の復興を促したのは、中世を舞台とし中世の騎士たちを登場させるロマン主義作家たちであり、そうした作品が彼らのさらなる執筆活動を促した。もっとも有名なのは断然サー・ウォルター・スコットだ。小説『アイヴァンホー』(一八二〇年)などで、騎士道精神に貫かれた騎士たちがふんだんに登場する中世像を広めた。英仏の尚古趣味者はすでに十八世紀を通して中世に学術的な興味を示していたが、スコットは大衆的な中世主義を劇

的に広める役割を担った。その著作は十九世紀を通して「中世」風芸術の流行に拍車をかけた。これはとくに、一八四八年に成立し、後期中世の芸術家たちの手法や主題への回帰を試みた「ラファエル前派」のあいだで顕著だった。アメリカ合衆国では、マーク・トウェインが中世回帰運動に（彼なりのユーモラスなやり方によってではあるが）参加し、一八八九年に『アーサー王宮廷のコネチカット・ヤンキー』を出版した。トウェインは『アーサー王の死』を直に引用、アメリカの新しいタイムトラベルものに織り込むことで、史実上の中世騎士道と、彼の同時代に見られた、騎士道に邁進する中世騎士への熱狂の双方を皮肉ったのである。

こうした十九世紀の文学作品や視覚芸術のすべてが、騎士は中世文化と戦争で中心的な役割を担った、と強調した。そのため、この時期の歴史学の著作が同様の視点を持っていたことは驚くにあたらない。むろん多くの歴史家たちは、中世の戦士や戦争について前世紀から真摯な考察を重ねてきた。それでもこの点に関する私たちの理解は、いまだに一八八五年に出版されたある著作の支配下にある。チャールズ・オマン（一八六〇～一九四六年）は十九世紀末から二十世紀初頭にかけて活躍した偉大な軍事史家である。彼は多数の著作を、とくに中世を中心に執筆したが、最初の著書『中世の戦争術』は弱冠二五歳のときに書かれ、何度も再版されていまやオンラインのパブリック・ドメインで広く入手可能である。ショーン・マッグリンはオマンの著作の多くはいまだ価値があると言うが、少なくとも処女作に関しては、中世の戦闘における最重要の戦力としてほとんど騎士にしか着目していないという欠陥がある。同様の一般化は一世紀と四分の一にわたって繰り返されてきた。多くは中世の戦闘に関する一次史料を無視した退役軍人やマニアによるものだ（McGlynn 1994）。一次史料にあたれば、のちに論じるように、実際は歩兵や弓兵、そして攻囲戦も、馬上の騎士に勝るとも劣らぬ重要性を持っていたことがわかるのだが。

一次史料

❖《バイユーのタペストリー》（一〇八五年頃）**より、突撃するノルマン人騎士たち**

《バイユーのタペストリー》（厳密には織られた綴織ではなく刺繍が施された布）は、ウィリアム征服王（当時はノルマンディー公）が一〇六六年のヘイスティングズの戦いでアングロ＝サクソン人に勝利したことを祝して、一〇八五年頃に南イングランドか北フランスで制作された。誰が依頼したかは定かではないが、多くの歴史家たちはバイユー司教オドではないかと考えている。彼はウィリアム王の異父弟で、ノルマン征服に参加し王からケント伯に任じられている。実際の戦闘の場面が《バイユーのタペストリー》の残存部分の約半分を占め、ノルマン人騎兵の成功に焦点が当たっているのが見て取れる。彼らは多くの箇所でアングロ＝サクソン歩兵を圧倒する姿で描かれている。ノルマン軍は、ごくわずかの弓兵が騎士に随伴してはいるものの、ほぼ全軍騎兵で成り立っているように描写されている。

❖『ロランの歌』――キリスト教徒とサラセン人の騎士たちの壮大な戦い（一一〇〇年頃）

中世のもっとも有名な叙事詩の一つ『ロランの歌』は、七七八年の実際の出来事を神話化・空想化して描いている。その出来事というのは、シャルルマーニュの軍勢がピレネー山脈のロンスヴォー（ないしはロンセヴァレス）峠を越えてムスリム領スペインからフランク領へと行軍している際に、そ

出典：Bayeux Tapestry, Scene 51. Bayeux Museum, La Tapisserie de Bayeux.
Photo by Myrabella.

の後衛が奇襲を受けた、というものである。実際の戦闘ではキリスト教徒のバスク人がフランク人を待ち伏せしたのだが、続く数世紀のあいだに詩人たちが大幅に改変し、それはキリスト教徒のフランク人が非道な異教徒たちと「サラセン人（ムスリム）」の大連合軍に挑むという壮大な戦いとなった。『ロランの歌』は、この戦いで騎士道を貫く随身（ずいじん）たちとともに戦死したフランク人指揮官ロランを主人公とする。最古の『ロランの歌』は古仏語で書かれ、一一〇〇年頃の写本で伝来している。したがってそれは、八世紀フランク人の戦争の実態というより、十一世紀の騎士文化を反映しているのだ。以下の抜粋は、ロランと彼の随身たちが「異教徒」と「サラセン人」の軍勢と対峙する場面である。戦闘を通じて馬上で鎧をまとった騎士たちが槍と剣で戦う様子が描かれている。

九十三（九十六）

ここにマルシル王が甥、その名をアエルロートと言う。
先陣を承わって、本隊の前に駆け抜けたり。
われらがフランス勢に悪口雑言を浴びせて曰（いわ）く、
「フランス勢の悪党どもめ、今日こそは手合せ致さん。
汝らを庇護すべき王、今や汝らを見放したり、
汝らをこの山峡（やまかい）に遺したる王こそは愚か者、
今日こそは美し国（うまくに）フランスの勢威地におち、
シャルル大帝その右腕を失わん」
ロランこれを聞くや、憤怒にもえて、
跨がる駒に拍車を当てつつ、早駆けに駆け、

渾身（こんしん）の力をこめて太刀打ちおろす。
仇の楯は砕け散り、鎖鎧は破られて、
胸深く切りつけて、背骨までをも砕きたり、
かくて背骨は背より離れ去れり。
さらに槍にて息の根をとめたもう。
それをいかにと言えば、その穂先ぐさりと刺し、ぐいとえぐり
長柄（ながえ）一杯突き刺したるまま、馬からどうと落とせば
首根っこ真っ二つに折れて息絶えたり。
されどなお、ロラン罵りあびせて申すよう、
「下（さが）りおれ、悪党めが、たわけ者のシャルルにあらず、
裏切りなど真っ平なお方、
われらを山峡（やまかい）に遺されしは、かしこき御振舞
今日しも美（うま）し国フランスにその誉（ほま）れを失わしめはすまいぞ、
いざ斬りまくれや、フランス勢よ、一番槍の功名はわれらのものぞ、
正義はわれらに、極悪非道はかのならず者どもなり」

九十四（九十七）
ここに一人の公ありて、名をファルサロンと言う。
マルシル王の舎弟にて、
ダタンとアビロンの故地をば領し、

天(あめ)が下(した)にこやつにまさる悪党なし。
眼間(まなかい)のその広き額は、
半ピエに余ると見ゆ。
己が甥の死するを見れば、悲しむこと限りなく、
隊伍をあとに駆け抜けて、
大音声(だいおんじょう)に異教徒輩(ばら)の鬨(とき)をあげ、
フランス勢をののしりおめく。
「美(うま)し国フランスも今日こそはその誉(ほま)れを失いつべし」
オリヴィエこれを聞くや、烈火の如くに憤(いきどお)り、
黄金(こがね)造りの拍車駒に当てつつ、
敵に打ってかかる有様は天晴(あっぱ)れの武士(もののふ)振り。
目指す仇の楯を砕き、鎖帷子(くさりかたびら)引き裂いたり。
吹流しの根元まで槍を深く突き立てて、
長柄(ながえ)一杯ぐいとえぐれば、鞍より落ちて息絶えぬ。
オリヴィエ下に目をやれば、哀れな奴めは草の上、
されば、壮語して申すよう、
「悪党めが、汝が脅しにひるむなどとは思うまいぞ、
いざや殿原(とのばら)、討てや討て、勝戦(かちいくさ)はわれらのものぞ」
かくて「モンジョワ」を叫びしが、これぞシャルルの鬨(とき)の声。

九十五（九十八）

ここに一人の王ありて、名をコルサブリスと言う。
異境はバルバリアの住人なり、
この者サラセンの諸卒に申すよう、
「フランス勢はまことに無勢（ぶぜい）なれば、
この戦（いくさ）、われらに分（ぶ）ありと心得たり。
あれなる奴原（やつばら）、取るにも足らぬ者共なれば、
シャルルと言えども、一人だに救うこと叶うべからず、
今日こそは、彼奴らの討死すべき日となるは必定」
大司教テュルパンこれを聞きもあえず、
天（あめ）が下（した）これほどにっくき者はあらじと、
打ち跨がったるその駒に黄金（こがね）造りの拍車当てつつ、
渾身（こんしん）の力をこめて打ってかかる。
楯を打ち割り、鎖帷子（くさりかたびら）引き裂いて、
長槍を胴体深く突き立てつつ、
ぐいとえぐりて振りまわして息の根をとめ
長柄（ながえ）一杯突き刺して道の上にどうと落す。
後をかえり見れば、哀れな奴は草の上、
テュルパンなおも罵って申すよう、
「異教徒の悪党め、たわけたことを申す奴、

わが殿シャルルは常にわれらの守り神、
われらフランス勢には逃ぐる気などさらになし。
汝ら悪党めらを立往生させてくれるわ。
よっく聞け、汝ら死ぬより外に道なし。
討てや者共、何人もひるむでないぞ、
この第一戦は、有難や、われらの勝利」
かくて、「モンジョワ」をおめき叫んで踏みとどまる。

九十六（九十九）

さらにジェラン、ブルガルの住人マルプリミスに討ってかかる。
彼奴めの堅固な楯も一文の役にも立たず、
水晶の丸鋲をば木端微塵（こっぱみじん）に打ち砕く、
楯の半ばは足下に落つれば、
鎖帷子（くさりかたびら）は破られて、刃（やいば）は肉まで達したり。
業物（わざもの）の槍を一条（すじ）胴体深く突きさせば、
異教の奴原（やつばら）もんどり打ってどうと落つ。
その魂はサタン攫（さら）って失せにけり。

九十七（一〇〇）

さらに同士ジェレールは太守に討ってかかる。

楯を砕き、鎖帷子切り裂いて、
業物の槍を一条仇が腸に突きさしぬ。
ぐいと押せば、穂先は胴を貫ぬいて、
長柄一杯突き立てたるまま、どうと転んで息絶えぬ。
オリヴィエの叫ぶよう、「天晴れの戦振りぞ」

九十八（一〇一）

サンソン公は、アルマスールを討たんとす。
黄金と花模様にて飾られし楯を砕けば、
堅固なる鎖帷子も物の役にはたたざりき、
心の臓、肝臓、肺臓刺し貫いて、
息の根とめてどうと落とせば、はやせん術もなかりけり。
大司教の申すよう「武士にげに相応しき一撃ぞや」

九十九（一〇二）

ここにアンセイス駒を駆けさせ
トルトローズのテュルジスを討たんとす。
黄金造りの丸鋲の下の辺りを打ち砕き、
二枚重ねの鎖帷子切り裂いて
業物の槍の穂先を胴の中へとぐいと突く。

力一杯押し立つれば、刃は胴を刺し貫き、
長柄一杯ぐいとえぐれば、もんどりうって息絶えぬ。
ロランの申すには、「剛の者にげに相応しき一撃ぞや」

一〇〇（一〇三）

さらにアンジュリエとて、ボルドー生れのガスコーニュ人、
跨がる駒に拍車一拍、手綱をゆるめて駆け抜ける。
ヴァルテルヌの住人エスクルミスに打って懸かり、
首に懸けたる楯をば木端微塵に打ち砕く。
鎖帷子の頬当頭巾を切り裂きて、
胸元は左右の鎖骨の間を突きて、
長柄一杯ぐいとひねり、鞍から落とせば息絶えぬ。
なおも仇にあびせて申すには「所詮死ぬる定めと見たり」

一〇一（一〇四）

ここにオトン、エストルガンと言いし異教徒輩を撃つ。
楯の上縁、拝み打ちに切って懸かれば、
紅白に塗り分けたる楯は真二つに割れ、
鎖帷子の草摺切り裂いて、
業物の槍の穂先鋭く胴にくいこめば、

速がける駒よりどうと落ちて息絶えぬ。
なおも仇にあびせて申すよう「今さらに助っ人のあるべき様も無からん」

一〇二（一〇五）
さらにベランジェはアストラマリスに打って懸かる、
楯を砕き、鎖帷子切り裂いて、
槍の穂先鋭きを胴体深く突き立てて、
サラセンの群がる中に、息の根とめてどうと落す。
十二臣将のすでにはや十騎は討たれければ、
今はただ二騎を残すのみとはなりぬ。
そはシェルニューブルに伯マルガリスなり。

一〇三（一〇六）
マルガリスは剛力の美丈夫にして軽捷、
世にすぐれたる武士なり。
跨がる駒に拍車当てつつ、オリヴィエ目がけて打って懸かる。
その楯を黄金造りの丸鋲の下の辺りで打ち割れば、
槍はわき腹をかすめて、横へとそれ、
神の御加護ゆえ肉には達せざりき。
長柄は木端微塵と砕けしも、落馬ばかりはまぬがれたり。

マルガリス、立ちはだかる者もなきままに通り過ぐ。
彼奴めは手兵を呼び集めんと喇叭(らっぱ)を鳴らす。

一〇四（一〇七）

合戦はやたけなわにして、入り乱れて揉(も)みに揉(も)む。
伯ロラン身をいとう暇もあらばこそ、
槍の長柄(ながえ)の保(も)つ限り打って懸かれば、
打ち合うこと十五度(たび)、ついにその柄(つか)は折れてんげり。
されば業物(わざもの)デュランダルを抜き放ち、
跨がる駒に拍車当てつつ、シェルニューブルに打って懸かる。
柘榴石(ざくろいし)のきらめく兜を打ち割りて、
刃(やいば)は仇の髪を切り、肉を切り裂き、
両眼もろとも顔面は真二つ。
網目詰(つ)んだる鎖帷子(くさりかたびら)を素通りし、
胴体は腹のつけ根に至るまでの唐竹割り、
黄金(こがね)造りの鞍を通り抜け、
遂には馬に達して止みにけり。
馬の背骨は関節をさぐりもあえず、打ち砕き、
草燃ゆる地面に息の根とめてどうと倒す。
なおも仇にあびせて申すには「けちな下郎め、出向いて来たが運のつき、

マホメットなど当てにならぬわ。
汝が如きやくざな下郎に、今日の戦は勝てぬわい」

一〇五（二〇八）

伯ロラン縦横に戦場を駆けめぐり、
撫切り、拝み打ち自由自在のデュランダルをひっさげて、
サラセンの異教徒輩に、大損害を与えたり。
屍には屍を重ねてゆく様の目覚しく、
鮮血四辺の地を紅に染め、
あまつさえ、鎖帷子、籠手までも、
打ち跨がったる駿馬の首より胸までも血に染めたり。
オリヴィエも遅れはせじと打って懸かり、
フランス勢も打ち懸け、斬りまくりて攻め戦えば、
十二臣将ことごとく非難さるべき様はなし。
異教徒は、あるは討死にし、あるは正念を失うもあり。
大司教の申すよう、「味方の将士に祝福を！」
かく言いて「モンジョワ」を叫びしが、これぞシャルルが鬨の声。

一〇六（二〇九）

オリヴィエは剣戟の間を馳せ回り、

その槍の柄は折れて、残るは棒切れのみとはなるも、
なおもマロンなる異教徒輩に打って懸かる。
黄金と花模様に飾られたる楯を砕けば、
双眼は頭蓋より飛び出し、
脳味噌は足の上に落ちかかる。
己が手の者七百の屍に折り重なってぞ死ににける。
続いてテュルジス、エステュルゴスを打ち取れば、
長柄は折れ、柄を残して砕け散る。
ロランこれを見て、「戦友よ、いかが致した?
かかる戦には、棒切れなどに用はなし。
刃、刃金こそ勝るべけれ。
オートクレールと名づけられし、汝の剣はいずこなりや?
黄金造りの鍔に、柄頭は水晶なりしが」
オリヴィエそれに応えて、「抜くひまのあらばこそ、
大奮戦に余念なければ」

一〇七（一一〇）

戦友ロランの願いもだし難く、
オリヴィエ殿は愛用の名剣抜き放ち、
強者振りを披露に及べり。

ヴァル・フェレの住人ジュスタンなる異教徒輩（ばら）に打って懸かり、
その頭（こうべ）をば中心より真二つに唐竹割り、
黄金（こがね）色に塗りし鎖帷子（くさりかたびら）もろとも胴を切り、
金覆輪（きんぷくりん）の鞍を貫き、
打ち跨がったる軍馬の背骨に達したり。
かくて息の根とめて、前なる草地にどうと落す。
ロラン曰（いわ）く、「流石（さすが）は御手前、見事な武者振り、
皇帝のめでたき覚（おぼ）えも、かかる武技（わざ）があったればこそ」
辺（あた）り一面「モンジョワ」の勝鬨（かちどき）の声響き渡る。

一〇八（一一二）
伯ジェランは愛馬ソレルに打ち跨がれば、
戦友（とも）のジェレールはパスセールに身を托す。
両人共に手綱を緩め、拍車を当てつつ馬を馳（は）す。
ティモゼルと名乗る異教の奴原（やっぱら）の
一人は楯に、他は鎖帷子（くさりかたびら）に打って懸かる。
二本の槍は胴体深く刺し貫いて砕けたり、
仇（かたき）の息の根とめて、畑の真只中にどうと落す。
いずれの槍が早かりしか、
人も言わず、われも知らず、

ここなるエスプエルはブルデルの息。
アンジュリエに討たれ、
大司教は、シグロレルを討ちとりしが、
かの者はかつて地獄に詣でたる妖術師、
ジュピテルの魔法によって降りしなり。
テュルパンの申すよう、「こ奴めは、われらに仇なす悪党輩(ばら)」
ロラン応(こた)えて、「外道めは、討ちとられたるぞ、
いざオリヴィエよ、わが友よ、これぞ天晴(あっぱ)れなるお手並ぞや」

一〇九（一一二）

さる程に、合戦たけなわとなり、
フランス勢に異教徒勢は、互いに入り乱れて揉(も)みに揉(も)む。
あるは撃ち、あるは防ぎ、
紅(くれない)に染み、微塵(みじん)に砕くる槍の数知らず、
破れ落つ旌旗(せいき)の数も数多(あまた)なり。
あわれ、若き生命(いのち)を失いしフランスの武人(もののふ)の数知らず、
生命(いのち)いきて、その母に、その妻に、
はた山峡(やまかい)に待つフランス勢に見(まみ)えんことあるべからず。
大帝シャルルは涙を流し、嘆くとも
何の甲斐やはある、彼らを救う者のなければ、

サラゴッサに使いして、宗徒(むねと)の人を売り渡す、
この日ガヌロンの何たる不忠の所行ぞや、
さればこの後、手足と共に生命をば失いてんげり。
エクスの裁きの庭で縛り首を申し渡されたり、
夢にも死すべき運命(さだめ)とは思わざりし、
三十人の一家眷族(うからやから)もろともに。

出典：*The Song of Roland*, trans. John O'Hagan (London: C. Kegan Paul, 1880), 115-24.〔訳は神沢栄三訳「ロランの歌」『フランス中世文学集1』白水社、一九九〇年、六三―七〇頁を借用した。番号は神沢訳に準拠し、（　）内に原著で引用されていた英訳版の番号を付した／訳者〕

❖チャールズ・オマン『中世の戦争術　三七八～一五一五年』（一八八五年）

チャールズ・オマン（一八六〇～一九四六年）は、近代軍事史学の祖の一人である。彼は数々の著作をものして戦争の方法や類型を注意深く描写した。その多くで中世の戦争に着目しており、そのうち最初の著作が『中世の戦争術』である。以下の抜粋は同書からのもので、オマンは「封建的」な戦争は騎士のみで行われたとイメージしており、「歩兵は十二世紀および十三世紀においてまったく重要ではなかった」と主張する。だが、彼は「封建的騎兵」の騎士道的・軍事的武勇を称えているわけではない。しきりに、そして時代錯誤にも、当時の騎士は十九世紀に達成していた練度と軍事学を欠いていた、と咎(とが)めている。

第四章　封建的騎兵の優位　一〇六六～一三四六年

イングランド人とデーン人の歩兵の最後の奮闘と、十四世紀のパイク兵と弓兵の興隆のあいだに、鎖帷子を着た封建的騎兵が優位な時期があった。この時代は戦略と戦術に関していえば、ほとんど完全な停滞期であった。……

社会の封建的構造により、高貴な家柄の者はみな「戦う人」となったが、決してそれで「軍人」の務めを果たせるわけではなかった。十二世紀、十三世紀の騎兵は、もし軍馬を安定して乗りこなし、槍と剣を的確な技術で扱うことができさえすれば、自身こそが軍隊を支える模範的存在だと考えただろう。軍隊にとって、単なる勇気に比肩するくらい練度や戦闘技術も重要であろう、などということは思いもよらなかった。苦労して集合し、命令には従わず、作戦行動もまともにとれず、短期間の軍役奉仕が終わったら即座に軍旗のもとから去っていく――封建的な軍隊はこのように、軍隊としてまったくふさわしくない特徴をいくつも持った烏合の衆だったのだ。この体制は、マジャール人、ヴァイキング、サラセン人など、十世紀にキリスト教世界を襲った深刻な敵対勢力から自国境を防衛することをまず意図していたので、攻勢に出るにはまったく適していなかった。直臣が数多く集まったところで、彼らはいたずらに仲間同士で妬み合い、国王をうえに戴く以外には上下関係もなかった。そのため指揮官に必要な技術は、あらゆる軍隊を自らの指揮に従うよう彼らを説得するという、あまり例を見ないものであった。そうでないと、軍隊が無秩序な群衆よりましにならないからだ。君主たちはそのような危なっかしさを回避するため、コンスタブル〔厩舎長〕やマーシャル〔馬丁〕といった役職を作ることにしたのかもしれない。しかし、この措置はただの対症療法にすぎなかった。不服従という根源的な悪は存在し続けたのである。自身の蛮勇が掻き立てるもの以外には耳を貸さない性急な下級封建領主や平騎士のせいで、陣形が崩れ、計画が狂い、その結果決定的な瞬間に戦況がひっくり返るようなことはいつでも起こりえた。指揮系統は経験による専門性ではなく社会身分に基づいていた

ので、きわめて大規模な部隊を率いたり、最上位にあったりするような貴族たちは、戦闘の指揮を引き受けるだけの資質があると自任していたのである。数本の槍だけを携えて参戦するような古参兵が上役たちの行動に影響を与える余地はほとんどなかった。……

封建的軍隊について、ある型にはまった理解がある。部隊の練度が低く、また集団行動にも慣れていなかったため、数多（あまた）ある小部隊の足並みを揃えることができなかった、というものだ。そのため、騎兵全体を三つの大部隊、中世でいうところの「バトル battle」に分けて、敵めがけて突っ込ませるのが常道だった。戦術を改善すべく予備兵力を手元に残しておく指揮官もわずかにいたが、間違いなく時代を先取りした例外的な存在だった。事実、封建的な主君たちを説得して最前線から離脱させるようなことは、激戦で戦果の分け前を失うリスクがあり、十中八九難しかっただろう。二つの大部隊（バトル）がぶつかると、しばらくして恐ろしい乱闘（メレ）が起こり、数時間は継続しただろう。ときには、まるで合意していたかのように両陣営は回頭して後退し、馬を休ませ、そうかと思うと相手に向かって進撃して戦いを再開する。これを、片方が圧倒的優位になり戦場を離れるまで続けた。ブランヴィル、ブーヴィーヌ、ベネヴェントにおける戦いは、馬と人にとってより利便性のある荒野や丘の中腹をめぐり行われた大規模な乱闘にほかならない。重要地点に予備兵力を向かわせる、敵の側面を突くため部隊を派遣する、戦闘に有利な地点を選ぶ、といったもっともありふれた対策は、並外れた軍事技術の表れとみなされた。たとえばシャルル・ダンジューが偉大な指揮官として名声を博したのは、タリアコッツォの戦いで騎士の一団を潜ませておき、皇帝派（ギベリン）側が敗走するアンジュー軍の主戦列をてんでばらばらに追撃した際、これでもってコンラディンの背後を突いたからである。シモン・ド・モンフォールもたしかにその名を馳せた。しかし、彼はルーイスの戦いでは予備兵力を確保・活用したが、イブシャムの戦いでは彼自身奇襲を受け、川を背にして後退不能な状態で戦う羽目になったことも覚えて

おかねばならない。この時代における称賛というものは、端的に言って武勲を挙げたことに対する報酬であり、真の指揮能力に対して与えられるものではなかったのである。もし年代記作家たちによる評価を重んじるのなら、優れた指揮官は数多く存在することになる。しかし、同時代人の意見はさておき、大いに称賛されている個々人の行動をいざ精査してみると、彼らの能力に対する私たちの信頼は、ほぼ例外なく揺らぐことになる。……

歩兵は、十二世紀、そして十三世紀においてまったく重要ではなかった。徒歩（かち）の兵士たちは、単に軍営の雑用をしたり、攻囲戦を補助したりするために従軍していた。ときおり軽装兵として投入されると、戦いの冒頭でさして意味もなく行軍させられた。しかし、彼らが本当に重要な役割を果たすことはなかった。実際、ときに彼らの主君たちは、彼らが騎兵突撃のタイミングをあまりにも遅らせたと憤慨し、哀れな従者たちのところに馬で乗り込んで小競り合いを終わらせたりもした。ブーヴィーヌの戦いでブーローニュ伯は、突撃部隊の疲弊を察知して少し休息を取ろうとした。その際、彼とその騎兵たちが隠れるため歩兵に巨大な円陣を作らせたが、歩兵の使いみちはそれ以外思いつきもしなかったのだ。もし戦場に歩兵の大軍が現れたとしても、彼らは〔国王による〕「陪臣召集（アリエール・バン）」に参加することが壮健な男子全員の義務だから集まったのであり、召集兵の実際の兵力を強化することを勘案して、二万であれ一〇万であれ武装もそこそこの小作農や都市民を集めたわけではなかった。彼らに軍事的価値が置かれなかったおもな要因は、その雑多な武装にあるのかもしれない。長槍で武装したスコットランド低地兵（ローランド）や、弩弓（クロスボウ）で武装したフリードリヒ二世のサラセン人補助兵は、装備が統一されていたため一目置かれるにふさわしく、また事実一目置かれていた。しかし、一般の歩兵に関しては事情が違う。彼らは規律に従わず、寄せ集めの雑多な武器を身につけた状態で騎兵突撃にさらされると、一致団結して耐えることができず、馬蹄にかけられ蹂躙された。中世末に見られる数少ない歩兵の成功

事例は、すべて例外的な性質を持っていた。東方で活躍した「偉大な部隊」、すなわちカタロニア傭兵団の歩兵隊は、アテネ公を破った際、彼を誘い出し全軍沼地に進撃させることに成功した。同様にクールトレの戦いでは、フランドル兵たちはとりたてて木槌や鉄の棍棒を振るったわけではなく、フランスの騎兵部隊が軽率にも突撃して友軍とともに次々と運河に落ちていったため勝利を手にしたのだった。……

しかし、十三世紀の傭兵部隊が果たした役割は、正規の封建騎兵のそれが進化したものにすぎなかった。後者と同様、傭兵も重装騎兵だった。傭兵の台頭は、戦争の形態にいっさい革新的な変化をもたらさなかった。傭兵はより熟練した戦士だが、いまだ中世の騎兵戦術によって特徴づけられる旧来の戦法で——あるいは戦法というものを持たないまま——戦っていた。

出典：Oman, C. W. C. 1885. *The Art of War in the Middle Ages, A.D. 378–1515*. Oxford: B. H. Blackwell, 49–52, 54–56.

実際に起きたこと

中世の騎士の問題とは、騎士がフィクション（虚構）だということではなく、中世の戦争にあってはむしろ稀少要素であり、中世全体の典型として扱ってはいけないということである。中世の軍隊のほとんどは歩兵から成り立っており、栄誉ある「騎士」の称号を持つ戦士が、歩兵として戦うこともまれではなかった。馬にまたがる中世の騎士は無敵の戦力だと思われているが、中世のどの時期においても、騎兵が戦場を支配することはなかった。むしろ、騎馬戦士は突撃部隊の一角を占めるにすぎ

ず、多くの歩兵と弓兵の支援なしでは役に立たなかった。騎兵が倒せたのは、練度が低く、まとまりを失った歩兵だけである。規律ある歩兵の集団であれば、槍とパイク〔長槍の一種〕で騎兵突撃に対抗できるのが常であった（Patterson 2008, 91）。

紀元一千年を迎えるまで、騎馬戦士が戦闘に駆り出されることは多くなかった。ようやく鐙（あぶみ）がヨーロッパに普及し（発明はおそらくずっと早い）、騎士たちは槍を持ったまま体勢を維持することができるようになった。しかし、いまだに騎士の時代は七三二年に始まったとされる。すなわち、鐙を踏み、槍を構え、圧倒的な騎兵突撃を繰り出すことが可能となったカール・マルテル率いるフランク人騎兵が、イスラーム教徒のアラブ人とベルベル人の侵略者を打ち倒したトゥール・ポワティエ間の戦いの年である（Contamine 1984, 179–84）。今では多くの歴史家たちはこの説を退け、トゥール・ポワティエ間では正反対の事態が起こっていたと主張している。フランク人歩兵がムスリム騎兵との戦いを制した、とされているのである。トゥール・ポワティエ間の戦いの同時代史料は、強力なフランク人歩兵の部隊が「肩と肩を並べて立ち、槍と剣を用いて、繰り返される〔ムスリム〕騎兵の突撃を押し返した」と描写している（Hanson 2001, 138）。

中世でもっとも重んじられた軍事手引書は、騎馬戦士にほとんど言及していない。戦闘に関心高い中世の軍事的指導者や聖職者たちは、後期ローマ時代の三八〇年頃に書かれた軍事書、ウェゲティウスの『軍事について』を精読し註解を付した（McGlynn 1994）。ウェゲティウスは騎兵を、歩兵と弓兵が主力をなす軍団の一部分であるとし、小さな扱いしかしていない。訓練や戦闘隊形は、歩兵の大集団を念頭に置いている。中世の戦闘では、ローマ時代に比べれば馬が使われていたのかもしれない。それでもなお、ウェゲティウスの著作のような軍事書が、中世の軍事理論を規定し続けていたのである（Contamine 1984, 210–11）。付言しておけば、中世の戦闘に馬が持ち込まれたのは、戦闘のためではなく、

輸送のためだった。大柄でよく訓練された騎兵用の軍馬は、中世ヨーロッパにおいては稀少だった(Hanson 2001, 63)。まさにこれこそ、詩歌や美術が騎馬戦士の活躍を賛美する理由だったのだ！　馬上の騎士はまれであり、だからこそ存在感があり危険でもあったが、「軍隊の全体が眼前のものすべてを蹴散らす重騎兵からなるという見解は、今一度言っておくが、ほぼ神話にすぎないのだ」(Hanson 2001, 164)。

すでに述べたように、中世と近代の観衆は、重装備の騎士が英雄さながら激突することを好むが、中世の戦争の実態は、(騎兵・歩兵を問わず)たいていは兵士同士の衝突ではなく、城塞(じょうさい)をめぐる戦いや、飛び道具によるものや、攻城兵器によるものだった。とりわけ十字軍とそれに続く時代(一一〇〇〜一四〇〇年頃)は、戦争といえば、都市であれ城塞であれ、戦略的要地を防衛したり奪取したりすることが主になっていた。このことは十字軍の複数の年代記からはっきりと読み取れる。描かれる「戦闘」のほとんどは、アンティオキア、エルサレム、アッコンといった、ムスリム支配下の都市に対する長期にわたる包囲戦という形をとっている(Claster 2009, 61-63)。これは、十五世紀に性能の良い大砲が発明され石壁を打ち崩すことができるようになるまで続いた。中世の戦争史を通覧するとわかるが、会戦は例外だった。これでは、騎士の血湧き肉躍る物語にならないではないか！　さらに問題をややこしくしているのが、十二世紀から十三世紀にかけて、つまりいわゆる騎士道の時代のほとんどは、中世全体を通してもっとも長期にわたる平穏な時期だった、ということである(Contamine 1984, 65)。私たちがこよなく愛する騎士道イメージが生まれたまさにこの時代、当の騎士たちはおおかた模擬の馬上槍試合に熱中していたのだ。

さて、話を一〇六六年のヘイスティングズの戦いに戻そう。《バイユーのタペストリー》以外の史料に目を向けると、大規模な中世の戦闘で実際に活躍していた兵士の類型を見ることができる。とり

わけこの戦いを取り上げたのは、ノルマン騎兵のアングロ＝サクソン歩兵に対する優位を示す例としてしばしば引き合いに出されるからである。ノルマン人の軍馬が戦闘でときおり強みを発揮したことは疑いようもないが、実際の騎士の数と重要性は、おそらく《バイユーのタペストリー》にあるようなイメージに引きずられて、しばしば誇張されている。《タペストリー》はウィリアムと馬上の騎士からなる彼の随身（ずいじん）に焦点を当て、ノルマン人の歩兵はほとんど何も描いていないが、他方で現地のイングランド人勢力はすべて歩兵の姿で描かれ、たいていは密集している。しかし、《タペストリー》が支配層をなす騎士たちの手によって、そして彼ら自身のためにデザインされた政治的な宣伝（プロパガンダ）だとすれば、実際の戦闘の内実についてもっと信頼できる史料を探す必要がある。そしてそれは、ポワティエのギヨームによる『ウィリアムの事績』に見出すことができる。描かれるのは、相当数のフランス歩兵と弓兵が徒歩で戦い、戦闘の主役となっている姿である（Lawson 2000, 73）。以下の「一次史料」に見られるように、戦闘のほとんどが歩兵によってなされている。馬に乗った騎士は、問題が生じたときや、たまに突撃を行うときに歩兵を援助するが、馬を用いる主目的は、あくまで指揮官の視点を高くして、彼らが戦場を見渡し指揮を執りやすくするためである。

　戦闘中に馬を効果的に乗りこなすことは至難の業であり、危険をともなった。若い見習い騎士は習熟するのに何年もかかった。騎士階級の人々は間違いなくこの技術を誇りに思い、たとえ実際の戦闘で使われることはまれでも、美術や文学で喧伝（けんでん）しようとした。戦う騎士を描く中世史料のほとんどは、アーサー王伝説や『ロランの歌』のようなフィクションか、あるいは《バイユーのタペストリー》のような、実際の出来事をプロパガンダとして脚色したものである。中世の戦争の内実を理解するために、歴史家たちはヒロイズムに満ちた物語を退け、実際の戦闘に関する記録や年代記にもっと注意を払わねばなるまい。これらの方が、よっぽど歩兵や弓兵の実際の人数や影響力を教えてくれるだろう。

一次史料

❖ポワティエのギヨーム『ノルマンディー公にしてイングランド王ウィリアムの事績』（一〇九〇年頃）

ポワティエのギヨーム（一〇二〇～一〇九〇年頃）は、一〇六六年のノルマン征服に際してノルマンディー公ギヨーム（のちのイングランド王ウィリアム）に付き従ったノルマンディー出身の戦士にして聖職者である。彼はその後半生に、ギヨーム（ウィリアム）のノルマンディー公時代とイングランド王時代について、簡略な歴史書『ノルマンディー公にしてイングランド王ウィリアムの事績』を著した。これはヘイスティングズの戦いに関する、実際の目撃者によって書かれた、もっとも正確な記述とされている。ポワティエのギヨームは、ノルマンディー公ギヨームとイングランド王ハロルドの軍隊の構成や編制を間近で観察していた。彼は多くの「歩兵 pedites」と、それを補助する少数の「騎兵 equites」とをはっきり区別している。

さて、彼〔ノルマンディー公ギヨーム〕は、以下のようなきわめて整った陣立てで、使徒座〔教皇庁〕が与えた軍旗を先導に進軍した。先頭には歩兵を置き、弓と弩弓で武装させた。同様に第二列にも歩兵を置いたが、こちらはより強力で、鎖帷子を身につけていた。そして最後尾に騎士の部隊を置き、その中心に彼本人がたいへん力強いさまで陣取っていた。その位置から手と声でもって全方面に向けて指揮を執るためである。もしいにしえの誰ぞがハロルドの行軍について書いていたら、その通ったとこ

ろは川が干上がり、森は平野になりはてると語っただろう。なぜなら、きわめて大勢のイングランド人が、あらゆる地域から集まってきていたためである。一部はハロルドへの好意、そしてみな祖国への愛ゆえに、異国の軍勢から祖国を守ることを望んでいた。むろんこれは不当な動機であるわけだが。彼らと縁のあるデーン人も多くの援兵を送っていた。しかし、彼らはあえてギヨームと同じ場所で相まみえようとはしなかった。彼らはノルウェー人の王よりも彼を恐れていたので、あらかじめ高い場所、すなわち彼らが進軍してきた森近くの山に陣取った。即座に下馬すると、彼らは全員歩兵として密集隊形をなした。公〔ギヨーム〕はその荒れた地形をものともせず、配下たちとともにけわしい坂道をゆっくり登っていった。

　おどろおどろしい喇叭（ラッパ）が鳴り、両軍にとっていくさの合図となった。ノルマン人たちの俊敏さと大胆さがいくさの先手を取った。それはあたかも、弁論家が裁判で強盗事件について論争する際、提訴する側がまっさきに弁論で攻め立てるかのように。かくてノルマン人歩兵たちはイングランド人に接近して攻撃し、投槍によって負傷者と死者を出させた。彼ら〔イングランド人〕の側も、各々の技能の限りを尽くして頑強に抵抗した。彼らはさまざまな種類の投槍や投擲（とうてき）武器、またきわめて殺傷力の高い斧や、棒にくくりつけた石つぶてを投げた。これはあたかも死をもたらす塊のようであって、我らの側がそれらを投げつけられ、打ち負かされるのを考えてみよ。騎兵（equites）が援軍にきて、後列に控えていた者たちが前列に躍り出た。彼らは離れたところで戦っていることを恥じ、剣で雌雄を決しようとしたのだ。甲高い雄叫び――こちらではノルマン人が、あちらでは異民族〔イングランド人〕が上げていた――よりも、干戈（かんか）交える音と死にゆく者のうめき声が勝った。このようにして、しばらくのあいだ両軍による総力戦が繰り広げられた。イングランド人は高所の地の利に大いに助けられていた。彼らはそこから打って出ず、密集隊形を堅持していた。彼らを有利にしていたのは、その圧倒的な数

の多さと、きわめて頑強な密集隊形、そして何よりも盾や他の防具をたやすく貫通するその武器であった。そのように、侵攻して抜き身の剣で攻撃してくる者を防ぎ、あるいは押し返した。彼らは離れたところから槍を投じる者も負傷させた。その結果、かような獰猛さに怯えきった左翼の歩兵も、ブルターニュ人騎兵も、補助兵たちも後退してしまった。そう、不敗の民ノルマン人についてかようなことを言って許されるなら、公〔ギヨーム〕の戦列のほぼすべてが退いてしまったのである。かの威厳あるローマの軍勢は、王の軍勢含め、陸海で常勝を旨としてきたが、その将軍が討たれたと知るか、あるいはそう信じてしまった際には敗走することもあった。ノルマン人たちはそのとき、自らの主君たる公が討たれた、と信じてしまったのである。ゆえに、撤退して逃げたことをさほど恥じてはいなかった。しかし、それが結果として大いに役立ってしまった以上、何よりも軽蔑されてしかるべきではあるのだが。……（このあと、ウィリアムは兜をとって顔を見せ、自軍に健在であることを示し、ノルマン軍とその友軍は再結集することになる。）

ノルマン人とその友軍は、かように頑強な敵を倒すために大損害は不可避と考え、背中を見せてあえて逃走を装った。彼らは、少しまえに逃走によってことが有利に進んだことを覚えていた。異民族たちには、勝利の希望とともに大いなる喜びが生じていた。彼らは歓喜に満ちた雄叫びで互いに励まし合い、我々の側へ罵詈雑言を尽くし、みなを亡き者にしようと脅かしていた。まえと同じように、千人ばかりがまるで飛ぶように、逃げているものと信じ込んでいた相手〔ノルマン人側〕に対して突進した。ノルマン人たちは突如馬首を返し、捕捉して包囲した者たちを一人残らず殲滅してしまった。

彼らはこの戦術を二度用いて同じ結果を得ると、さらに活気づいて残りの者たちを攻撃した。この時はまだ〔敵の〕戦列は奮い立っており、包囲するのがたいへん困難だった。すると、尋常でない戦いが始まった。一部はさまざまな動きを取って攻撃をし、他の一部は大地に固定されたかのごとく踏

みとどまったのである。イングランド人たちは疲弊し、まるで敗北によって罪を告白するかのごとく、罰に耐えていた。ノルマン人たちは矢を放ち、打撃を与え、刺し貫いた。もはや倒れる死者の方が、生者よりも動いているようであった。軽傷者たちが逃げ出すことは許されず、ごった返す味方に揉まれて死に追いやられた。かくして幸運はギヨームのために、勝利の達成を急かすがごとくであった。

出典：William of Poitiers. 1998. *Gesta Guillelmi*. Edited by R. H. C. Davis and Marjorie Chibnall. Oxford: Oxford University Press, 127, 129, 133.

さらに詳しく知るために

- Adkins, Jan. 2006. *What If You Met a Knight?* New Milford, CT: Roaring Brook Press.
- Bouchard, Constance Brittain. 1998. *Strong of Body, Brave and Noble: Chivalry and Society in Medieval France*. Ithaca, NY: Cornell University Press.
- Claster, Jill N. 2009. *Sacred Violence: The European Crusades to the Middle East, 1095–1396*. Toronto: University of Toronto Press.
- Contamine, Philippe. 1984. *War in the Middle Ages*. Translated by Michael Jones. Oxford: Basil Blackwell.
- Elgin, Kathy. 2005. *Knights and Chivalry*. Mankato, MN: Smart Apple Media.
- Hanson, Victor. 2001. *Carnage and Culture: Landmark Battles in the Rise of Western Power*. New York: Doubleday.
- *It's History*. 2018. "Medieval Tank: The 13th Century Knight." *YouTube*. http://www.youtube.com/watch?v=81p_sqrVvwU.
- "Knight (Civ6)." 2018. *Civilization Wiki*. http://civilization.wikia.com/wiki/Knight_(Civ6).〔日本語版：https://civ6wiki.info/?%B9%B6%CE%AC%BE%F0%CA%F3/%C9%BE%B2%C1/%A5%E6%A5%CB%A5%C3%A5%C8#dfc4bb22〕

- Lawson, M. K. 2000. "Observations upon a Scene in the Bayeux Tapestry, the Battle of Hastings and the Military System of the Late Anglo-Saxon State." In *The Medieval State: Essays Presented to James Campbell*, edited by J. R. Maddicott and D. M. Palliser, 73–92. London: Hambledon Press.
- McGlynn, Sean 1994. "The Myth of Medieval Warfare." *History Today* 44. https://www.historytoday.com/archive/myths-medieval-warfare
- McGovern, Ann. 2001. *... If You Lived in the Days of the Knights*. Illustrated by Dan Andreasen. New York: Scholastic.
- Murrell, Deborah. 2005. *The Best Book of Knights and Castles*. Kingfisher.
- Oman, C. W. C. 1885. *The Art of War in the Middle Ages, A.D. 378–1515*. Oxford.
- Patterson, James G. 2008. "The Myth of the Mounted Knight." In *Misconceptions about the Middle Ages*, edited by Stephen J. Harris and Bryon L. Grigsby, 90–94. Routledge.
- Scott, Walter. 1820. *Ivanhoe: A Romance*. Edinburgh: Archibald Constable.
- *The Song of Roland*. 1880. Translated by John O'Hagan. London: C. Kegan Paul.
- アルド・A・セッティア『戦場の中世史　中世ヨーロッパの戦争観』白幡俊輔訳、八坂書房、二〇一九年
- 池上俊一『図説　騎士の世界』河出書房新社、二〇一二年
- 鶴島博和『バイユーの綴織（タペストリ）を読む　中世のイングランドと環海峡世界』山川出版社、二〇一五年
- コンスタンス・B・ブシャード著・監修『騎士道百科図鑑』堀越孝一監修、悠書館、二〇一一年
- 堀越宏一「戦争の技術と社会」、堀越宏一、甚野尚志編著『15のテーマで学ぶ中世ヨーロッパ史』ミネルヴァ書房、二〇一三年、八三〜一〇四頁

第6章

中世の教会は科学を抑圧していた

人々が起きたと思っていること

中世に関する一般的な理解では、しばしば教会の後進性、あるいは腐敗が強調される。中世の聖職者は、信仰に目がくらんで自然界の事実を認識できないばかりか、より悪辣(あくらつ)に描かれる場合には、中世の農民を自身の権力の奴隷に留めおくために積極的に科学的真実を隠蔽した、と。こうした考え方は、カトリック信仰の名声の毀損(きそん)を切望した近世のプロテスタントのあいだでとりわけ盛んだったが、〔十八世紀の〕啓蒙時代には西洋世界の過去に関する一般的理解の一部になった。それがカトリックであろうとプロテスタントであろうと、他の宗教の信徒であろうと無宗教者であろうと、近代の通説では中世の教会は進歩と近代性に反対していたとされている。すなわち教会は、民衆の魂に対する自らの権威主義的支配を維持し、聖職者と修道院の莫大な富を保護するために、積極的に知的・技術的発展を妨げたのである。貪欲で権力に飢えた教皇に率いられた教会は、中世ヨーロッパの人々の心と財布をいっそう巧みに支配するため、彼らが無知で迷信にとらわれたままであることを望んだのだ。近代の書物は、この筋書きを証明しようと、しばしば一六三三年にガリレオに対して行われた審問にばかり言及する。ガリレオは、地球は宇宙の中心で静止しているのではなく、太陽の周囲を軌道を描いて回っていると唱え「異端」の罪に問われた。この出来事に言及することで、それ以前の中世全体がこれよりましだったはずもなく、教会はつねに科学を抑圧し、科学者を迫害したのだ、とほのめかしているのである。

一般に流布した物語（ストーリー）

中世の教会をめぐって広く共有される考え方の一つは、積極的に科学研究を抑圧したというものである。自然界に関する体系的な知識は、中世の人々の信仰を、ひいては教会の世俗的な権威を損なうものであった、と一般には考えられている。その信仰が確立した当初から現在に至るまで、一部のキリスト教徒はそう信じてきた。ローマ帝国と中世において「科学」といえば、アリストテレスによる異教のギリシア自然哲学を意味したが、それに対するもっとも明確な警告の一つは、初期キリスト教の著述家であるカルタゴのテルトゥリアヌス（一五五年頃〜二二〇年頃）によって発せられた。宗教的論考『異端者に対する抗弁』のなかで、彼はギリシアの科学と哲学の研究を悪魔崇拝と関連づけており、この文脈で「一体アテナイはエルサレムと何の関係があるというのか」という彼のもっとも有名な言葉を残している。この修辞的な問いによって彼は、古代ギリシア哲学者たちの教え（アテナイ）は、キリストとその教え（エルサレム）とは何の関係もないと言ったのである（同書に関する詳細は「一次史料」を参照）。

このテルトゥリアヌスの言明に加えて、中世の教会が科学的進歩に反対していた証拠としてしばしば持ち出される二つの歴史上の逸話がある（実際は中世の出来事ではなかったが）。それはアレクサンドリアのヒュパティアの殺害（四一五年）と、カトリックの異端審問におけるガリレオの有罪宣告（一六三三年）である。前者のヒュパティアは、後期ローマ帝国期アレクサンドリアの高名な哲学と数学の教師だった。彼女はローマ帝国の大半がキリスト教に改宗しつつあるなかで異教徒だったが、キリスト教徒と

友好的に協働し、彼らに教えていた。一般に流布している話によれば、彼女は信仰に対して科学と数学を擁護し、それがもとでアレクサンドリアのキリスト教徒の怒りを買い、学問を端から無視する怒れるキリスト教徒の群衆に襲われ、鋭い牡蠣の貝殻で骨から肉をそぎ落とされてしまった。

近世の反カトリックの作家たちは、彼女の殺害を大々的に利用し、中世の教会をいっそう激越に非難した。それは『ヒュパティア、あるいはアレクサンドリアの聖職者たちによって八つ裂きにされ、しばしば不当にも聖キュリロスと称されたアレクサンドリア総主教の傲慢、嫉妬、残忍性を満足させることになった、いとも美しく、高潔で、博学で、あらゆる点で秀でた女性の歴史』という、一七二〇年に出版された論駁書、ジョン・トーランドによる手の込んだ題名の著作においてとくに明白である。トーランドは、彼女が若く美しい女性で（当時六〇歳前後だったかもしれないのに）、彼女が修道士あるいは聖職者によって殺された（最初期の史料では地元の俗人たちに殺されたとあるのに）といった、今日まで続くこの神話の雛型を作った。実際には、ヒュパティアの死は宗教や科学にほとんど関係がなく、都市アレクサンドリアの支配権をめぐって衝突していた、エジプト長官オレステースとアレクサンドリア総主教キュリロスの政争に巻き込まれて殺されたのである。キュリロスはオレステースの友人であるヒュパティアが違法な魔術を行っていると主張し、オレステースの中傷を試みた。キュリロスが支持者・群衆に、彼女を殺すよう悪意をもって煽動したかは不明だが、たしかなことは、彼女は科学を擁護したのでも、異教徒だから罰せられたのでもないということだ（Lindberg 2009, 8-9）。

ヴォルテールやエドワード・ギボン（「一次史料」参照）など、影響力ある啓蒙時代の著述家たちによって、ヒュパティアの殺害は、偏狭で残忍なカトリック聖職者が古代の科学にとどめの一撃を与えたエピソードとなった。これがヒュパティア認識として誤りであることは前世紀に幾度も暴かれてきたのだが、中世の教会とカトリック信仰を否定的に描こうとする著述家は、いつでもトーランドやギボ

ンの語り口に立ち戻ってしまう。チャールズ・フリーマンはそんな脚色が気に入ったようで、二〇〇三年の著作『閉じた西洋精神　信仰の興隆と理性の衰退』のなかで、中世のカトリック信仰を合理的な科学の敵と見ているのは明白である。ギボンの叙述は中世初頭の「理性の衰退」というフリーマンの議論に好都合であり、フリーマンは無批判にこれに従っている（Freeman 2003, 249）。より最近のこととして、この手合いのヒュパティア物語が、レイチェル・ヴァイスがヒュパティア役で主演した映画『アレクサンドリア』（アレハンドロ・アメナーバル監督、二〇〇九年）に登場した。そこでは、アレクサンドリアのキリスト教徒はヒュパティアの犀利（さいり）な理性と対照的に暴力的な狂信者で、ヴァイス演じる白人で「ヨーロッパ風の」ヒュパティアに対して、その多くは浅黒いアフリカ人やアラブ人として描かれている。キリスト教徒は芸術、書物、生命の破壊者で、映画の公式予告編の言葉を借りれば「文明の衰退」の煽動者そのものであると印象操作がなされている。

中世史の終わりには、ガリレオ・ガリレイ（一五六四〜一六四二年）がその科学的思考ゆえに異端審問で有罪宣告を受けた有名な逸話がある。中世にあって科学はまったく進歩せず、近世の「科学革命」をもって科学的営みが再開されると、これが早速カトリック教会に対する攻撃とみなされた。ガリレオの逸話は、ヒュパティア以上にこうした事態の典型例とされている。ガリレオは一般的には、公然とコペルニクスの太陽中心説〔地動説〕を支持し、地球が太陽の周りを公転していることの観測記録およびその数学的証明を発表した罪で異端審問にかけられ、投獄され拷問を受けたと信じられている。なにもこれは新しい見方ではなく、十八世紀にはすでに哲学者と歴史家のあいだで、「名高いガリレオは、……地球は回っていると言ったために六年間異端審問にかけられ、拷問を受けた」（Finocchiaro 2009, 68 における Giuseppe Baretti, 1757 の引用）と広く信じられていた。

しかし、ガリレオは通常中世とされている時期よりもずっと後世に生きていたわけで、そんな人物

が中世カトリック教会をめぐるこのフィクション（虚構）と一体何の関係があるというのか。端的にいえば、ガリレオの異端宣告は、千年にわたって続いた教会による科学抑圧の証拠として利用されているのである。投獄は中世の神学と教義の必然的帰結とみなされている。こうした態度は、児童向け歴史書から長大で難解な学術書に至るまで近年の多くの本に見られる。二〇一六年の児童書『中世ヨーロッパ全史』のなかでマーティー・ギトリンは、中世の人々は、おそらく病気に関する自然科学的知識や医学の概念をまったく持っていなかったので、病気を治すためにただ祈るのみだったと述べている（Gitlin 2016, 24）。ギトリンをはじめとする多くの一般書の作者は、科学と宗教を共存することのできない二律背反の体系と思っているのだ。チャールズ・フリーマンの『閉じた西洋精神』は子ども向けではないが同様の考え方に立っており、「奇跡によって事物の自然的秩序を転覆することがキリスト教の際立った特徴の一つとなり、必然的に科学的思考の衰退を招くことになるのだ」（Freeman 2003, 321）と述べている。またフリーマンに従うと、後期中世の神学者聖トマス・アクィナス（一二二五〜一二七四年）は、（聖書を含む）信仰が、宇宙の本性の解明を含む理性的思考の基礎でなければならぬと主張したことにされてしまう。聖書は「主は地をその基（もとい）の上に据え／代々とこしえに揺らぐことのないようにされた」（詩篇104－5）と述べているため、中近世のカトリック教徒はそれ以外に考えられなかったのである。だからこそ、「ガリレオとカトリック教会の有名な衝突はその結果である」（Freeman 2003, 332）とフリーマンは述べる。こう書かれているのは著作の巻末、ガリレオや近世の科学ではなく、古代末期（紀元三世紀から六世紀）におけるキリスト教の興隆を述べた箇所である。ローマの滅亡とガリレオの審問のあいだに挟まれた中世全体を省略し、中世をガリレオと異端審問というたかだか一個の逸話に包摂してしまったのだ。

以上、私たちはまだ歴史的中世の周囲をうろついただけである。（後期ローマ帝国や近世ではなく）中世の

教会が抱いていた科学観は、一般にどのように考えられていたのだろうか。述べたように、中世科学に対する誤った想定の大半は、十八世紀の啓蒙時代に形成された。しかし、科学への対応をめぐり中世の宗教がもっとも激しい非難にさらされたのは、ともにアメリカ合衆国の科学者にして歴史家であったジョン・ウィリアム・ドレイパー（一八一一〜一八八二年）とアンドリュー・ディクソン・ホワイト（一八三二〜一九一八年）が生きた十九世紀後半であった。ホワイトは一八六六年から一八八五年までコーネル大学の初代学長を務めた。二人はよく似たタイトルの本を書いている。ドレイパーは『宗教と科学の闘争史』（一八七五年）、ホワイトは『キリスト教世界における科学と神学の闘争史』（一八九六年）。後者は、一八六九年の講演「科学の戦場」以来数十年にわたって継続された議論の集大成である。彼らは、宗教と科学は、本性上、必然的に闘争・敵対関係にある、とするドレイパー＝ホワイト・テーゼ、すなわち闘争史観の創始者とされている。闘争史観は、科学史研究者と宗教史研究者による何十年にもわたる反論にもかかわらず、いまだに広く受容されている。ドレイパーとホワイトが執筆を始めたのは、ダーウィンの進化論とキリスト教の教義の関係をめぐり、英米の公衆まで巻き込む白熱した議論の真只中のことだった。彼らの著作は、英米プロテスタンティズムの影響下にあり、カトリックと大陸〔ヨーロッパ〕に対するあからさまな敵愾心に縁取られている。

ドレイパーの著作は、信仰が理性とのあいだに葛藤を抱える全分野を集成したものだ。すなわち霊魂の性質、世界の性質、地球の年齢、真理の標準、宇宙の理法が挙がっている（Draper 1875）。言うまでもなく、ドレイパーにとって「信仰」とは中世のカトリック教会を意味する。というのも、数学と天文学ですぐれた達成を示したムスリムとヒンドゥー教徒には称賛を惜しまなかったからである。ドレイパーは著作の終章近くで、中世ヨーロッパの科学・数学に対する無知を指摘し、「ラテン・キリスト教には、四世紀から十六世紀に至るヨーロッパの状態と進歩に責任がある」と述べて、はっきり

と教会を咎めている（Draper 1875, 255）。ドレイパーの著作は歴史学あるいは社会学の研究というより、中世、そして暗示的に当時のカトリック教徒に対する悪意あるこき下ろしであった。ドレイパーの年少の同時代人アンドリュー・ディクソン・ホワイトは歴史に対して慎重な配慮を示しているものの、中世と近代のカトリック信仰を侮辱し、非難するのは避けられなかった。ドレイパーと異なり、ホワイトは中世において人口、文化、教育、神学が大きく変化したことを認識していた。それにもかかわらず、ニュートンとガリレオの時代に至るまで、中世の教会こそ科学的進歩の遅滞を生んだ最大の要因であり、非難はまぬがれない、という決定的な観点をドレイパーと共有していた。

前世紀には、ヴィクトリア時代の英米人ほど公然と宗教、とりわけカトリック信仰に敵意を向ける歴史家は見られなくなった（上述のチャールズ・フリーマンは例外である）。それでも、最近の一般向けの科学史を見ても、科学研究に敵対的な教会という語りの枠組みは維持されている。二〇一四年にフォックス・テレビジョンとナショナル・ジオグラフィックは天体物理学者ニール・ドグラース・タイソンを進行役に迎え、カール・セーガンの『コスモス（宇宙） 個人旅行』（PBS, 1980）をリメイクして『コスモス』というドキュメンタリー番組を制作した。同番組では毎回、プトレマイオス、ティコ・ブラーエ、ニコラウス・コペルニクス、ヨハネス・ケプラー、クリスティアーン・ホイヘンスといった（おもに科学革命期の）天文学と宇宙論の歴史における主要人物について平易な解説が付された。驚くべきは、第一回放送（二〇一四年）の四三分枠の一一分を費やし、ローマの異端審問によって罪に問われ、一五九三年から一六〇〇年におよぶ一連の裁判の結果火刑に処されたドミニコ会托鉢修道士ジョルダーノ・ブルーノ（一五四八〜一六〇〇年）の物語が紹介されたことである。ブルーノはガリレオ以前にコペルニクスの太陽中心説を支持したことで今日に至るも有名だが、〔修道士・哲学者・思想家であって〕天文学者ではなく、自身の考えを裏づけるデータを持たなかった。しかし、彼の最期はかくも悲劇的で、（同

じくローマの異端審問で処罰されたとはいえ）老衰で天寿をまっとうしたガリレオよりもテレビ映えしたのである。

科学史家レベッカ・ヒギットが指摘するように、『コスモス』の新シリーズはブルーノを、威圧的なカトリック教会に抗した「科学の英雄にして殉教者」に仕立て上げた（Higgit 2014）。ブルーノの審判はたしかに不公正だったかもしれないが、論証不能の科学的見解ゆえにではなく、神学および神秘思想に疑念を抱かれたゆえに、異端の有罪宣告を受けたのである。ヒギットは、教育番組のためにブルーノの生涯を改変したことは「科学とメディアの権威（エスタブリッシュメント）による反宗教的プロパガンダ」の反復・延長にすぎないと述べている（Higgit 2014）。十六世紀後半の異端審問が宗教改革期に特有の現象であることを知るよしもない一般視聴者を相手に、「科学を抑圧する教会」なる印象操作をすること、事実を曲げ、この印象を中世にまで遡及することはじつにたやすい。

一次史料

❖テルトゥリアヌス『異教徒に対する抗弁』（紀元二〇〇年頃）

カルタゴのテルトゥリアヌス（一五五年頃〜二二〇年頃）は公認された初期のキリスト教神学者の一人である。キリスト教勢力がローマ帝国でなおも小さく、非難を受けることもあった時期に、キリスト教の教義制定に貢献した。キリスト教の正統な教えを定義するなかで、彼は誤った信仰を持つ

「異端者」の誤謬の定義にも尽力した。『異端者に対する抗弁』のなかで、彼は異端の出現の責を当時根強い人気を誇っていた「異教の」ギリシア哲学に負わせており、これにはギリシア科学も含まれていただろう。彼はキリスト教徒に、聖書の言葉のみに従い、キリスト教神学をアリストテレス、プラトン、ストア派の思想と結びつけぬよう求めた。彼が「一体アテナイはエルサレムと何の関係があるというのか。アカデメイアと教会とのあいだに、異端者とキリスト教徒のあいだに何の一致があるというのか」というもっとも有名な言葉を記したのは、この文脈においてである。彼の発言は過去千八百年間、キリスト教が科学を拒絶した証左としてときおり参照されてきた。

第一章　導入——異端は必ず存在し、それどころか蔓延している

我々が生きる時代に異端（が満ちあふれていること）に驚愕してはならぬ、という訓戒まで持ち出さねばならないほど異端がはびこっている。すなわち、異端の出現は予言されていたのだから、我々はその存在に驚くべきでなく、あるいは異端によって信仰を堕落させる者がいたとしても、我々は驚くべきではない。というのも、異端の目的因[*1]は、信仰に試練を与えることで、信仰が「適格」（コリントの信徒への手紙一11－19）だとみなされる機会を与えることでもあるからだ。したがって、これほどまでに異端が蔓延している、というまさにその事実に憤慨している多くの者から発せられる〔異端への〕攻撃は事実無根であり、考慮に値しない。もし異端が存在していなければ、どんなに素晴らしかっただろうか。しかし、ある事物が必ずや存在するはずだとなった場合、その事物は、存在のための目的因を受け取っていることになる。目的因がその事物の存在のよりどころとなる力を保証するため、その事物が存在しない、ということはありえない。……

＊1　アリストテレスの説く四原因の一つ。事物が存在する目的がその事物の存在を理由づける、というもの。たとえば机

の目的因は「そのうえで物を書くこと」となる（『岩波 哲学・思想事典』「四原因説」参照）。

第六章　異端者は自らの意志で非難されるべき存在となった。異端は我意を押し通すことであり、信仰は神の権威に己の意志を服従させることである

しかし、我々はこの点にはもう立ち入らない。というのも、パウロがガラテヤの信徒への手紙のなかで、「異端」を「肉の行い」（5－19）のうちに数え、またテトスへの手紙のなかで、「分裂を引き起こす人」は、「心がねじ曲がっており、自ら悪いと知りながら罪を犯している」ことから、「一、二度戒めたうえで、除名しなさい」（テトスへの手紙3－10～11）とほのめかしているからである。実際、パウロがほぼすべての手紙で我々に誤った教義を退ける義務を課すとき、彼は異端を鋭く糾弾している。それは「ある者が誤った教義を他者に教えるか、自らそれを支持する際になす選択」という意味で用いられている。これが、パウロが異端者を非難されし者と呼ぶ理由である。というのも、異端者自身が、それゆえに自ら非難されることになる選択をなしたからである。しかし我々には、自分で考えをもてあそび何かを生み出すことも、他人がそうしたものを選び取ることも許されていない。我々は、使徒たちを権威と仰ぐ。だが、その彼らでさえ自分たちで考え出すことをいっさい選ばず、キリストから受け取った教えだけを人類の諸民族に忠実に伝えたのである。したがって、もし「天使であれ」「福音に反することを告げ知らせるなら」（ガラテヤの信徒への手紙1－8）、我々はこれを忌まわしい者と呼ぶだろう。実際に聖霊はこう予言していた。欺きの天使〔悪魔〕がとある乙女フィルメネのうちに入って「光の天使を装」い（コリントの信徒への手紙二11－14）、奇跡と詐術によってアペッレースを新しい異端の提唱に導くであろうことを。

第七章　異教の哲学は異端の生みの親である。キリスト教信仰からの逸脱と異教の哲学という古い体系との関係

以上が、この世界の賢者の耳を誘惑する人間と「悪霊の教え」(テモテへの手紙一4－1)である。主はこれを「愚かなもの」(コリントの信徒への手紙一3－18)と呼び、「世の愚かな者を選」んだことで(コリントの信徒への手紙一1－27)、哲学そのものも混乱させたのである。哲学にとって「愚かな者」呼ばわりされたものは、この世界の知識の構成要素であり、自然の性急な解釈者であり、神の摂理であった。実際、異端自体が哲学に唆(そその)かされている。この源泉から、アイオーンたち〔グノーシス主義における高次の霊〕と、私には理解できない無限のものと、プラトン学派のワレンティノスの体系における人の三つの本性とが生まれたのである。同じ源泉から、ストア派のマルキオンの静謐なる真の神も生まれた。それからまた、魂は死ぬ、という考えがエピクロス派によって主張され、肉体復活を否定する考えはあらゆる哲学の学派も唱えるものである。そして物質と神とを同一視するとき、ゼノンの教えを受け入れたことになり、ある教えが火の神に言及していると思われるとき、ヘラクレイトスの影がちらつく。同じ主題が異端者と哲学者によって繰り返し論じられ、同じ問題が扱われた。悪はどこからやってくるのか、なぜそれは許されるのか、人間はどこからやってきたのか、人間はどのようにやってきたのか、が問われた。くわえて、最近ではワレンティノスが「神はどこからやってくるのか」と問い、「思索の末の早産からである」と答えた。彼らのために、弁証法という積み上げ打ち壊す技術を考案したアリストテレスは何と哀れなことか！　弁証法は、その命題においてとらえどころがなく、その予想においてこじつけで、その議論において厳格で、論争を生みやすく、自らも困惑させ、あらゆる意見を撤回させ、実際のところ何も論じていない技術なのだ！　こうした「作り話や切りのない系

図」（テモテへの手紙一1－4）、「愚かな議論」（テトスへの手紙3－9）、「悪性の腫れ物のように広がる言葉」（テモテへの手紙二2－17）はどこから湧き上がったのか。かの使徒〔パウロ〕が我々にこうしたものをすべて制限しようとしたとき、彼ははっきりと、我々は哲学から自衛しなければならない、と述べた。コロサイ人への手紙のなかで彼は、「空しいだましごとの哲学によって、人のとりこにされないように気をつけなさい。それは、人間の言い伝えに基づくもの」（コロサイの信徒への手紙2－8）と述べている。彼はアテナイに赴き（当地の哲学者たちと）会談した際、人間の知識〔哲学〕を知った。それは真実を知っているふりをしつつ腐敗させるにすぎず、それ自体が互いに相容れないさまざまな学派によって何重もの異端に分断されていた。一体アテナイはエルサレムと何の関係があるというのか。アカデメイアと教会のあいだに、異端者とキリスト教徒のあいだに何の一致があるというのか。我々の教えは、「純粋な心で主を求めよ」（知恵の書1－1）と自らに説いた「ソロモンの回廊」（ヨハネによる福音書10－23）に由来しているのである。

ストア派、プラトン学派、弁証法の命題のようなキリスト教を生み出そうとするあらゆる試みから離れよ！　我々にとって、イエス・キリストを得たあとには難解な論争も、福音を享受したあとには探求も必要ないのだ。我々の信仰以外に別の信仰は欲しない。これこそが我々の栄冠に値する信仰であり、それ以外に信じなければならないものなど何もないのである。

出典：Tertullian. 1885. *Prescription against Heretics*. In *Anti-Nicene Fathers*, vol. 3, edited by Alexander Roberts, James Donaldson, and A. Cleveland Coxe. Buffalo, NY: Christian Literature Publishing Company. Reprinted at http://www.newadvent.org/fathers/0311.htm.〔訳は Tertullien. 1957. *Traité de la prescription contre les Hérétiques*, edited by R. F. Refoulé. Paris: Édition du Cerf を底本とした／訳者〕

❖エドワード・ギボン『ローマ帝国衰亡史』（一七七六～一七八八年）のヒュパティアの殺害に関する記述

エドワード・ギボン（一七三七～一七九四年）の『ローマ帝国衰亡史』は近代歴史学を創始した研究の一つとして広く認識されている。ギボンは一二年かけて全六巻を出版し、一次史料を用いてローマ帝国とその衰亡の歴史、それに続く中世の性質に関する合理的で世俗的な歴史を構築した。彼はキリスト教の興隆と教会の創設に、ローマ帝国の衰退と続く「暗黒時代」の責任を負わせるという、啓蒙時代の哲学者とイギリスのプロテスタントのあいだでもてはやされた見方を最初に導入した歴史家の一人である。彼が記したヒュパティア殺害の逸話は、教会の破壊的影響力という彼の議論の中核をなすものであり、今日まで繰り返し語られている。

数学者テオンの娘ヒュパティアは彼女の父の学統を承継し、博学な註釈によってアポロニウスやディオファントゥスの幾何学を解明し、アテネとアレクサンドリアでプラトンとアリストテレスの哲学をおおやけに講説した。花の容姿と円熟した叡智の持ち主であるこの謙虚な処女は、求婚者を拒絶して門弟を教育した。地位や学殖の面でたいへん高名な人々は、争ってこの女哲学者の門を叩いた。キュリロスは、彼女の学び舎を訪問する馬車と奴隷の豪華な供廻りを嫉妬の目で眺めた。総督と総主教が和解する唯一の障害はこのテオンの娘である、との風評がキリスト教徒のあいだに広まり、この障害は迅速に除去された。聖なる四旬節の季節のある運命的な一日、ヒュパティアは馬車から引きずり下ろされて衣服を剝がされ、教会へ連れ込まれて読師ペトルスや野蛮で無慈悲な狂信者の一味の手で惨殺された。彼女の肉は鋭利な牡蠣の殻で骨から削ぎ落とされ、彼女のまだ動く四肢は火炎に投ぜられた。究明と処罰の正当な手続きは、時宜を得た贈答によって停止された。しかし、このヒュパティアの惨殺はアレクサンドリアのキュリロスの評判と信仰に、今日まで消えぬ汚点を刻んでいる。

出典：Gibbon, Edward. 1827. *The History of the Decline and Fall of the Roman Empire*. 12 vols. Oxford: D. A. Talboys, 6:17–18.〔訳は『ローマ帝国衰亡史』中野好之訳、第Ⅷ巻、九八～九九頁を借用し、適宜改変した／訳者〕

❖ジョン・ウィリアム・ドレイパー『宗教と科学の闘争史』（一八七五年）

ジョン・ウィリアム・ドレイパー（一八一一～一八八二年）は化学と写真技術の分野において先駆者として記憶され、一八四〇年頃にはじめて鮮明な写真を撮影したことで有名である。しかし彼はアマチュアの歴史家でもあり、アメリカ合衆国の南北戦争とヨーロッパの思想史に関する著作を執筆した。彼は「闘争史観」の積極的な推進者で、宗教と科学は当然のことながらいつも闘争状態にあると主張した。この学説は彼とその同時代人アンドリュー・ディクソン・ホワイトにちなんで「ドレイパー＝ホワイト・テーゼ」と呼ばれることがある。ここで引用した一節でドレイパーは、中世を単に後進的で迷信深い時代として、そしてそれにとどまらず教会が自身の利益のために医学と科学の研究を妨害した時代として描く。ドレイパーは、〔時が経ち〕医者は教会から収入を奪うことになったのだろうと主張する。彼は、ある教皇が彗星を空から「退散」させようとした事例など、中世の教皇に、恐ろしい迷信を広めたことに対する責任を直接帰している。

いたるところで無学が常態と化し、迷信のはびこる余地が生まれた。ヨーロッパは恥ずべき奇跡に満ちあふれていた。あらゆる街道を、治癒の奇跡ゆえに知られた聖人たちの霊廟を目指す巡礼者たちが往来していた。医者と医学を妨害することが、つねに教会の方針であった。医者は霊廟の供物と利益にとってあまりに邪魔だったためだ。時の経過により、かつては金になったペテンも、それ相応の値打ちに正された。今日、ヨーロッパで霊験のある霊廟がどれほどあるというのか。

動くことも動かすこともできない重病人にとって、主の祈りやアベマリアの祈りなど、霊的な治療以外に施す術はなかった。病いを防ぐため教会で祈りが捧げられたが、衛生的処置は何も施されなかった。腐敗した汚物で悪臭漂う都市では、司祭の祈りによって疫病が止み、雨も日照りも生じ、蝕(しょく)と彗星の不吉な影響からも救われる、という考えが生まれた。しかし一四五六年にハレー彗星が現れたとき、あまりに恐ろしかったため、教皇自身が介入する必要があった。彼はそれを祓い清め、天から追放したのだ。彗星はカリクストゥス三世の呪詛に恐れおののいて宇宙の底知れぬ闇へ逃げ帰り、なんとその後七五年のあいだ戻ってくることはなかった。

霊廟での治癒と霊的な治療の医学的価値は、死亡率によって判断される。当時はおそらく二三人に一人ほどだっただろうが、現在の世俗的な治療なら四〇人に一人ほどである。……

霊廟の医学的効能には、特別な聖遺物の効能を付け加えねばならない。それはときに並外れた類いのものもあった。複数の修道院には、救世主の荊冠(けいかん)があった。一一の修道院が、主の脇腹を貫いた槍〔ロンギヌスの槍〕を所有していた。もし勇気を振り絞ってそれらすべてが本物であるはずはないと指摘しようものなら、無神論者として糾弾されただろう。十字軍の時代、テンプル騎士団はエルサレムから十字軍のもとに聖母マリアの母乳入りの瓶を持ち込み、法外な価格で売りさばいて実入りのいい商売をしていた。瓶は敬虔な配慮によって多くの偉大な宗教共同体〔大聖堂や修道院〕で保管された。こうしたペテンのうちどれをとっても、見る者に聖霊の指一本を示したエルサレムの修道院の厚かましさを凌ぐものはないかもしれない。現代社会は、暗黙のうちにこうした恥ずべき品々に審判を下している。それらはかつて何千もの熱心な人々の敬虔さを育てたが、いまや公立の博物館に展示する価値もないと思われている。

このように我々は、ヨーロッパに対する教会の監督に大いなる失敗を見出した。これはどのように

説明されるべきだろうか。もしローマ教皇庁がヨーロッパ大陸の霊的・物的繁栄のために絶え間なく配慮していれば、あるいは世界の牧者にしてペテロの後継者、すなわち教皇が彼の羊の群れの聖性のために専心していれば、起こるはずのなかった結果である。

出典：Draper, John William. 1875. *History of the Conflict between Religion and Science*. New York: D. Appleton and Co., 268–70.

❖アンドリュー・ディクソン・ホワイト『キリスト教世界における科学と神学の闘争史』（一八九六年）

アンドリュー・ディクソン・ホワイトの『キリスト教世界における科学と神学の闘争史』は、十九世紀後半の宗教家と科学者のあいだの何十年にもおよぶ対立と議論が最高潮に達した時期に出版された著作である。この対立は、とりわけチャールズ・ダーウィンが一八五九年に出版した『種の起源』によって火が点いた。ホワイトは、自然の探求が信仰から完全に切り離されることを求める科学者の側に立ち、自説を立証するために、宗教団体、とくにカトリック教会が科学的進歩をつねに、そしていまだに抑圧・否認し続けていることを示そうと努めた。彼の著作は出版から一世紀以上にわたりなおも広く読まれ、中世の教会が積極的に人々を無知のままにとどめおいたというフィクションを延命させている。千二百年間（おそらく三〇〇年頃から一五〇〇年頃）にわたって「自然科学は支配的な正統信仰（カトリック信仰を意味する）によって妨げられ、歪曲されてきた」と主張することで、彼のキリスト教への非難は中世の前後の時代にまでおよんだ。暗黒時代に何の光明も見出せなかったジョン・ウィリアム・ドレイパー（前掲の史料を参照）とは異なり、より注意深い歴史家だったホワイトは、アルベルトゥス・マグヌス（一二〇〇～一二八〇年）のような中世の哲学者による科学的発見を認識していた。しかし、彼らが教会の権威からつねに妨害されていたことに重点があった。

科学への信頼、科学探求への敬意、科学研究の自由という（ギリシアの）遺産は、とくにアレクサンドリアの学派、そしてとりわけアルキメデスによって継承された。彼はキリスト教の時代が始まる直前、観察と比較と実験に基づく帰納的な科学という偉大なる分野へ、新たな道を切り拓いたのであった。

キリスト教の確立により神学は新たな展開を始め、千五百年以上にわたり自然科学の正常な発展を阻んだ。この抑圧には二重の原因があった。第一に、自然科学の萌芽がほとんど期待できない環境、すなわち自然のなかに、真実を真実として探求しようとすることが無益であるとみなされる環境が醸成されたことである。新約聖書に由来する一般的な信念は、世界の終末がまもなく到来し、最後の審判が近づき、すべての現存する物質は破壊される、というものであった。したがって、教会の偉大な思想家たちは総じて自然科学の探求者に侮蔑のまなざしを送り、魂の救済以外のあらゆることは愚行だと主張した。

この信念は中世を通じて頻繁に姿を現したが、最初の千年間は明らかに支配的であった。見てきたように、天文学研究を蔑視した三世紀のラクタンティウスやエウセビオスから、十一世紀の教皇グレゴリウス七世に仕え、現世に関するあらゆる科学を「不合理」にして「愚劣」と断じた著名な文書局長ペトルス・ダミアーニに至るまで、この信念が思索を取り巻く環境の非常に重要な要素となった。

それから第二に、この環境をもがきながら進むあらゆる科学が従わなければならない基準が打ち立てられた。科学よりも魔術を優先する基準である。というのも、それはユダヤ教徒とキリスト教徒の聖書を文字通り受け取ることで得られる、厳格な教条主義の基準だったからである。確証された事実から帰納されたもっとも慎重な結論も、聖なるものとなった文学作品〔聖書〕のなかに偶然保存された詩歌、年代記、法典、教訓、神話、伝説、寓話、書簡、その他あらゆる言説から得られ、あるいは

ほのめかされただけの自然に対する見方に比べれば、悲惨なほど誤りに陥りやすいものとみなされたのである。

　したがって十二世紀を通して、自然科学は支配的な正統信仰によって妨げられ、歪曲された。自然を研究する者は、おおっぴらに「魂の救済」に役立ち聖書を例証するものを見つけるためか、あるいは密かに個人的な利益となる神秘的な力の援助を手にするために研究していた。ベーダやセビリアのイシドルスやラバヌス・マウルスなどの偉人は、科学に対する聖書の基準を受け入れ、それをキリスト教徒の教化の手段として用いていたのである。……

　彼らのうち指導的だったのは、当時もっとも名高い学者で、アルベルトゥス・マグヌスという名で知られるボルシュタットのアルベルトである。教会がよしとする方法論が足枷（あしかせ）となり、周囲の者どもは蒙昧だったが、彼はよりよい方法論と目的をわかっていた。彼の目はスコラ学の霧を貫き、光を見てそこに向かって世界を描こうとした。彼は物理学と自然科学の偉大な先駆者の一人で、植物学と化学の基礎を築く手助けをした。彼は時代の先端を行き、地球の反対側に人間が住んでいる可能性を否定する人々に重い一撃を加えた。生物種や生産物に対する山、海、森の影響を書き留めたことから、フンボルトが彼の著作に、科学としてまとまりのある自然地理学の萌芽を見出したのは不思議でない。

　しかし、聖書の文言から科学的事実を演繹する古い体系は、スコラ神学によって刷新された。そして教会権力は何千もの巧妙な経路を通じてこの展開を手助けしていた。自然科学の無益さと神学の圧倒的優位、という古い考えが息を吹き返した。アルベルトゥスの主眼は、科学をキリスト教化することにあったが、彼はドミニコ托鉢修道会の権威によって問題人物として扱われ、嫌疑と侮辱にさらされ、教会至上主義の時代精神に屈して、最終的にスコラ的な方法論に基づいて神学研究を行うことで、かろうじて魔術の罪で訴追されることをまぬがれたのだった。

出典：White, Andrew Dickson. 1896. *A History of the Warfare of Science with Theology in Christendom*. 2 vols. New York: D. Appleton and Co, 1:375–77.

実際に起きたこと

本章が扱う「中世の教会は科学を抑圧していた」というフィクションは、出所も議論の過程も、「中世の人々は地球は平らだと思っていた」という第2章のフィクションと密接な関連がある。まず、ともにまったくの誤りであり、中世カトリック教会の権威を失墜させ、当時のカトリック教会を攻撃しようとした近世と近代の著述家の手になる創作である。中世の教会が意図的に科学研究を抑圧したという証拠は何もない。すでに示したように、主張を補強するために援用された主な事例であるヒュパティアの殺害とガリレオの異端審問はこれに該当しない。ヒュパティアは宗教的な理由やその教えのために殺されたわけではなく、一六三三年のガリレオの異端審問は、中世ではなく、近世の対抗宗教改革における知的激動期に属している。中世のあいだ、とくに十一世紀以降、科学の研究もその著作も、そのほとんどすべては教会の保護と奨励のうちに行われており、カトリックの聖職者と修道士が手がけたものである。

はっきりさせておかなければならないのは、中世の科学というものが存在するとして、それは現代科学とは異なるということである。歴史研究者はよく中世における自然の探求を「自然哲学」と呼ぶが、それは中世の思想家たちが自然現象を体系的な観察ではなく論理学の諸規則によって説明する傾

向があるからである。この点で、中世の「科学者」はなおもガリレオやアイザック・ニュートンが行った実験とはるかに隔たりがある。中世における科学研究は（聖書に限られるわけではないが）しばしば聖書の章句から着想を得て、プラトンやアリストテレスの論理学の諸規則と教説に基づいていた。それにもかかわらず、中世の思想家たちは聖書が論じていると考えた事物についてすこぶる自由に発想した。彼らは通常、『キリスト教の教え』（三九七〜四二六年）が開陳する聖書の読み方と理解、すなわちヒッポの聖アウグスティヌスの思想に従って、異教徒が語り書いたものは、キリスト教徒の信仰を支持する限り、いかなるものも流用できるし、またそうすべきだと考えていた。中世においてアウグスティヌスの思想は聖書に次いで重視され、異教の哲学と科学に対して警戒を説いたテルトゥリアヌス（前述の議論を参照）のような他の神学者の著作に完全に取って代わったのである。

中世における自然の探求は哲学の一部門であり、とりわけアリストテレスの思想に導かれていた。その思想は、初期中世においてはボエティウスやカッシオドルスのような当時のキリスト教徒が残した書物を通じて間接的に知られるのみだったが、盛期中世、ヨーロッパの人々は［アラビア語、ギリシア語からの］ラテン語翻訳を通じてアリストテレスの科学的著作を直接読んでいた。中世において「自然に関する書」として知られていたこうした著作には、アリストテレスの自然学、人間本性、動物の発生と生殖、天体論、気象学などが含まれていた。これらはすべて十二、十三世紀に［ラテン語に］翻訳され、後期中世の大学で閲読が承認されていたし、また義務づけられてもいた（Black 2016, 84–89）。大学を含む中世の学校の大半は、カトリック教会の司教と教皇の直接的な監督下にあった。十三世紀になると、教会は大学に対して特定の思想の教授を禁じていたが、それはあくまで天使や人間の魂の本性に関してであり、自然界の研究を制限するものではなかった。むしろ教会は神学者と自然哲学者にアリストテレスの著作を丹念に読み、自身の考えを疑い、再考するよう促したくらいである。

以下に用意した「一次史料」では、（名を挙げるべき多くのなかから）ともに教会の一員であり、自然学、物理学、宇宙論の研究に身を捧げた二人の中世哲学者の著作を引用した。バースのアデラード（一〇八〇年頃〜一一五〇年頃）はバース＝ウェルズ司教に仕えたイングランド人聖職者で、同じくイングランド人であるロバート・グロステストは自身がほかならぬリンカン司教であった。両者は精力的な学者にして著述家であり、その著作にあたると、中世科学の諸テーマに対する深い関心が見て取れる。アデラードは天文学、物理学、数学に関する著作を翻訳・執筆し、はじめてギリシアとアラビアの科学をヨーロッパに導入した最重要人物の一人として知られている。著作『自然に関する諸問題』では、自身と甥の対話形式で当時の「新しい」科学を紹介する。甥は、地球の形状、目の働き、体毛、潮と川、日蝕・月蝕など多様な主題に七六の質問を用意している。アデラードの回答はすべて論理学に基づいており、なかには直接的な観察に基づいているものもある。現代科学に照らせばときに失笑を禁じえないものもあるが、ここで重要なことは、彼の自然に関する研究が科学〔の普及〕を恐れる教会によって禁じられ、抑圧され、検閲されたことなどなかったということである。

中世における科学研究の存在、これを私たちは容易に理解できる。しかし、大半の人々はいまだに真の「科学」は十六、十七世紀の科学革命期に始まったと信じている。この時期に、ルネ・デカルトやガリレオやアイザック・ニュートンのような哲学者がアリストテレスに引導を渡し、科学的な対照実験に基づく新しい知の体系を築き上げた、と。以上のような標準的歴史叙述を支持する材料は多数あるとはいえ、科学史家のなかには現代科学の起点を十三世紀の中世大学までたどる者もいる（Crombie 1953; Lindberg 2007; Hannam 2011）。ロジャー・ベーコンやロバート・グロステストやアルベルトゥス・マグヌスのような学識ある聖職者や修道士が、自然の働きに関する自身の学説や仮説を検証するべく、正確な実験記録を残すようになったのはその頃であった。

「一次史料」に、特定の植物は血尿の原因になるという仮説を検証するための科学実験の概略（ロバート・グロステストの著作からの抜粋）を掲載している。科学史家と哲学史家は、いまだにグロステストが現代の科学的方法論の創始者であるか否か熱心に議論しているが、詳細な観察に基づく対照実験の基本要素を西ヨーロッパに導入したのが彼だという点ではおおよそ合意をみている（Lewis 2013, Part 11: "Scientific Method"）。近世科学革命が〔はじめて〕現代科学を準備したと主張する研究者は、中世の科学者は当時なおアリストテレスの正しさに疑いをいれず、なお科学を聖書と整合させようとしており、再現可能な実験記録を残すことはなかったではないか、と即座に抗弁するだろう。なるほど事実である。ただ、ここで重要なのは、科学実験と進歩は、中世の教会とその文化を背景に、教会権威の承認を得ながら追求された、ということである。中世の科学は、宗教の潜在的な敵ではなく、より確かな神の知識に至る道とみなされていたのだ。

一次史料

❖バースのアデラード『自然に関する諸問題』（一一三〇年頃）

バースのアデラードと一一三〇年頃に完成した『自然に関する諸問題』の詳細な解説は第2章の「一次史料」を参照のこと。以下の抜粋は、アデラードがフランスの哲学と比較しつつ「サラセン人（アラブ系ムスリム）」の学問を称賛した同書冒頭の会話と、アデラードが甥に自身の理性を用い、

古代の「権威」に盲目的に従わないよう教える一節を含む。同様に、アデラードはもう一つの「問い」について解説する。指を置いた場所に応じて違う穴から水が出る「魔法の」水差し（いまも人気の科学実験である）は、魔術ではなく四大元素の自然の性質によって機能しているのだという。

ここにアデラードが甥に与えた書が始まる。

アデラード――親愛なる甥よ、七年前に私が（まだほとんど子どもだった）お前を他の教え子たちとともにフランスの学問を修めるよう送り出したとき、こんな約束をしたことを覚えているだろうか。私は己の能力に従いアラブ人の学問を研究するが、お前はお前で、フランス人の考えの不確かさを習得するように、と。

甥――別れ際に、私は哲学に専念することを口に出して約束させられたので、なおさら覚えています。私はいつも、なぜもっと熱心にこの学問に励まねばならないか知りたいと切望していました。あなたとの討論は、自分の研究を実践し、思った通りの成果を出せたのかを試すまたとない機会です。というのも、あなたがしばしば講じるサラセン人（ムスリムを意味する中世の用語）の学問を耳にし、思索をめぐらすなかで、私にはそのうちの相当部分が価値のないように思えるからです。そのため、ここから先は我慢することなく、あなたがこうした考えを詳しく説明するたびに、そうした方がよいと思ったときはいつでもあなたに異議を唱えようと思います。というのもあなたは、アラブ人（アラビア語で著述したムスリム、キリスト教徒、ユダヤ教徒の学者があてはまる）を恥ずかしげもなく褒めたたえると同時に、我々の同胞の無知を蔑み、不当に非難するからです。したがって、もしあなたが上手く説明してのけるのであればあなたの労苦の成果を収穫することに意義が認められますが、同様に、私が有望な意見であなたに反論するのであれば、私が約束を違えなかったことに意義が認められます。

アデラード——おそらくお前は、自分の能力を買いかぶってより大胆になっているのだろう。しかし、この討論はお前とその他多くの者にとって有益であるだろうが、私が未知の考えを述べるとき、自分の頭から意見を述べているのではなく、ただアラブ人の学問の見方を紹介しているだけだと誰にも思ってもらえない、というのは不本意である。そこがわかってもらえるなら、お前の無礼も大目に見よう。というのも、もし私が語る内容がさして教養のない人々を不快にさせたとしたら不本意だからだ。私は、真実を公言した人々が、教養のない群衆の手でどのような苦しみに遭ったか知っている。したがって私は、自身の主張ではなく、アラブ人の主張を擁護することにする。

甥——よくわかりました。ですので、どうか沈黙せずお話し下さいますよう。

アデラード——それでは、我々はより簡単な主題から始めるべきだろう。というのも、私がこうした主題について思慮深く語るのを見れば、お前はより重要な主題に関しても同様の希望を持てるようになるからである。したがって、我々はもっとも低次の主題から始め、もっとも高次の主題で終えることにしよう。……

アデラード——動物についてお前に話すのは難しい。私は理性を導き手としてアラブ人の教師たちから学んだが、お前は権威が示す像の虜となり、遮眼帯（役畜の脇見を防ぐ目隠し革）に従っていると言えよう。というのも、権威を遮眼帯と呼ばずしてどう呼べるというのか。理性を持たない動物は遮眼帯を装着することでどこへでも人間の好きなところへ導かれるが、どこへ導かれるのかもその訳も知らず、ただ装着した遮眼帯に従うのみであるように、お前たちは野獣のような妄信に魅了され、縛りつけられているので、権威的な書物はお前たちのうち少なからぬ者を危険へと導くのだ。そのため、ある人々は「権威者」の名を僭称して好き放題書き、理性を欠く者たちを真実の言葉ではなく虚偽の言葉でたぶらかすことに、何のためらいもないのである。今日の聴衆が判断に基づいた議論を求めず、古

代の権威の名のみに信頼を寄せるような状況で、なぜお前は羊皮紙の頁を文字で埋めてはならないことがあろうか。いや、その裏側にまで書き記すべきだ。というのも彼らは、理性が最上級審として各個人に与えられ、それで真偽を識別できることを理解していないからである。みなの判事であることが理性の務めでないのであれば、それは個人へ与えられていても無駄である。その場合、理性は一人、あるいは数人の立法者に与えられるだけで十分であり、他の者は彼らが発する法令や権威的な声明で満足するだろう。さらに、「権威者」と呼ばれる者たちは、もし理性に従っていなければ、そもそもより劣った者たちから信頼を得ることはなかったのであり、理性を無視し軽んじる者は誰でも、盲目だとみなされてしかるべきである。しかし、私は権威を無条件に拒絶しなければならないと判断しているわけではない。むしろ私はまず理性が追求され、それが見出されたときに、もし手元に権威的著作があればあとからそれを付け加えるべきだと強調したい。しかし、権威的著作のみでは哲学者の信頼はかちえないし、またそんな目的のために引用されるべきでもない。したがって論理学者たちも、権威に頼った議論は蓋然的であって必然的ではないことに同意しているのである。したがって、お前が私からこれ以上のことを聞きたいのであれば、しかるべき理由を述べよ。というのも、私は皮に描かれた絵で満足する類いの人間ではないからだ。文字というものは、おしなべて誰の愛情でも受け入れる娼婦のようなものである。

第五八章　もし容器が水で満たされ、そのしたが開いている場合、なぜ水は上蓋を取り除かないと流れ落ちないのか

甥——私には水の性質に関してまだ一つよくわからないことが残っています。ご存じのように、過ぎ去りし日、我々は呪文を習いに年老いた魔女のところに赴いたことがありました。そこに数日滞在し、

老女の〔危なっかしい〕刺毛（sentibus）ならぬ思想（sententiis）に没頭しました。その者の住処で、不思議な力を持つ容器が食事で出されました。その容器は上下に多くの穴が空いていて、手を洗うための水を注いだあと、使用人がうえの穴を親指で塞ぐと水はしたの穴から流れ出ませんでした。ところが親指をうえの穴から離すと、水は即座にしたの穴から、容器を囲む我々のために流れ出てきました。私はこれをまやかしだと思い、「もしこの老女が呪文の使い手ならば、彼女の使用人が我々に驚異を示してみせても驚くことがありましょうか」と言いました。しかし、あなたは呪文には興味があったのに、落ち着き払い、恥を忍んでその現象に関心を向けることなどしませんでした。さあ、あなたはあの水についてどのように考えているのですか。したの穴は開いたままだったのに、使用人が望んだとき以外流れ出ませんでしたが。

アデラード――もしそれがまやかしであったのなら、呪文をかけたのは使用人ではなく自然の力である。四大元素がこの世界の物体を構成しており、それは感覚によって知覚できるのだが、四大元素は自然の愛によって織り交ぜられ、それらは一つとして他のものなしに存在することはない。そのため、四大元素によって満たされていない場所は存在しないし、存在しえないのである。したがって、ある一つの元素がその場所を離れると、別の元素が間髪入れずその場所を占める。あるいは、ある一つの元素は、それがある種の本性的な愛によって求める別の元素によって引き継がれない限り、その場所を離れることはできない。したがって元素が入ってこようにも、入り口が閉ざされている場合、もとの引き継がれる元素の出口は無駄に開いているのである。したがってこのような愛、すなわち期待ゆえに、空気に入り口を提供しない限り、水の出口は無駄に開いていることになる。すでに説明したように、これらの元素はそれだけで存在してはおらず、こうして結びついているので、互いが存在しなければ存在することはできず、また存在することを欲しないのである。したがって、もし容器のうえ

を完全に塞ぎ、したに穴を開けた場合、液体の流出は一定間隔をおいてのみ、そしてあたかも低くつぶやくように起こる。液体がそこから流れ出る分だけ、空気がそのなかに入る。実際、空気は水が透過性を持っていることがわかると、自身に内在する稀薄さと軽さゆえに水を通過し、空であるように見える容器上部の場所を占めるのである。

出典：Adelard of Bath. 1920. *Natural Questions*. Printed with *Dodi Ve-Nechdi (Uncle & Nephew)*. In *The work of Berachya Hanakdan*, edited and translated by H. Gollancz. Oxford: Oxford University Press, 92, 98–99, 143–44.〔訳は最新の対訳校訂版 Adelard of Bath. 1998. *Conversations with his nephew: On the same and the different, Questions on natural science, and on birds*, edited and translated by Charles Burnett; with the collaboration of Italo Ronca, Pedro Mantas España and Baudouin van den Abeele. Cambridge: Cambridge University Press, 90–91, 102–05, 192–95 を底本とした／訳者〕

❖ロバート・グロステスト『アリストテレス分析論後書註解』（一二三〇年頃）

次の一節は、グロステストが一二三〇年頃に著したアリストテレスの『分析論後書』に関するラテン語註解から採ったものである。そこでは、五感を使って私たちの周囲の事物を観察することで、どのように（彼が「普遍的」と呼ぶ）科学的知識を収集できるかを探求している。彼はここでとくに、もし五感のうち一つが鈍るか欠けるかしている場合、普遍的知識を得ることはできるか、という問題を検討している。グロステストはこの問題を、『分析論後書』第一巻第一八章におけるアリストテレスの言明「感覚のうち一つを喪失するとそれに関連する知識も喪失すること、そして我々は帰納か実例によって学ぶため、この知識が得られないこともまた明らかである」の意味を論じることで検証している。彼はこの一節をまずは純粋な哲学的態度から扱っているが、その後、「神と天使は肉体的感覚に拠らずにどのように世界の概念を理解しているのか」というキリスト教神学に対する

自らの理解を開陳している。この宗教的な問いは彼を科学から遠ざけず、むしろこの問いに導かれて、彼は観測データの普遍的真実を検証するための対照実験の原初形態を提案した。この事例のなかで、彼はスカモニアという植物が患者の尿に与える影響を調査し、制御された状況下で繰り返し観察される結果に基づき仮説を提唱した。彼はこの事例をイスラームの医者にして哲学者アヴィケンナ（紀元九八〇～一〇三七年）から学んだが、それをキリスト教教育の文脈に落とし込んでいる。

「感覚のうち何か一つでも〔欠けることが〕あれば、……もまた明らかである」。アリストテレスは、（命題に関する誤った）議論によって無知が生じると言われるあらゆる方法について説明したのち、（情報の）欠如によって生じると言われる無知がどこから来るのかを説明することで、無知が生じる原因に関する講義を終えるだろう。……したがって彼は、感覚のうち一つが欠けると知識のある部分が欠け、このことから、否認に起因する無知が生じる、と述べた。このことは以下のように証明される。感覚は個々の事物を知覚する能力があるので、感覚のうち一つが欠ければ、特定の事物への知覚もまた失われる。したがって帰納的推論は個々の事物から始まるので、ある感覚が欠けている場合、（欠けている感覚が知覚するはずの）個々の事物に基づく帰納的推論も成り立たなくなり、個々の事物に基づく帰納的推論が成り立たない場合、普遍的結論は帰納的推論なくしては得られないので、知性による事物に対する普遍的理解も成り立たなくなる。論証は普遍的結論に基づくので、知性による普遍的結論が成り立たなくなると、論証も成り立たなくなり、論証が成り立たなくなると、それによってしか得られない知識も成り立たなくなる。したがって、知識（scientia）の一部の欠如は何より感覚のうち一つの欠如に起因し、このことが（情報の）欠如に起因する無知と呼ばれもするのである。

しかし私は、知識のなかには感覚の助けなくして存在するものもある、と主張したい。というのも、

あらゆる形態の知識は神の精神のうちに永遠に存在しているからである。神の精神のうちに確実に存在しているものは、普遍的概念への理解にとどまらない。神はあらゆる個々の本質を抽象的に理解しているため、たとえ神の精神が個々の事物を普遍的な仕方で〔感覚の助けなくして〕知覚するにしても、あらゆる個々の事物への理解は神の精神のうちに確実に存在している。それというのも、我々（人間）は、人間性にとって本質的ではない特質と混ぜ合わさった状態でしか個々の性質を理解できない。しかし、〔神の精神は我々の人間性について〕そうした混同を避けることができるため、個々の性質を純粋な本質として理解できるのだ。

同様に、知的存在（すなわち天使）は原初の光（すなわち神）から啓示を受けて、その原初の光のうちに、普遍的事物も個々の事物も含め、あらゆる理解可能な事物を見ることができる。そして、知的存在は自身が未来に生じる事物の原因であるから、自らを顧みることでそうした事物を理解する。したがって、感覚を欠くこれらの存在（すなわち神と天使）のなかにも完全な知識（scientia）は存在するのである。また、人間の魂の最高位の部分は、知的性質と呼ばれ、肉体のいかなる部分の活動にも起因せず、その機能を果たすために肉体的な機能を何ら必要としない。もしこの最高位の部分が堕落した肉体の重荷によって曇らされず、悩まされもしないのだとしたら、感覚の助けなしに、至高の光から受け取った啓示を通じて完全な知識を持ちうるだろう。それは魂が肉体から解放されたときに持つようなものであり、あるいは物質的な事物への愛と空想から完全に解き放たれた人が持つようなものであろう。

しかし、精神の目の純粋さは我々の堕落した肉体によって曇らされ、悩まされるので、この世に生まれた人間の理性的な魂が持つあらゆる力は、肉体の重荷で占められるあまりほとんど活動できず、いわば気を失っていると言える。したがって、時とともに感覚の一つと知覚対象とが繰り返し出会うことで全感覚が活動を開始すると、理性が目覚め感覚と混ぜ合わされ、船に乗っているかのように知

覚対象のもとへと運ばれるのだ。ところが、いまや目覚めた理性は、たとえば視覚が（ある物体の）色、大きさ、形状、量を識別できず、それを判断するにあたってこれらすべての属性を一つのものとして受け入れるとき、感覚では見分けがつかなくなった事物を区別し、個別に観察し始める。すなわち目覚めた理性は色を大きさから、形状を量から、そしてまた形状と大きさを物体の実体から区別し、こうして区別と抽出を通じて、その大きさや形状や色から区別された物体の実体を理解するに至るのである。しかしそれにもかかわらず、理性はこの抽出を多くの個々の事物から行い、多くの個々の事物から完全に同じ判断が得られるまでは、この活動を通じて事物の普遍的な本質を知ることはできない。

それゆえこれが、感覚の助けによって個々の事物から引き出されるただ一つの普遍的真実を我々が追い求める道筋である。そして、汚れた精神の目を持つ我々は、感覚の助けなしには複雑で経験的な普遍的真実を獲得することはできない。（そのような事例として）感覚が繰り返し二つの知覚対象を知覚する場合が考えられる。これは、一方が他方の原因であるのに、あるいは一方が別の何らかの仕方で他方と関連しているのに、両者に介在する関係を感覚によって知覚できない場合のことである。たとえば、スカモニアを摂取するとそれにともない赤胆汁〔血〕の尿が排出されることをたびたび観察しているのに、スカモニアが赤胆汁を引きつけ、引き出していることを知らない場合、これら二つの可視的な事物をよく観察することによって、第三の不可視の事物、すなわちスカモニアが赤胆汁排出の原因であるということをようやく仮定（estimare）できるだろう。それから、しばしば記憶にとどめられるこの仮定された関係から、そしてこの仮定された関係を生み出した、感覚によって知覚された関係から、理性が目覚めるのである。いったん目覚めた理性は、事態がまさに記憶にとどめられた仮説が想定するような振る舞いをしているかどうか訝（いぶか）しみ、検討し始める。この二つ（すなわち観察と仮説）が理性を実験へと向ける。すなわち、彼は赤胆汁の排出を促す他のあらゆる物質を除外し、制御された

環境下で人にスカモニアを与え摂取させる、というものである。こうして、赤胆汁の排出を促す他のあらゆる物質を除外し、厳密に制御された環境下でスカモニアが何度も与えられると、すべてのスカモニアはそれ自体の力によって赤胆汁の排出を促す、という普遍的結論が、理性によって形成される。これが、知覚情報を用いて実験を行うことで普遍的原理を導く方法である。

出典：Robertus Grosseteste. 1981. *Commentarius in Posteriorum Analyticorum Libros.* Edited by Pietro Rossi. Florence: Leo S. Olschki, 212–15.

さらに詳しく知るために

- Adelard of Bath. 1920. *Natural Questions*. Printed with *Dodi Ve-Nechdi (Uncle & Nephew)*. In *The work of Berachya Hanakdan*, edited and translated by H. Gollancz. Oxford: Oxford University Press.
- Black, Winston. 2016. "The Quadrivium and Natural Sciences." In *The Oxford History of Classical Reception in English Literature, 800–1558*. Vol. 1, edited by Rita Copeland, 77–94. Oxford: Oxford University Press.
- Crombie, Alastair. 1953. *Robert Grosseteste and the Origins of Experimental Science, 1100–1700*. Oxford: Clarendon Press.
- Draper, John William. 1875. *History of the Conflict between Religion and Science*. New York: D. Appleton and Co.〔ジョン・W・ドレイパー『宗教と科学の闘争史』平田寛訳、社会思想社、一九六八年〕
- Finocchiaro, Maurice A. 2009. "Myth 8. That Galileo Was Imprisoned and Tortured for Advocating Copernicanism." In *Galileo Goes to Jail and Other Myths about Science and Religion*, edited by Ronald L. Numbers, 68–78. Cambridge, MA: Harvard University Press.
- Freeman, Charles. 2003. *The Closing of the Western Mind. The Rise of Faith and the Fall of Reason*. New York: Alfred A. Knopf.

- Gibbon, Edward. 1871. *The History of the Decline and Fall of the Roman Empire.* London: Bell and Daldy.〔エドワード・ギボン『ローマ帝国衰亡史』中野好夫、朱牟田夏雄、中野好之訳、全一一巻、筑摩書房、一九七六〜一九九三年〕
- Gitlin, Marty. 2016. *The Totally Gross History of Medieval Europe.* New York: Rosen Publishing Group.
- Hannam, James. 2011. *The Genesis of Science: How the Christian Middle Ages Launched the Scientific Revolution.* Washington, DC: Regnery Publishing.
- Higgit, Rebekah. 2014. "Cosmos and Giordano Bruno: The Problem with Scientific Heroes." *Guardian*, March 14, 2014. https://www.theguardian.com/science/the-h-word/2014/mar/14/cosmos-history-science-giordano-bruno-danger-heroes
- Lewis, Neil. 2013. "Robert Grosseteste." In *Stanford Encyclopedia of Philosophy*, edited by Edward N. Zalta. Summer 2013 ed. https://plato.stanford.edu/archives/sum2013/entries/grosseteste/
- Lindberg, David C. 2007. *The Beginnings of Western Science: The European Scientific Tradition in Philosophical, Religious, and Institutional Context, Prehistory to A.D. 1450.* 2d ed. Chicago: University of Chicago Press.
- Lindberg, David C. 2009. "Myth 1. That the Rise of Christianity Was Responsible for the Demise of Ancient Science." In *Galileo Goes to Jail and Other Myths about Science and Religion*, edited by Ronald L. Numbers, 8-18. Cambridge, MA: Harvard University Press.
- Tertullian. 1885. *Prescription against Heretics.* In *Anti-Nicene Fathers.* edited by Alexander Roberts, James Donaldson, and A. Cleveland Coxe. Vol. 3. Buffalo, NY: Christian Literature Publishing Company. http://www.newadvent.org/fathers/0311.htm
- White, Andrew Dickson. 1896. *A History of the Warfare of Science with Theology in Christendom.* 2 vols. New York: D. Appleton and Co.〔ホワイト『科学と宗教との闘争』森島恒雄訳、岩波書店、一九三九年は同書のもとになった講演「科学の戦場」一八六九年の翻訳〕
- Whitfield, Peter. 1999. *Landmarks in Western Science: From Prehistory to the Atomic Age.* London: British Library.
- エドワード・グラント『中世における科学の基礎づけ　その宗教的、制度的、知的背景』小林剛訳、知泉書館、二〇〇七年
- A・E・マクグラス『科学と宗教』稲垣久和、倉沢正則、小林高徳訳、教文館、二〇〇九年
- D・C・リンドバーグ、R・L・ナンバーズ編『神と自然　歴史における科学とキリスト教』渡辺正雄監訳、みすず書房、一九九四年
- 中園嘉巳「J・W・ドレイパーと宗教と科学の闘争史」、『青山スタンダード論集』第五号、二〇一〇年、一四一〜一五〇頁

第7章

一二一二年、何千人もの子どもたちが十字軍遠征に出立し、そして死んだ

人々が起きたと思っていること

子ども十字軍〔少年十字軍〕の物語は、中世と近代を隔てる本質的な、かつ痛ましい相違を示す一例としてよく引き合いに出される。この事件で際立つのは、当時横行していた野蛮な暴力であり、カトリック教会の腐敗であり、薄情な中世の親たちであり、そしてかの有名な軍事事業〔十字軍〕が実際にはいかに無秩序だったか、ということだ。そうでなければ、こんな発想をどう説明したらよいというのか？　すなわち、宗教上果たすべき義務を子どもの命の上位におく教会による、子どもを十字軍遠征に従事させ、無惨にも異国の地で果てるに任せよう、などという発想を。ことの不条理と痛ましさをまえに、十九世紀のある一般向け歴史書はこう記している。「あたかも教会が悪意をもって五千人もの子どもたちをかき集め、逆巻く波をなだめようと、断崖から荒れ狂う海めがけ、無慈悲にも突き落としたかのごとくである」（Boyd 1892, 317）。

子ども十字軍を取り上げた中世および近代以降の記述によれば、およそ二万（別の記録では五万とも一〇万とも）の子どもたちが、一二一二年、十字軍として聖地に赴き異教徒からキリスト教世界を救うよう霊感を受けた。これに先立つ一一八七年には、エジプトのスルタン〔イスラーム教国の君主〕であるサラディンがエルサレムをキリスト教徒の十字軍の手から奪い返していた。イングランドのリチャード〔一世〕獅子心王とフランス王フィリップ二世率いる第三回十字軍（一一八九〜一一九二年）も同市の奪還には至らず、さらに第四回十字軍（一二〇二〜一二〇四年）はエルサレムにたどり着かないどころか、キリスト教世界に属するコンスタンティノープルを征服してしまった。かくしてヨーロッパの騎士も国王

も失敗したが、ひょっとしたら子どもたちなら果たせるのではないか。

今に伝わる物語のなかには、彼ら十字軍士たる子どもたちは、エルサレム奪還について直接霊感を受けたというものもある。悪意に満ち捨て鉢になった教会の聖職者にたぶらかされたとするものもある。幼き十字軍士たちの先頭には、二人のカリスマ子ども預言者の姿があった。フランスでは一二歳になるクロワ〔・シュル・ル・ロワール〕のエティエンヌ、神聖ローマ帝国たるドイツの地では一〇歳だったケルンのニコラウスである。フランスの子どもたちはマルセイユに至り、聖地に向かう船を雇ったがその後の消息は知れない。噂の伝えるところでは、船の難破でほとんど溺れ死に、生き残りもエジプトで奴隷に売られたという。ドイツの子どもたちの大半は、ヨーロッパを出ずに終わった。教皇による承認も、現地に赴くための船も手に入らなかったからである。アルプス越えの途中で脱落する子もいれば、イタリアにとどまる子もいたが、大多数は、大人になったら戻ってこい、と（ばつが悪そうに）さとす教皇の言に従って故郷に帰った。

一般に流布した物語（ストーリー）

ここまで、多くの中世にまつわるフィクション（虚構）が近代に創作された次第を見てきた。子ども十字軍の場合、一二一二年の直後から、人の口の端（は）に上るようになった。であれば、少年十字軍は事実であったと思いたくなるかもしれない。だが、中世史料を繙（ひもと）けば、史料の語るところはひどく食い違っていると気づく。この出来事がなぜ起こったのか、誰がそれを言い出し、どんな人間がこの

「十字軍」に加わったのか、参加者たちは一体どうなったのか、史料は一致していない。以下「一次史料」として、十三世紀の歴史書や年代記からの抜粋八点を掲載したが、それらを含め当時のラテン語史料は五六点知られている（Dickson 2008, 9-14)。史料はおおむね、「少年たち pueri」あるいは「子どもたち infantes」が群れ集まったことを、冷淡かつ批判的な調子で描いている。こんなものは本当の十字軍ではない、「異端」だ、「狂人ども」の所業だ、いや「悪魔の企み」だ、と。「少年たち」の年齢が明記されることはめったにないが、少年たちは親を残して出ていった、とか、出発させまいとする親に監禁された、といった話を多くの年代記が強調している以上、彼らがたいへんに幼かったことはわかる。「一次史料」に引いたクレモナのシカルドによれば、この十字軍のリーダーは一二歳だったらしい。

中世の著述家たちはみな、この「十字軍」にまつわるぎょっとするような側面を強調し、企てがいかに不適切で無益だったかと述べる。子どもたちのリーダーは飾り立てた馬車を乗りまわし、裸の女たちが時を同じくして街々を練り歩いたとか、子どもたちは人を惑わせる幻視を見たとか、陸を歩くがごとく地中海を歩いて渡れると思っていたとか、飢餓が広がったときには母親が子どもを食したとか、そういった話が引き合いに出されるのである。しかしどの中世の史料にあたっても、子ども十字軍に不可欠な要素（本章冒頭に記したような要素）を一括して示すものはない。フランスとドイツで独立に子どもたちの集団が生まれ、悪意に満ち捨て鉢になった教会にそそのかされ、最後は難破で溺れ死ぬか奴隷に売られる。こうしたひとまとまりの筋書きを示す史料は見あたらないのである。

今述べたようなまとまりある子ども十字軍の物語は、二十世紀を通じて知られるようになった。これも近代の著述家による発明だったのだ。ジョージ・ザブリスキ・グレイ師がその人で、マサチューセッツ州ケンブリッジで神学教授をしていた彼は、一八七〇年に『子ども十字軍　十三世紀のあるエ

ピソード』を出版した。グレイは、あらん限りの中世史料の記述を継ぎはぎし、自身の想像・創作もふんだんに織り交ぜた。でき上がった長大かつ詳細な叙述は、近代の読者に大いに訴えるものがあった。グレイの本は十九世紀末から二十世紀にかけて広く読まれ、一九七二年には批判も校訂も加えずに再版されている。じつはグレイは一次史料を深く読み込んでおり、当時のアマチュア歴史家には珍しかったし、困難なことでもあったろう。しかし、一次史料を文字通り、つまり出来事を忠実に伝えるものと受け取ってしまった。グレイが紡ぎ出す子ども十字軍の長大で悲劇的な物語は、十指に余る中世史料の記述を典拠としているが、結論（「一次史料」参照）は完全に彼独自のものである。彼に従えば、子ども十字軍は突発的な熱狂から生じた事件ではなく、教皇インノケンティウス三世が企画し、配下の悪辣な聖職者や修道士たちがこれを実行に移した。こうした見方は中世の史料にはいっさい現れず、ひとえに米国聖公会の聖職者グレイが抱いていた反カトリック・反教皇的な姿勢の産物である。続く著述家たちはグレイの議論をより簡素化・単純化していく。ジェイムズ・P・ボイドの一八九二年の著書『十字軍の物語』がその好例で、フランスの芸術家ギュスターヴ・ドレの既発表の版画を挿絵として掲載した（「一次史料」参照）。

グレイはしかし、決して孤立していたわけではない。子ども十字軍は実在した、という信念がしぶとく生き残った大きな理由の一つは、明らかに、二十世紀が生んだもっとも偉大な十字軍史家のひとりスティーヴン・ランシマン卿（一九〇三～二〇〇〇年）が、まごうかたなき事実と認定したことによる。ランシマンは記念碑的な三巻本『十字軍の歴史』のなかで、五頁を割いて子ども十字軍を論じたが（Runciman 1951–1954, 3:139–44）、著作は今日なお版を重ね、学術書の文献目録にも登場する。ランシマンは「ヒステリー傾向を持つ」羊飼いの少年クロワのエティエンヌと、ドイツの少年ニコラウスはともに実在の人物である、という立場をとる。彼らこそ、何千人もの子どもたちをエルサレム巡礼へと導い

たのだ。当の箇所でランシマンが引用している中世史料はわずか一点。自分で脚注に挙げた近代以降の研究成果も、実際には読んでいなかったらしい（Dickson 2008, 188–89）。子ども十字軍の物語は、事実であれフィクションであれ、ランシマンにとってきわめて都合がよかった。ランシマンは十字軍の時代全般を激越に糾弾するが、「子ども十字軍」こそはその証拠だった。「十字軍運動は悲劇的で破壊的な出来事だった。〔……〕聖戦自体、神の名をかたって繰り返された不寛容の行為にほかならず、それこそ聖霊に対する罪であったのだ」（Runciman 1951–1954, 3:480）。

ドレが描き、グレイやランシマンが記述したような子ども十字軍は、過去半世紀、文学や映画の主題になってきた。カート・ヴォネガットは子ども十字軍の通俗的な知識に基づいて、小説『スローターハウス5』（一九六九年）に「あるいは子ども十字軍」と副題を付けた。小説の主人公ビリー・ピルグリムは、武装した巡礼者だった中世の十字軍を反転させた存在で、戦うことを断固として拒絶しながら宇宙のなかでなんとか人生の意味を見出そうとする。一九八七年公開の映画『ライオンハート』（フランクリン・シャフナー監督）は子ども十字軍に新たな衣裳をまとわせた。子どもたちが登場する点と、奴隷に売られる話こそそのままだが、舞台はイングランドのリチャード獅子心王（ライオンハート）率いる第三回十字軍の時代（一一八九～一一九二年）に移されている。エリック・ストルツ演じる流謫（るたく）の騎士（若いが、明らかに大人）が、孤児たちの一団を奴隷にしようとする邪悪な「王子」からこれを守る、という筋書きで、騎士は結局子どもたちを第三回十字軍に連れていくことになる。

案の定、中世を扱う最近の子ども向けの本もまたランシマンやグレイによる物語の焼き直しである。絵入りの本『もしも騎士に出会ったら？』には、十字軍のしるしである赤い十字を縫い込んだ服を着て、木の十字架を掲げた幼い男の子の印象的な絵が載っている。著者はクロワのエティエンヌとケルンのニコラウスを実在の人物として描き、子ども十字軍の新たなディテールを捏造（ねつぞう）している。「子ど

もたちのほとんどは、地中海にたどり着くまえに病気で亡くなった」（Adkins 2006, 29）というのだ。近年の子ども向け十字軍の歴史本はこれとは別の（やはり根拠のない）説を掲げている。曰く、五万人の子どもたちがこの運動に参加したが、その大半が船の難破で死ぬかアフリカのイスラーム教徒に奴隷として売られた、という（Cartlidge 2002, 29）。二〇〇五年出版の児童向け小説『騎士と騎士道』ではクロワのエティエンヌのみ描かれるが、子どもたちが奴隷に売られたという点がやはり強調されている（Elgin 2005, 22）。書籍の狙いは、読者である現代の子どもにショックを与え、大人が計画した運動のために——現代人の理解を超えることだが——死んだり奴隷に売られてしまった中世の子どもたちへの同情をかき立てることにある。こういった本でも、ジョージ・ザブリスキ・グレイに遡る主題は控え目にであれ残っており、子どもたちが死ぬに任せ、場合によってはそれを奨励さえしたカトリック教会が糾弾されている。

通例語られる子ども十字軍の物語に含まれる要素は、中世の史料にあたれば見つかる。史料とは、主として各地の歴史書や年代記であって、ほとんどの場合、修道士が残した当時の出来事の記録である。

一次史料

❖子ども十字軍に関わる中世の年代記（十三世紀）

以下に掲載する八つの抜粋は、すべて十三世紀に修道士か聖職者が著した歴史年代記から採った。注目してほしいのは、著者によって異なる「十字軍」が語られている点、そして十字軍士たちの年齢や目的、計画、その末路が一致しない点である。書き手自身がこれら「巡礼者」――それが実際にはどういう人々だったにせよ――から遠ければ遠いほど、物語はより練り上げられたものになっている。イングランドのセント・オールバンズ修道院の修道士マシュー・パリス（一二〇〇～一二五九年）は、この「十字軍」が起こったときにはまだ子どもでしかなかったため、直接それに接したはずがない。ところが彼こそが、十字軍の子どもたちが悪辣で、その目的も見当違いであったと、誰よりも詳しく語っているのである。マシュー・パリスの記述と、同時代の目撃者である俗人年代記作家オジェリオ・パーネの『ジェノヴァ年代記』を比べてみてほしい。オジェリオによると、一団を率いていたのはたしかに少年だったが、集団は大人の男女と、少年、少女からなっていた。しかし、その目的や行き先についてはほぼ沈黙している（Dickson 2008, 108–11）。

マシュー・パリス『大歴史』

同じ年（一二一三年）の続く夏のこと、かつて聞いたこともないような異端がフランスで現れた。人間の敵（悪魔）にそそのかされたある少年――少年といってもそれは年齢上のことでその生き方はい

とも下劣だった――が、フランス王国の街から街へと経めぐって、あたかも主から遣わされたかのようにフランス語の韻律でこう歌ったのだ。「主イエス・キリストよ、我らに聖なる十字架を戻したまえ」。ほかにもさまざまなことが歌われた。同年代の少年たちが彼のことを見たり聞いたりするや、数え切れない人数が彼に付き従った。彼らは悪魔の奸計（かんけい）によって分別を失い、父を、母を、乳母を、友をみな残して、指導者たる少年と同じように歌い歩いた。言うも不思議なのだが、ドアに閂（かんぬき）をしたところで押しとどめることあたわず、両親が説得したところで引き返させることも叶わず、彼らは先述の指導者に従って地中海を目指した。地中海を渡るつもりだったのだ。道すがら、整然と行列をなし、隊列を組んで歌いながら行進した。というのも、いまや彼らの人数が多すぎて、いかなる都市にも収まらなかったのだ。指導者は布で飾り立てた馬車に乗り、取り巻く護衛たちは彼のことを大声で喧伝し、武器も帯びていた。しかし、あまりに人数が増えすぎて、群れ固まるなかで肩がぶつかり合うほどだった。それというのも、指導者の服の糸や抜けた髪の毛を取ってくることができれば、その者も聖なる存在になれると言われていたからだった。しかし挙げ句には、いにしえよりのペテン師であるサタナス（サタン）の計らいゆえに、陸でか海でかみな死に絶えた。

シュターデのアルベルトによる年代記

狂気の少年たちの集まり――その頃、少年たちが、指導者もリーダーも戴かず、あらゆる国の街から街へ、情熱的な足取りで海の彼方の地を目指して駆けていった。どこへ向かっているのか、と問われれば、彼らはこう答えた。エルサレムへ、聖地を取り戻すために。多くの場合、両親が彼らを幽閉したが、それも無駄だった。留め具や壁を打ち破って逃げ出してしまったのだ。教皇はその知らせを聞くと、うめくように述べた。「かの少年らは我らを咎（とが）めているのだ。自分たちは聖地奪回へと駆け

ているのに、お前たちは寝ているではないかと」。彼らがその後どうなったかは、今日に至るまで知られていない。しかし多くの者は帰郷した。そうした者に、あの遠征は何のためだったのかと尋ねると、わからないと答えた。同じ頃、裸の女たちもまた、何も語ることなく街々を通り過ぎていった。

ボーヴェのヴァンサン『歴史の鑑』

上述の年にはまた、幼い少年たちがざっと二万ばかり、十字のしるしを帯びて群れをなしてあちこちの海港、なかでもマルセイユやブリンディジに到来したが、飢えて、また身ぐるみはがれて帰っていった。伝えられているところでは、山の老人なる者がいて、この者はアルサキダたち〔本来は古代ペルシアの王朝〔アルサケス朝〕の名だが、ここでは誤ってアサシン派〔暗殺教団〕と呼ばれるイスラーム教徒の一派を指している〕を幼少時から育てていた。彼は海のこちら側〔ヨーロッパ〕から来た聖職者を二人、牢獄に捕えていた。そしてこの者たちに対し、フランス王国から少年を何人か連れてくると固く約束しない限り決して自由の身にはしない、と伝えていた。そのため、この二人がした幻視についての作り話と約束で、前述の少年たちは十字のしるしを身にまとうようそそのかされた、と考えられている。

オジェリオ・パーネ『ジェノヴァ年代記』一二一二年

しかし八月の土曜日、九月の朔日(さくじつ)より数えて八日前〔八月二四日〕に、あるドイツ人の少年ニコラウスが巡礼目的でジェノヴァの街に入った。彼とともに非常に多くの巡礼者が、十字架や巡礼杖や巾着を携えて街に入った。ある誠実な人の目撃談ではその数は七千以上にもなり、男も女も、少年も少女もいた。そして翌日曜日に街を出ていった。だが多くの男や女、それに比する数の少年少女はジェノヴァに残った。

クレモナのシカルドによる年代記

同じ年、つまり一二一二年、幻視を見たと主張して十字のしるしをまとった、歳はおそらく一二歳の少年たちに率いられて、数え切れないほど大勢の貧しい人々が、男も女も、少年たちもケルン地方に現れた。彼らはドイツを巡礼して回り、十字のしるしをまとっていた。そしてイタリアに着き、心一つにまた声一つにこう言い張った。干上がった海を渡り、神のお力で聖地を取り戻すのだ、と。しかし最後には、すべてが跡形もなく消え失せた。同じ年には飢饉がアプーリアやシチリアでひときわ酷く、母親が子どもを食するほどであった。

リエージュのランベールによる年代記

子どもたちの驚くべき運動が、ローマやドイツの王国で起こった。彼らの大半は羊飼いだったが、男も女もいた。そして、行くことを父や母に許されなかった者は、大いにむせび泣いた。我々には、これは魔術のなせる業であったように思える。なぜなら、この労苦は何の結果も生まなかったからだ。しまいに彼らは四散し、その旅は何一つもたらさなかった。それでも彼らが意図していたのは、海を渡り、そして――これは実力者たちも国王たちもなしえなかったことだが――キリストの墓を取り戻すことだった。しかしこの企ては神に由来するものではなかった。そのため何の成果も得られなかった。

ザンクト・パンタレオン（ケルン）のゴットフリートによる年代記

それと同じ年、フランスとドイツ全土でさまざまな年齢、地位の少年たちが、十字のしるしをまと

って、次のように主張した。聖地を救うためエルサレムを目指すよう、神に命じられたのだ、と。彼らの例にならい、数多くの若者や女たちが十字のしるしを付けて、彼らについていくことにした。しかし彼らのなかには邪（よこしま）な連中も混じっていて、彼らが携行し、また信徒たちから日々受け取っていた物品を、悪辣（あくらつ）かつ密（ひそ）かに盗み出して、こっそりと姿をくらました。彼らの一人はケルンで捕えられ、絞首台で生涯を終えた。他の多くの者も森や荒地で、暑さや飢え、渇きゆえに命を落とした。アルプスを越えた者たちもあったが、イタリアに入るや否や、ロンバルディア人に身ぐるみはがれ追い返され、恥辱にまみれて帰路についた。

サン・メダール（ソワソン）の年代記

一二〇九年。数え切れないほど大勢の子どもたち、少年たちがガリア〔フランス〕の地方、街々、城々、町々、村々、牧場から、両親の許しも同意もなく旅立った。彼らが言うには、聖十字架を求めて海を渡ることを決意したという。しかし、何も成し遂げることはできなかった。事実、彼らはみなさまざまな経緯で破滅するか、死ぬか、引き返したのである。人々が述べ、また間違いないと主張する話によると、このような驚異が起こるまえ、十年おきに魚、蛙、蝶、鳥が、種ごとに、また各季節に同じような仕方で旅立ったという。そのときにはあまりに多くの魚が獲れたので、みな驚異におののいた。また何人かの老いさらばえた者たちが確かなこととして語るには、ガリア各地から無数の犬が、シャンパーニュ地方のモンシメルという街に集まった。そして犬たちは二つの陣営に分かれて互いに激しく闘い、ほとんどすべてが殺し合って命を落とし、帰還したのはごくわずかだった。

出典：Heckers, J. F. C. 1859. *The Epidemics of the Middle Ages*. Translated B. G. Babington. 3d. ed. London, 354–59.

❖ジョージ・ザブリスキ・グレイが創出した子ども十字軍にまつわる近代の神話（一八七〇年）

ジョージ・ザブリスキ・グレイ（一八三八〜一八八九年）は米国聖公会の牧師としてニューヨークとニュージャージーで務めたあと、マサチューセッツ州ケンブリッジの聖公会神学校の校長になった。今でも彼の名は、何より一八七二年刊の著書『子ども十字軍　十三世紀のあるエピソード』で知られる。いわゆる子ども十字軍についてこの本が作り出したイメージは、人気という点でいまだ他の追随を許さない。以下の抜粋は本書の結び近くから採ったが、ここでグレイは斬新だが根拠の薄い説をでっち上げている。子ども十字軍は悪辣な教皇インノケンティウス三世が引き起こしたか、あるいは少なくともけしかけたものだった、というのである。

以上、その運動について発端から悲劇的な結末までをたどった。これは変転に満ちた世界史でも類がなく、妄想が支配する時代においてもっとも凶悪な妄想である。その数六万にもおよぼうという家族が、悲しみに突き落とされるか、子どもに先立たれることになった。常軌を逸したその顚末（てんまつ）で、およそ一〇万人の子どもたちが苦難、あるいは死へと追いやられた。一〇万人のうち少なくとも三分の一は、歌と旗によって誘い込まれた場所からついぞ戻ることがなかった。三つの軍勢の道すがら、行く先々の川の岸辺、あらゆる谷で、彼らは果てたのだった。それが遠く海を求める最中であることも、疲れ果てた家路の途上であることもあった。さらに、すでに見たように、ピサ、ブリンディジ、マルセイユから船出したものの、難破して、あるいは奴隷に身を落として命を落とす者もあった。

そしてもっとも驚くべきことは、これらすべての出来事がきわめて短いあいだに起こったということだ。クロワ近郊で羊を追っていたエティエンヌが召命を受けてから、遠く離れたバグダードで劇的な殉教を遂げるまで、わずか八ヶ月も要しなかった。このようなごく短期間のうちに、子どもたちの

命は激烈に脈打ち、そして途絶えたのだ。彼らの業は成し遂げられた。すべてがかくも急速に展開したとは、にわかには信じがたい。だが、これはいくつもの権威による明確な主張に基づいている。

この冷酷な妄想は、疑いなくローマの手先の仕業であった。ヨーロッパにふたたび十字軍への関心を喚起したくもその望みが薄いと見た彼らは、一計を案じた。もはや大人たちには見透かされている手練手管で、今度は子どもたちに運動を起こさせ、それによって望んだ結果が得られると踏んだのだ。その企みはおそらく当初の思惑以上の成功を収め、湧き上がった精神はもはや彼らの手にさえ負えないものとなった。教皇は、といえば、かかるペテンに対してなんら非難の言葉もなく、事態の進展をまえにいかなる禁令も出さず、犠牲者たちに同情の涙を流すこともない。教皇は、温かな情動に気持ちが揺れるような男ではなかった。彼はこれが、自身の大いなる野望を援護してくれると見た。彼は残酷にも、子どもたちは成長した暁にもう一度パレスティナを奪還すべく出立しなければならない、一度立てた〔十字軍遠征の〕誓いを果たさねばならない、と宣言した。こういった振る舞いとよく符合するのが、教皇が新たな十字軍を勧請せんとしたおりに発したと伝わる次の言葉である。「この少年らを見て、我らは恥を知るべきである。なんとなれば、少年らが聖地の奪還へと急ぐそのとき、我らは惰眠を貪っていたのだから」。つまるところ、この破滅的かつ妄想的な企てから、大人たちに訴えかけるための理屈を引き出したのだ。この男は、自らインノケンティウス〔「無垢な人」を意味する〕と名乗っていた。元の名は、セーニョ伯ロタリオといった。

出典：Gray, George Zabriskie. 1872. The Children's crusade: An Episode of the Thirteenth Century. New York: Hurd and Houghton, 220–22.

❖ジェイムズ・P・ボイド『十字軍の物語』（一八九二年）

ジェイムズ・P・ボイドが一八九二年に出版した『十字軍の物語』には、ギュスターヴ・ドレが一八七七年刊のとある本のために制作していた版画の数々を、丸々一〇〇頁にもわたり挿絵として掲載した。本書における子ども十字軍の説明は、ジョージ・ザブリスキ・グレイのそれ（前掲）を大衆向けに簡略化したものである。

この勝利（スペインのラス・ナバス・デ・トロサの戦い、一二一二年）に勇気を得た教皇座は、イエス・キリストの王国を防衛する戦いに志願せよ、とふたたび信徒たちに呼びかけはじめた。だがそれでも、ヨーロッパはエルサレムからの嘆願に耳を貸さない。西方の諸国民の無関心ぶりに、教皇は絶望して落涙したという。実際、教皇は自ら熱望する目標のため、国王、バロン、戦士たちをけしかけるのには失敗した。しかしそれでも、彼の影響力は一つの成果をもたらした。それは、この時代ならではの人々の信じやすさを刺激するもので、驚異に満ちたこの時代でなかったら実現しなかったであろう。愚かな熱意に目が曇り、それでいて幼く弱い想像力の持ち主には力を行使しうると信じて疑わない教会人たちは、フランス、ドイツをめぐって子どもたちに説いた。イエスの名のもとに、そしてイエスのために、十字軍へと出発せよ、と。彼らの言葉は子どもたちの感情に大いに訴えかけるところがあった。かくして、ヨーロッパは五千人もの幼い狂信者という、嘆かわしい光景を目の当たりにすることになった。子どもたちは親の権威など意に介さず、村々や街々で寄り集まり、教会の象徴を身につけ歌う。「主イエスよ、我らに真の十字架を戻したまえ」。どこへ行くのかと問われれば、こう答えた。「エルサレムへ、救い主の聖墳墓を救い出すため」。のぼせ上がった彼らの狂気と危険を非難する声も聞かれたが、信徒の多くは別の見方をしているふうに装った。つまり、この企ては天からの霊感であり、イエス・キリストがその神的力を示して、大人である指導者たち、戦士たちを一喝し、彼らの傲慢と

無関心を咎めるべく、その大義を純真で尻込みしがちな幼い子どもたちに託したのである、と。……

かかる狂信の炸裂が行きつく先は——実際それはすぐに結果として現れたのだが——まさに災厄だった。若々しく、しかし欺かれた熱狂者の群れは、無防備にも邪悪な男女たちの毒牙にかかった。こういった輩は、深く共感した見物人や腹黒い煽動者たちが度を越して子どもたちに与えた金や贈物を、子どもたちの純真さにつけ込み巻き上げたのである。それでもなお、一行は流れ流れてアルプスを越え、イタリアの港町を目指した。そこから、その尋常ならざる企てに漕ぎ出そうとしたのだ。フランスを発った別の集団は、マルセイユへと向かった。教会の指導者たちのおかげで、彼らは海の旅さえ恐ろしくなかった。実際、聖職者たちはこう断言した。啓示が奇跡によって示されるだろう。今年（一二一二年）、海は干上がり、シリアへと楽々渡れる道が地中海の底に開かれる、と。海を求めての道すがら、夢に浮かされた無垢なる者たちの多くは森のなか、山の奥深くで道を見失い、飢え、雨風に晒され、疲れ果て、獣に襲われ、落命した。多くの者は苦難に直面してようやく妄想から目を覚まし、家に戻った。そして恥入りながら自分が反抗的であったと認め、その無分別を悔いた。船出した者たちはといえば、海上で遭難することもあれば、早々に自分たちが征服するつもりだった敵の餌食になることもあった。幾ばくかの者はなんとか聖地に至ったが、その姿を目の当たりにして恐れおののいたのはむしろ東方のキリスト教徒たちであって、イスラーム教徒ではなかったに違いない。宗教指導者たちの非人道的な熱情のせいで無防備のまま差し出された彼ら無力な捕虜たちを、イスラーム教徒はただ嬉々として迎えるばかりだっただろう。それに対して、東方のキリスト教徒は狼狽したはずだ。かくも無力で無垢な者たちが流浪へと、死へと追いやられるのを許し、けしかけるような法が、制度が、人々が存在しようとは。あたかも教会が悪意をもって五千人もの子どもたちをかき集め、逆巻く波をなだめようと、断崖から荒れ狂う海めがけ無慈悲にも突き落としたかのごとくである。しかし、

この時代のヨーロッパの精神はかくのごときであった。ヨーロッパの無垢な子どもたちを避けがたい破滅に追いやるという狂気に、待ったをかけんと立ちはだかるようないかなる権威も存在しなかった。フランスの、そしてドイツの若さという花、時代の慰めが、残酷かつ無益な死によって消え絶えたと知った教皇はといえば、その冷徹なる真意を開陳した、とは言わぬまでも、衝撃的なほど無頓着な反応を示した。「かの子どもたちは、我らを叱責しているのである。なぜなら、彼らが聖地の救援へと駆けていくとき、我らは惰眠を貪っていたのだから」。いとも屈強な武装騎士たちや勇敢な戦士たちさえ、強力な敵をまえにいささかも前進しえなかったまさにその地において、彼ら子どもたちがキリスト教世界の大義をどのように支えうるか。その問題はまさしく、教会の想像力という隠された作用に委ねられねばならなかった。

出典：Boyd, James P. 1892. *Story of the Crusades*. Philadelphia: P. W. Ziegler and Co., 315, 317.

❖ギュスターヴ・ドレ「子ども十字軍」（一八七七年）

ギュスターヴ・ドレ（一八三二～一八八三年）は十九世紀最大の版画家・挿絵画家の一人で、その作品は今日もなお人気がある。一八七七年、ドレはジャン＝フランソワ・ミショーの『十字軍の歴史』のために豪勢にも百点の挿絵を提供したが、そこには子ども十字軍をドラマティックかつ理想化して描き出したものも含まれていた。これらの版画は、フランス語や英語で書かれたいくつもの十字軍の歴史本にも使われた。ジェイムズ・P・ボイド『十字軍の物語』（前掲）もその一つであった。

出典："The Crusade of Children," Illustrated by Gustave Doré. In *Story of the Crusades*, by James P. Boyd. Philadelphia: P. W. Ziegler and Co., 1892, plate LXII, 316.

実際に起きたこと

本書で取り上げる中世のフィクションはここまで、実際に起こった出来事や中世文化を誇張したり歪曲することとでき上がっていた。ところがこれらと違い、述べてきた子ども十字軍は、現実にはついぞ起こらなかった。大勢の子ども（当時の理解では一四歳、つまり思春期年齢以下の者を指した）の集団が聖地まで行進し、エルサレムの奪還と対異教徒戦を目的とする十字軍運動に加わった、ということを示す信頼に足る証拠は、一二一二年であれ中世の他のいかなる年代のものであれ存在しない。試みの途上で多くの子どもたちが、陸路にしろ海路にしろ死亡したとか、捕えられて奴隷に売られた、などという証拠も見あたらない。この神話について、十字軍史家トマス・マッデンはこう断言している。「子ども十字軍は、子どもたちの軍隊でもなければ十字軍でもなかった。それは単発の事象ではなく、いくつもの民衆暴動や民衆行列を、包括的に指し示す言葉なのだ」（Madden 2013, 129）。もし子ども十字軍の鍵となる要素――子どもを成員とする現実の十字軍だった、ということ――が事実でないとすれば、悲惨な結末に至った子ども十字軍をいくつもの中世史料が物語ることはどう説明できるのだろうか？

子ども十字軍は、中世人と近代人双方が「あってほしかった」事件の好例なのだ。とはいえ、そう望んだ理由は両者で異なる。中世の人々は、何千もの子どもたちが十字のしるしを付けたという物語に畏敬の念を抱いた。それは神の力を、そしてキリスト教徒がエルサレムを奪回し以後二度と手放すことはないことを、ヨーロッパ人が確信した証左だった。教会にしても、子ども十字軍などというものが実際に生起するより、観念上、空想上の事件の方がよほど都合がよかった。裕福な戦士貴族たち

が、その気があれば十字軍遠征だってできそうなものを一向に行動に移さない、ということが増えていくなか、連中を恥じ入らせるのにこの話は便利だったのだ。他方、近代人にとっては、子ども十字軍はカトリックの支配する中世ならではの悪と目されるもの、つまり野蛮、蒙昧、残酷の象徴だった。近代の書き手は、この無慈悲な出来事を題材に、中世のカトリック聖職者とイスラーム教徒の両方を非難できた（啓蒙主義時代以来、この双方がしばしば攻撃の的になっていた）。そもそも子どもたちを送り出したのは教会だったし、無防備な子どもたちを奴隷にしたのはイスラーム教徒だ、ということになっていたのだから。

子ども十字軍なるフィクションが執拗に生き延びた背景には、当時も今も一義的に「十字軍」を定義できない、という事情もまた一役買っている。現在では、十字軍とはまずもって中世の中近東に勃発したキリスト教徒とイスラーム教徒のあいだの大規模な戦争であり、この戦いに身を投じた職業戦士を十字軍士と呼ぶ、というのが一般的な理解である。この定義がうまくあてはまる中世の十字軍士ももちろんいる。その一方で、十字軍の一団のなかには非武装の巡礼者もいれば、戦士たちの召使や妻たちの姿もあった。はたまた、エルサレムとはてんで違う場所、つまりイスラーム教徒支配下のスペインや異教徒の地であるリトアニアに向かった人々もまた十字軍士だったし、イスラーム教徒でなくとも教会の敵であれば十字軍のターゲットにされた。アルビジョワ十字軍や第四回十字軍がそうであったように、敵がキリスト教徒である場合さえあった。そうしたことから、「十字軍」の意味合いの広げ方次第では、十三世紀に子ども十字軍が存在したのだとしてもあながち誤りとはいえない。

それがどこまで妥当か、という判断を下すには、一二一二年という年に実際何が起こったのかを明らかにせねばならない。一二一二年の段階で、ヨーロッパのキリスト教徒戦士が今でいう「十字軍」を戦うようになってはや一世紀以上が過ぎていた。この時代、イスラーム教徒とその他教会の敵と宣

言された勢力に対する十字軍は、ヨーロッパ文化という建造物に欠かせない一部分になっていた。歴史家によれば、一二一二年以前には主要な十字軍が四つ挙げられる。一〇九五〜一〇九九年の第一回、一一四七〜一一四九年の第二回、一一八九〜一一九二年の第三回、それから一二〇二〜一二〇四年の第四回である。こうしたわかりやすい整理はしかし近代にできたもので、十二世紀のヨーロッパの人々は機会があればその都度十字軍宣誓をして、エルサレムを目指したり、どこであれイスラーム教徒がいそうな場所に行って戦おうとしたりしたのである。

十字軍が大きな転換点を迎えたのは教皇インノケンティウス三世の時代（在位一一九八〜一二一六年）である。一一八七年、イスラーム教徒のスルタンであるサラディンをまえにキリスト教徒がエルサレムを失うという痛恨事があり、さらにはその奪回を狙った第三回十字軍の失敗という事態を受けて、教皇は十字軍運動の方針を大幅に改めざるをえなくなった。インノケンティウスはさまざまな敵に向けて、またさまざまな場所に向けて何度も十字軍を促した。第四回十字軍（一二〇二〜一二〇四年）は、イスラーム教徒と戦ってエルサレムを救うのかと思いきや、ビザンツのギリシア正教徒を殺戮してコンスタンティノープル市を占領するという結果に終わった。南フランスでのアルビジョワ十字軍（一二〇九〜一二二九年）は、カタリ派として知られる異端キリスト教徒たちの根絶を狙ったものだった。ヨーロッパ内の教皇の政敵たちにも、もっと小規模な「十字軍」が向けられた。さらにインノケンティウスはエジプトに向けた第五回十字軍（一二一七〜一二二一年）を企画したが、その実現を目にすることなく世を去った。

こうして十字軍の定義は劇的に変化し、教皇の承認を受けた十字軍士たちはヨーロッパ、北アフリカ、中近東にその戦線を広げた。そうであってみれば、十字軍戦争のための訓練を特段受けていないような個人やグループが、エルサレム巡礼を志すようになったとしても不思議はない。これこそ、一

二一二年に実際に起こったであろう出来事の背景である。この年に遠征ないし巡礼が何の前触れもなく始まった、というのは、非常に多くの年代記が記録している以上、まったくのフィクションであったとは思えない。しかしながら本章が問題にしているのは、単に当時民衆による巡礼や十字軍に対する批判があった、という話ではなくて、巡礼者とそのリーダーたちがそろって幼い子どもであり、その「十字軍」の途上で死や恐ろしい苦しみに見舞われた、という物語である。ジョージ・ザブリスキ・グレイやスティーヴン・ランシマンよりももっと綿密に十三世紀の史料を読むと、巡礼者たちの年齢も、彼らの旅の末路もどちらも疑わしく思えてくる。

この「十字軍」の記述でもっとも古いものは、逸名作者による『マールバッハ年代記』である。〔アルザス地方の〕マールバッハにあるアウグスティヌス律修参事会の修道士であった作者は、一二一二年頃に大規模だが組織的とはいえない巡礼運動がドイツおよびフランスで湧き起こったことを記録している（「一次史料」参照）。集団のなかには大人もいれば子どもも、男もいれば女もいて、たいそう年老いた者さえいた。だが子どもがリーダーだったとも、子どもたちがことのほか多かったともほのめかしてはいない。聖職者たち、そして教皇庁はこの運動を（グレイやその他が主張したように）励ますどころか、大いに困惑して巡礼者たちに家に帰れと命じた。教会の指導者たちは、子どもと高齢者の十字軍宣誓を取り消した。彼らがエルサレム行きにも、いかなる十字軍にも適さないと思ったからだ。ここには子どもが奴隷に売られたり、海難で死んだといった話は皆無である。ただ、巡礼者のなかでも若い女性は、帰りの道すがら強姦の被害に遭うこともあったという。事実だとすれば、これは悲劇だろう。だからといって、子ども十字軍について通例語られる筋書きを補強するものではまったくない。

もう一人の年代記作者、ウォラギネのヤコブスは、十三世紀もずっと終わりの方になってこの「十字軍」のことを書いたのだが、その信頼性は高いとされている。というのも、彼が記述した出来事の

舞台であるジェノヴァの街で、ヤコブスは大司教の職を務めていたからだ。事実彼は、ドイツからの巡礼のリーダーの名はニコラウス、と明記している。だが、このニコラウスが子どもであったとは一言も書いていない。巡礼者のなかに「子どもさえ」含まれていた、とヤコブスは記しているが、かといって子どもたちがリーダーであったとか、大多数であったということにはならない。マールバッハの年代記作者と同じように、ヤコブスもこの出来事全体に対して一度ならず侮蔑の言葉を浴びせている。彼に言わせれば、それはまったく無駄な行動だった。先に「フィクション」の例として挙げた「一次史料」のなかでさえ、中世の年代記の証言には大きなバラつきが見られた。年齢が特定されていることはきわめてまれで、だからこの「少年たち pueri」が実際は何歳だったのか推測のしようもない。中世には、「少年 puer」の語がティーンエイジャーを意味することもあれば、成人だが未婚の子を指す場合もあった。事情は女性形の puella であっても同じだ。「少年 puer」の語がはたして特定の年齢、人生における特定の段階、さらには社会へ出ていく過程での特定の段階を指すのか否か、という問題は、中世の子どもや、とりわけ子ども十字軍を研究する歴史家が繰り返し論じてきたことだ。だがゲイリー・ディクソンによる子ども十字軍の歴史と神話に関する包括的な研究が示すところでは、史料中に用いられる「少年たち pueri」の語が指し示す対象は、過去八世紀のあいだに次第に低年齢になっていった（Dickson 2008, 33–35）。つまり、十字軍などに行くべきでない若々しい羊飼いたち（これが一番この「十字軍」の実態に近いのだろう）を当初は指していたのが、だんだんと、腐敗した教会が文字通りの子どもを母親の腕から奪い取って餌食にしてしまった、というふうに話がすり替わっていった、というわけだ。運動に参加した本物の子どもがいたことはおそらく事実で、それが当時の人々にとっては相当に印象的だったからこそ記録に残っているのだろう。しかし、十字軍全体が子どもからなっていた、子どもが率いていた、という見方は、後世の捏造なのである。

一次史料

❖『マールバッハ年代記』（一二一二年以降）

いわゆる子どもも十字軍についてのもっとも古い記録は、逸名作者による『マールバッハ年代記』に記されている。この年代記の作者はドイツ〔現フランス〕のマールバッハにあるアウグスティヌス律修参事会の修道士で、一二一二年頃に巡礼者たちが通過していった出来事を次のように記している。

同じ頃、ある無益な遠征が行われた。若く愚かな人々が、いささかの分別もなく、救済のためというより好奇心ゆえに十字のしるしを付けたのだ。男も女も、少年も少女も、未成年者だけでなく大人も、人妻も処女も、財布は空のまま出立し、全アレマニア〔ドイツ〕のみならずガリア〔フランス〕やブルゴーニュの諸地方も通り過ぎていった。親でも友人でも彼らを思いとどまらせることはどうしてもできず、彼らはあらゆる手段を用いてその旅に加わろうとした。どこでも、街でも村でも、仕事道具などそのとき手に持っていたすべてを放り出して、通過していく彼らに加わる者たちがあったほどだ。そしてこうした新奇なものごとを人々は容易に信じ込んでしまうものだから、多くの人は、これが軽薄な心からではなく、神の霊感やある種の敬虔から発したものだと考えた。それゆえ、彼らに費用の援助をしたり、食糧や必要なものを提供した。

聖職者やその他健全な精神を持つ人々はこれに反対し、遠征が無駄で無益だと判断した。しかし、これには俗人たちが激しく反発した。曰く、聖職者たちは不信心であって、彼らが反対しているのは真実と正義のためではなく、じつは妬みと貪欲のゆえである、と。さりとて、理性の均衡と厳密な討議を経ることなく着手した事業というものは、何であれ良い結果をもたらさないものだ。この愚かな群衆は、イタリアの諸地方に到達すると街々のうちに四散し、多くは当地の住民の下僕や女中として抱えられた。他の者は海に辿り着いたと言われているが、船乗りや水夫にそそのかされ、どこか遠い土地へと連れていかれてしまった。さらに残りの者たちはローマに至り、そこで気がついた。後ろ盾に何の権威もなければ、いかなる成果も得られやしないに決まっている、と。ついに、自らの労苦がくだらない、無駄なものだったと理解したのだ。さりとて、十字架の誓い〔十字軍宣誓〕から解放されることは叶わなかった。それが許されたのは、分別ある年頃に達していない少年か、老齢にさいなまれている者だけだった。こうして彼らは、失意と困惑のなか帰路についた。往路は群れをなして隊列を組み、行進の歌を絶やすことなく通り過ぎていった者たちが、復路は一人一人淋しく物静かに、履物もなく腹を空かせて、あらゆる人々から嘲り(あざけ)を受けた。なぜなら幾人もの処女が陵辱され、貞潔の花を散らせたからである。

出典: Marbach Annalist. 1212. Printed in J. F. C. Hecker. In *The Epidemics of the Middle Ages*, translated by B. G. Babington. 3d ed. London, 1859, 357.

❖ウォラギネのヤコブス『ジェノヴァ都市年代記』（一二九〇年頃）

十三世紀も暮れ方の、おそらくは一二九〇年頃、高名な修道士でのちにジェノヴァ大司教となったウォラギネのヤコブス（一二三〇〜一二九八年）は自らの都市の年代記を著した。『ジェノヴァ都市年

代記』である。ヤコブスは、巡礼者ニコラウスなる者がジェノヴァにやってきたことを記すも、この者が子どもだったとは述べていない。巡礼者たちは大半が大人であって、若干の幼い子どもたちが加わっていたにすぎないようだ。『マールバッハ年代記』（前掲）と同様、ヤコブスはこの無分別な巡礼者たちを容赦なく非難しており、彼らは実際には十字軍に行かなかった、としている。

主の一二二二年（おそらく一二一二年の誤りか）八月のこと、ジェノヴァにニコラウスなるドイツ人がやってきた。彼は巡礼の身なりをしており、彼に付き従う巡礼者は、大きい者も小さい者も、そしてなんと幼い子どもを含め、総勢七千名を超えていた。みな十字を縫い込んだ巡礼の外套を着て、巡礼の杖を手に、巡礼の財布を下げていた。彼らは言った。ジェノヴァで海が干上がり割れるであろう、そして我らはエルサレムに至るのだ、と。

彼らのなかには貴族の息子も多く、父親は乳母まで同行させていた。ジェノヴァの人々は、この者たちは街を立ち去らねばならない、と考えた。一つには、彼らを突き動かしているものが、必要というよりは軽薄さであると考えたからである。また一つには、彼らの到来によって街で穀物価格が高騰するのを恐れたからである。また、かくも大勢の人々は街にとって危険であるとも思われた。しかし一番の理由は、当時皇帝〔ニコラウスらの出身地ドイツを治める神聖ローマ皇帝フリードリヒ二世。皇帝戴冠は一二二〇年〕が教会に反抗していたためである。ジェノヴァは教会に忠実で、皇帝に対抗していた。しかしほどなくして、かの企てはすべて無に帰した。なんとなれば、それは無のうえに築かれていたからである。

出典：*Chronicle of the City of Genoa*. Printed in J. F. C. Hecker. In *The Epidemics of the Middle Ages*, translated by B. G. Babington. 3d ed. London, 1859, 357–58.

さらに詳しく知るために

- Adkins, Jan. 2006. *What If You Met a Knight?* New Milford, CT: Roaring Brook Press.
- Boyd, James P. 1892. *Story of the Crusades*. Philadelphia: P.W. Ziegler and Co.
- Cartlidge, Cherese. 2002. *The Crusades: Failed Holy Wars*. San Diego, CA: Lucent Books.
- Dickson, Gary. 2008. *The Children's Crusade: Medieval History, Modern Mythistory*. New York: Palgrave Macmillan.
- Elgin, Kathy. 2005. *Knights and Chivalry*. Mankato, MN: Smart Apple Media.
- Gray, George Zabriskie. 1872. *The Children's Crusade: An Episode of the Thirteenth Century*. New York: Hurd and Houghton.
- Gray, George Zabriskie. 1972. *The Children's Crusade*. Foreword by Thomas Powers. New York: William Morrow and Co.
- Hecker, J. F. C. 1859. *The Epidemics of the Middle Ages*. Translated by B. G. Babington. 3d ed. London: Trübner and Co.
- Madden, Thomas F. 2013. *The Concise History of the Crusades*. 3d ed. Lanham, MD: Rowman and Littlefield.
- Runciman, Steven. 1951-1954. *A History of the Crusades*. 3 vols. Cambridge: Cambridge University Press.
- 池上俊一『ヨーロッパ中世の宗教運動』名古屋大学出版会、二〇〇七年（とくに第三章「少年十字軍」）
- カート・ヴォネガット・ジュニア『スローターハウス5』伊藤典夫訳、ハヤカワ文庫、一九七八年
- 櫻井康人「「十字軍」と「少年十字軍」　十字軍研究の立場から見た『ヨーロッパ中世の宗教運動』」、小澤実編『物語るロマネスク霊性　池上俊一著『ヨーロッパ中世の宗教運動』（名古屋大学出版会、二〇〇七年）書評集』クリオの会、二〇〇八年、八七～九四頁
- 橋口倫介『十字軍　その非神話化』岩波新書、一九七四年
- 八塚春児『十字軍という聖戦　キリスト教世界の解放のための戦い』ＮＨＫブックス、二〇〇八年

第8章

ヨハンナという名の女教皇がいた

人々が起きたと思っていること

農民から神聖ローマ皇帝まで、あらゆるヨーロッパ人の生活と信仰に対する影響力から見ても、財力と土地所有から見ても、ローマ・カトリック教会はまぎれもなく中世最強の組織だった。強大な組織の常ではあるが、教会は今と同じように詮索と批判の的となっていた。教会への批判が始まったのは中世のことである。マルティン・ルターやジャン・カルヴァンら十六世紀の宗教改革者たちが、教皇権というカトリックの中核的要素に直接攻撃を仕掛けるはるか以前のことだった。中世の司教や修道士たちは、盲目的に教皇に従っていたわけではない。彼らはしばしば、教皇がその職務にふさわしい高潔さと聖性を備えていない、という批判を展開した。そうした批判には、教皇権に問題ありとするいくつかの事例が引き合いに出された。

教皇権に関して今日でもよく知られる逸話がある。中世の教皇のなかにはじつは変装した女性が一人いた、というものだ。この教皇、あるいは「女教皇」（DiMarco 2008）の物語は、書物やパンフレットやドキュメンタリー番組が、過去七五〇年にわたって真剣に論じてきた。また、数多（あまた）の小説や戯曲でフィクションの素材となってきた。これらの作品は、カトリックの聖職者として昇進を重ね、自らの野心のためか悪魔の囁きによってか、教皇「ヨハネス」となった女性の物語を描いている。一般的に彼女の名はヨハンナ〔Joan, Joanna〕とされているが、イタリアの作家ジョヴァンニ・ボッカッチョは彼女をジリベルタと呼んでいるし、ボヘミアの神学者、異端者のヤン・フスは、彼女をアグネスと名づけている（Boureau 2001, 138, 210.「一次史料」参照）。中世の年代記作者たちによれば、彼女が即位したのは八

五五年、八九六年、あるいは一〇九九年とまちまちである。また、その座にあったのはわずかであったとも、あるいは具体的に二年とも、七ヶ月とも、そしてまた（「一次史料」でも引用したポーランドのマルチンによれば）四日とも言われている。

女教皇の物語には、無数のヴァリエーションがある。そのうち、いまだに一部で信じられているヴァージョンは、次のようなものである。イングランドの農民として生まれたヨハンナは、旺盛な知識欲を持つ少女だったが、女性ゆえ学校へ通うことが許されなかった。両親は、学問を学びたいというヨハンナの望みを叶えるために、彼女を少年に変装させ、ヨハネス（ジョン）と名乗らせた（このため、彼女は「イングランド人のジョン」を意味するヨハネス・アングリクスとして知られるようになる）。こうして学校へ行けるようになったヨハンナは、そこで聖俗の学問を修めた。長年にわたって、彼女は自分の正体を隠し続けた。ただヨハンナが女性であることを知る唯一の例外がいて、それは彼女の秘密の恋人であった。なお、この物語には異説があり、ヨハンナはドイツの出身で、恋人の方がイングランド人だったというものだ。だとすると、ヨハンナの通称「アングリクス」は、その恋人に由来することになる。男装したヨハンナは、優れた学識のおかげで高名な教育者となり、次いで聖職者となった。多くの野心的な聖職者と同様、彼女はローマへと赴き、教会のヒエラルキーを駆け上がっていった。その聖なる資質と知識によって彼女はローマで広く敬意を集め、教皇の地位が空位になるやただちに即位した。しかし、彼女の正体は、ショッキングなかたちで暴露されてしまった。恋人とのあいだの子どもを妊娠していたヨハンナは、ちょうど馬に乗ろうとしていたとき、公衆の面前で子どもを早産してしまったのである。ローマの人々と聖職者たちは、彼女が行った欺(あざむ)きと冒瀆に恐れおののいた。彼らは、ヨハンナの足を馬に結わえて街中を引きずり回し、彼女が死ぬまで石で打ちのめした。おそらく、生まれたばかりの彼女の子どもも死んだだろう。しかし、中世の史料の多くは子どもの運命にまで言及して

いない。

この物語を事実とみなす者たちによると、ヨハンナの短くも衝撃的な治世が後世に残した遺産として、二つのものがある。第一に、後世の教皇たちは、ローマを行進する際、ヨハンナが出産した場所を避けて横道にそれるようになった。これは、ヨハンナの不誠実な行いをおおやけに断罪し、彼女が教皇権と都市ローマにもたらした不名誉を強調するためだった（この点を力説するのはジョヴァンニ・ボッカッチョである）。第二に、以後選出されるすべての教皇は、公式に即位するまえに、ローブをたくし上げて穴のあいた特製の石の椅子に座らなければならなくなった。ローマの聖職者たちの一人（中世の年代記作家アスクのアダムによると最年少の枢機卿）がその椅子のしたへ入り込んで、選ばれた教皇が陰茎と睾丸を持つ真の男性であり、即位しても問題がないことを確かめなければならなかったという（Boureau 2001, 12–14）。

一般に流布した物語（ストーリー）

女教皇ヨハンナのお伽噺（とぎばなし）は、最近の歴史書では見られなくなっている。しかし、この物語をその細部を含め信じる人はまだあって、しばしばフェイスブックや他のウェブサイトのコメント欄で意見を表明している。信者は大勢いるのだ。古い歴史書がヨハンナの実在を力強く断言しているからである。ギリシアの作家エンマニエル・ロイデス（一八四〇〜一九〇四年）が執筆した小説『女教皇ヨハネス』（一八六六年）は、フランス語や英語に翻訳され、現在でも複数の版で流通している。英訳の一つは、二

十世紀イギリスの著名な作家ロレンス・ダレルの手によるものである。ロイデスの小説はフィクションとして書かれているものの、学術書風の序論と脚注を備えており、本の内容が現実の出来事に依拠している印象を与える。

一八八六年にロイデスの歴史学風の序論だけを英訳したチャールズ・ヘイスティングズ・コレットは、自ら長大な序文を執筆し、ヨハンナの歴史的実在を否定する人々を断罪した。彼によれば、「ヨハンナが実在し、ローマ教会の指導者として統治したことは記録に残っており、教皇の擁護者や枢機卿、司教、司祭、歴史家の一団や教皇庁の役人たちによって承認されている。そればかりか、教皇に捧げられてきた歴史書にすら、彼女は登場する」（Rhoïdis 1886, 7-8）。コレットは、ヨハンナに言及する厖大な一次史料のリストを提示している。史料が中世という過去の真実を表している、とみなしているのだ。史料のほとんどが、のちの宗教改革者ではなく中世のカトリックの手になる以上、ヨハンナの物語は真実に違いない、という主張には説得力がある。なぜカトリックの信徒たちが、厄介事を招じかねないこんな物語を作り出し、また繰り返す必要があるのだろう？

ロイデスとコレットは、歴史史料一般に関わる重要な問いを提起している。史料の内容の真偽をどのように判定するか、という問いである。女教皇ヨハンナの場合、中世の年代記作家たちが問題になる。彼らが教皇に関する物語をでっち上げたり、カトリック教会に批判的であったりすることなど、はたしてありうるのだろうか？　本節とあとに示す「実際に起きたこと」では、女教皇ヨハンナに関する中世史料と歴史的文脈、潜在的なバイアスを吟味し、その正確さを検証してみたい。

ヨハンナ伝説の構成要素がまとまって登場するようになるのは、ヤン・フスの一四一三年の著作のように中世後期である。しかし、確認できるものとして、彼女に言及している最古の史料は一二五〇年頃に遡る。この日付は、ヨハンナが活躍していたとされる時代（八五五年頃、八九六年頃、一〇九九年頃）

のいずれからも遠く離れている。メッスで活動したドミニコ会士マイイのジャンが、一二五〇年前後に歴史的事件と重要人物の年表を作成した。『メッスの世界年代記』として知られるものである（「一次史料」参照）。自身が知るすべての教皇と、第一回十字軍やエルサレム奪回（一〇九九年）のような信仰上の大事件を記録した。ジャンは、その一〇九九年の項目に註釈を施して、女教皇（彼は名前を挙げていない）の物語が真実か否か検証せよ、と書いている。

ジャンの記録には、女教皇に関する後世の多くの記述には含まれていない、興味深い要素が付け加えられている。曰く、彼女の墓には、「ペトロよ、父たちのなかの父よ、女教皇の出産を知らしめよ Petre, Pater Patrum, Papisse Prodito Partum」とラテン語の碑銘が刻まれているのだという。ペトロとは、カトリックの伝統によればあの初代教皇、聖ペトロのことである。彼は、イエス・キリストの「私も言っておく。あなたはペトロ。私はこの岩の上に私の教会を建てよう」（マタイによる福音書16－18）という言葉を根拠に、教会の創設者とされている。少なくとも五世紀以降、すべての教皇は「聖ペトロの後継者」とされており、ペトロと同様にキリストの教会を代表し支える者と考えられていた。したがって、この伝説的な碑銘は、聖ペトロの代理であるすべての教皇に対する呼びかけである。〔とすれば〕彼らは、女性が教皇として即位してしまい、そして子どもを産んだ、というスキャンダラスな逸話を広く知らしめなければならない（そして、おそらく断罪しなければならない）のだ。

マイイのジャンの年代記が書かれてから数十年のあいだに、ヨハンナの物語は大量に翻案された。ほとんどは、彼女が生きた時期をより記録の乏しい九世紀に遡らせている。一連の翻案は、彼女をより遠い過去の存在としただけではない。彼女の物語は、心に訴える「例話 exempla」、すなわち説教や信仰書のために作られた短く道徳的な小話に仕立てあげられたのである。のちにヨハンナについて記した著者のほとんどはマイイのジャンのようにドミニコ会士であり、多くは専門的な説教者や説教

執筆者であった。托鉢修道士たち（ラテン語の「兄弟たち fratres」が転じて英語で friars と呼ばれる）は、伝統的な修道士たちと同じように終身の純潔・清貧・服従の誓いを立てていたが、閉じられた修道院にとどまってはいなかった。彼らに求められていたのは、都市で托鉢・説教・教育活動を行い、ヨーロッパの内外を広く往来して信仰を広め、強めることであった。公式には「説教者の修道会 Ordo Fratrum Praedicatorum」として知られるドミニコ会とフランチェスコ会（「小さな兄弟たちの修道会 Ordo Fratrum Minorum」）の修道士たちは、十三世紀における新たな信仰の立役者だった。彼らの通称は、それぞれの創設者であるスペインの司祭ドミンゴ・デ・グスマンと、アッシジのフランチェスコにちなんでいる。それぞれ一二一六年と一二〇九年に創設された修道会は、ともに教皇から全面的に支援されていた。

女教皇ヨハンナの物語が広まる過程で、ドミニコ会の説教者たちが中心的な役割を果たしていた。十三世紀後半に、彼らこそが、説教や書物のなかでヨハンナの物語を練り上げ、まとめ上げたのだ。代表格は、ブルボンのエティエンヌ（一一八〇年頃〜一二六一年）とポーランドのマルチン（一二七八年没）である。エティエンヌは、同僚のドミニコ会説教者たちの役に立つよう、厳格に構成された長大なマニュアル『説教にふさわしいさまざまな事柄に関する手引書』を執筆した。この書物のなかでエティエンヌが語るストーリーや時代設定は、マイイのジャンのものとほとんど同じである。しかしエティエンヌは、この物語を教皇史のおもしろおかしい一エピソードとして扱うのではなく、犯罪的な欺瞞（ぎまん）を暴きさとすための例話として書いている（Boureau 2001, 118–19）。やはり彼も女教皇の名を記しておらず、女教皇は大胆不敵にして無分別、男性聖職者を差し置いて昇進するために悪魔の助けを借りたと強調している。エティエンヌによれば、彼女は、中世において厳しく定められていた女性としてのあり方を踏み外し、厚顔にもカトリック聖職者最高位への野心を抱いたので、その暴力的な死は不可避であ

った、という。

ポーランドのマルチンは、一二六八年頃に『教皇と皇帝の年代記』を執筆している（「一次史料」参照）。内容としては、エティエンヌの道徳的な説教よりも、マイイのジャンのものに近い。中世宗教史の研究者アラン・ブーローによれば、このあとに書かれる中世の女教皇物語の基本的な要素を定めたのは、このマルチンのヴァージョンだという（Boureau 2001, 124）。マルチンは、おそらくはじめて教皇の名前をヨハネスもしくはヨハンナと確定し、その治世をレオ四世のあとの八五五年とした。また、ヨハンナの子ども時代や恋人、名声の獲得や教皇選出の理由に関するもっともらしい話をでっち上げた。さらにマルチンは、当時教皇がローマで行う行進順路決定の理由に歴史的な説明を付与すべく、ヨハンナの物語を利用した。また、ヨハンナが通常の教皇リストに登場しない理由すらも示した。彼女が女性であった以上、その選出は無効となる、そもそもヨハンナは真の教皇ではなかったのだ、というのである。

マイイのジャンの著作に記載された碑銘が教皇たちに対して命ずるところは、同様の事件が二度と繰り返されることがないよう、ヨハンナの物語を隠さず知らしめることであった。それにもかかわらず、十六世紀よりこのかた、カトリック教会はこの物語が事実であることを断固として否定し続けてきた。中世やカトリックを専門にする歴史学者も、ほとんど同じような態度をとっている。しかし、陰謀論を信じ込んだ〔現代の〕人々は、教会は実際に起きた恥ずべき出来事を隠しているに違いないという。その根拠は、演出上フィクションとされていても、女教皇ヨハンナが現実に存在した、と示唆する映画や演劇である。カーリル・チャーチルによる一九八二年の戯曲『トップ・ガールズ』では、五人の女主人公の一人がヨハンナである。一九七二年の映画『女教皇ヨハンナ』では、自分がヨハンナの生まれ変わりだと信じ込む現代の福音説教者を、リヴ・ウルマンが演じている（New 1993, 110）。こ

の映画は、『教皇になろうとした女』という挑発的なタイトルで、二〇〇九年にリメイクされている。

二〇〇九年のドイツ映画『女教皇ヨハンナ』（英語版表題はPope Joan）の場合、カトリックの陰謀が彼女の実在を隠蔽している、という主張がより露骨になされている。英語版予告編では、この映画で語られているのは歴史から抹消された「驚くべき真実の物語」だ、とされている。しかし、映画の原作はドナ・ウールフォーク・クロスの小説『女教皇ヨハンナ』（一九九六年）で、フィクションなのである。ところが、YouTube上で視聴可能な予告編動画のコメント欄を一瞥すれば、多くの人がこの小説と映画を真実だと思い込んでいることがわかる。コメントには、腐敗した教皇や聖職者によって事実が覆い隠されてきた、と書かれている。女教皇に関する文書や図像が数多く存在することを指摘し、だから彼女は実在したのだ、と述べる人々もいる。いずれにせよ女教皇ヨハンナの実在を信じる人々がいるのだ。女教皇ヨハンナにまつわる物語を理解するためには、歴史史料の性質や、想定されているカトリック教会による欺瞞の有無を検証する必要がある。

女教皇の存在を信じたい人々が引き合いに出してくるお気に入りの証拠は、美術作品における女教皇の表象である。作品のほとんどは、十五世紀から十六世紀にかけて制作されている。たとえば、十五世紀の初頭に歴代教皇の胸像群がシエナの大聖堂に設置されたのだが、そのなかには教皇「アグネス」も含まれていたという。また、この女教皇を描いた初期の印刷物も数多く残されている。そのなかには、はっきりと女性の教皇として、子どもを抱いた姿で描かれているものもある。また、図像のなかには、ドイツのプロテスタント圏で作られたものがある。そうした図像では、女教皇が悪の力の象徴とされ、悪魔やアンチ・キリストと結びつけられている。たとえば、宗教改革者マルティン・ルター（一五二二年）やマルティン・シュロット（一五五〇年）が執筆した書物にも女教皇が登場するが、彼女は『新約聖書』の黙示録に出てくる、七つの頭を持つ恐ろしい獣に乗った姿で描かれている（Boureau

2001, 106, 220)。こうした女性の図像を、バビロンの大娼婦たるカトリック教会の擬人化として、まず単純に理解することもできる。これは、初期プロテスタントたちが共通に用いた技法だった。しかし、どの図像においても、女性像には伝統的な女教皇の名前のいずれかが与えられている。ヨハネスか、アグネスだ。

女教皇はタロット・カードのデッキ〔一組のセット〕にも登場する。この種のものは一三七五年前後のヨーロッパで発明あるいは導入され、近代のタロット・デッキ(最初は単なるカードゲーム用だったが、十八世紀からは未来予知に使われるようになった)のほとんどは、十五世紀中頃のミラノ公家のために描かれたものをベースにしている。この「ヴィスコンティ=スフォルツァ・デッキ」は、ルネサンス期のイタリアで非常に人気があったことから多くの複製が作られ、一揃いではないものの現在でも一五セット残存している。このデッキに含まれる女教皇のカードに名前は記されていない。しかし、図像の女性は教皇の三重冠(ティアラ)をかぶり、長い十字架と書物を手にし、明らかに女性の教皇として描かれている(Boureau 2001, 表紙と167-71)。また、タロット・デッキには人物や出来事が描かれた特別のカードも含まれており、「切り札」、「タロット」、「アルカナ」などと呼ばれている。なかには、皇帝・皇妃・教皇・女教皇など、中世において大きな権威を持った人々を取り上げたカードがある。女教皇は、その実在の真偽はともかく、皇妃と皇帝にも似て、教皇とペアにされている。

女教皇ヨハンナの物語は、さまざまな人々のあいだで、各々の理由から約八世紀にわたって人気を集めてきた。以下で検討できるのは彼女の伝説のほんのわずかな例にすぎない。とはいえ、ヨハンナの絶えざる再創造を主題とする著作がすでに出版されており、多様な事例が紹介されている(Boureau 2001; Pardoe and Pardoe 1988)。教皇の過ちを批判し改革を実行しようとする中世の聖職者から、カトリック(とくに教皇権)に内在する腐敗を暴くために伝説を利用するプロテスタントの改革者、あるいはヨハン

ナを同時代の拘束を打破して権力の座に上りつめた初期の事例とみなす現代のフェミニストや、想像を刺激する遠い過去の逸話を好む現代人に至るまで。今最後に挙げた二つの動機は、たとえば児童書『拒まれた姫君たち　もっとも勇敢なヒロイン、無法者、異端者の物語』に見出される（Porath 2016, 117–20）。この本は、ヨハンナを九世紀ローマに実在した人物として、そして現代の少女の模範として描く。女教皇ヨハンナは、二〇一八年五月にも話題となった。ミュージシャンのリアーナが、教皇の公式の頭巾である白のミトラ〔司教冠〕を付けて、ニューヨークのメット・ガラに出席したためだ。観衆たちのなかには、怒り狂った反応を示した人も、女教皇の架空の歴史を深刻に受け止めた人もいた（Hudson 2018）。

一次史料

❖マイイのジャン『メッスの世界年代記』（一二五五年頃）

この短い一文はマイイのジャンが一二五五年頃執筆した『世界年代記』からの抜粋で、教皇ヨハンナに言及する最古の史料である。一〇九九年の項目で、第一回十字軍によるエルサレム征服を叙述したあと、ジャンは以下の文章を付け加えた。

ある教皇、いやむしろ女教皇について確認せよ。彼女は女性だったが、男性だと偽り、生まれなが

らの才能を活かして教皇庁の書記官となり、枢機卿となり、ついに教皇にまでなった。ある日、馬に乗ろうというときに、彼女は子どもを産み落とした。すぐにローマの司法は、彼女の足を馬の尻尾に縛りつけて半リーグにわたって引きずらせ、民衆に投石させた。そして彼女が死ぬと、その場に埋葬し、こう書き記した。「ペトロよ、父たちのなかの父よ、女教皇の出産を知らしめよ Petre, Pater Patrum, Papisse Prodito Partum」。このときに、女教皇の斎日として知られる四度の斎日が定められた。

出典：Jean de Mailly, 1879. *Chronica universalis Mettensis*. In *Monumenta Germaniae Historica Scriptores* 24, Hanover, 514.

❖ポーランドのマルチン——ヨハネスと呼ばれた女教皇（一二六八年頃）

ポーランドのマルチンとして知られているオパヴァのマルチンは、ドミニコ会に属する修道士で、『教皇と皇帝の年代記』の作者である。彼は、ヨハネス・アングリクスという女教皇の即位年を教皇レオ四世の治世直後の八五五年としている。二つ目の段落は、『年代記』の別の写本から採っている。この写本が伝える話は本質的にはまえのものと同一だが、より具体的な細部が付け加えられている。

レオのあとは、マインツ出身のヨハネス・アングリクスが二年七ヶ月と四日間在位した。彼はローマで亡くなり、その後聖座は一月にわたり空位となった。彼についてては次のように言われている。彼はじつは女性で、若い時分に恋人に導かれて男装してアテネへ向かい、さまざまな学問を比肩しうる存在がないまでに修めた。ローマでは三科〔文法、修辞学、論理学〕を講じ、多くの偉大な教師までもが弟子や聴衆となった。その生き様と学識はローマで大きな評判になったので、異論なく教皇に選ばれた。ところが、教皇であるにもかかわらず、自身の従僕によって子どもをもうけてしまった。彼女は

出産の日取りを知らず、サン・ピエトロ聖堂からラテラノ聖堂へ向かうとき、コロッセウムとサン・クレメンテ聖堂のあいだで苦痛とともに出産し、そこで亡くなり、埋葬されたと言われている。教皇聖下がその通りをつねに避けるのは、そこで起きた出来事の呪わしさゆえである、と信じられている。〔歴代の〕聖なる教皇の一覧にも、ふさわしくない女の性ゆえにその名は記されていない。

［別写本の記載］ヨハネス・アングリクスが二年五ヶ月と四日間在位し、一ヶ月と三日の空位をもたらしたことに言及しないわけにはいかない。この者は女性でありながら、恋人によってアテネへ連れていかれ、そこで男性の衣服に取り替え、みなから男だと信じられていた。自由学芸とその他の学問を、どのような分野でも比肩する者がないまでに修めた。ローマにやってきて、三科をそれは素晴らしく講じたので、ローマの哲学者のなかでも修辞に秀でた人々を自らの弟子にするまでになった。さらに四科については、その言葉だけではなく、多くの驚くべき著作を世に出し、自身が抜きん出ていることを示した。その技芸と助言によって、ローマでは驚くべきことが数多く起きた。そのため全員一致で教皇に選ばれ、知識においても生活においても振る舞いにおいても、前任者たちを凌ぐほどだった。しかし、女性の弱点に打ち負かされ、ある助祭によって密かに妊娠させられてしまった。しかし、出産の日取りを知らず、ラテラノ聖堂からサン・ピエトロ聖堂に向かって〔この別写本では向きが逆になっている／訳者〕コロッセウムに通じる道を通っていたとき、陣痛に襲われ、道の真ん中で子どもを産み落としてしまった。彼女に関する記録が、石に刻まれ今日まで伝わっている。彼女が出産した通りは、女教皇の通りと呼ばれている。彼女はただちに退位させられ、修道女となり、長く贖罪の暮らしを続けた。彼女の息子は、オスティアの司教にまでなった。彼女は、晩年死を迎えようとするとき、かつて息子を出産した場所に自身を埋葬するように命じた。しかし息子はそれを許さず、彼女の遺骸をオスティアに運び、大聖堂に厳かに埋葬した。彼女の美徳ゆえに、神はそこで今日まで多くの奇跡

を起こしている。聖なる書物には女性の系譜が記されておらず、彼女は教皇の歴史には数えられていない。

出典：Martinus Polonus, 1872. Chronicon pontificum et imperatorum. In *Monumenta Germaniae Historica Scriptores* 22. Hanover, 428–29.

❖ヤン・フス『教会論』（一四一三年）

ヤン・フスは司祭で、ボヘミア（チェコ）のプラハ大学の神学教授だった。彼は、教皇や聖職者の職権濫用や道徳的欠陥といった、カトリック教会の諸問題を精力的に批判した。神学や教会に関する厖大な著作を遺しているが、もっとも有名なのは単に『教会論』とだけ呼ばれる一四一三年の著作である。以下の文章はその抜粋である。フスは、女性や無教養な男性が教皇になってしまった事例を紹介することで、教会組織全体の信頼を失墜させようとしている。一四一五年のコンスタンツ公会議で開かれた教会裁判で、フスは異端と宣告され火刑に処された。

私が考えるに、キリスト昇天後のペトロがそうであったように、崇高にもキリストその方にもっとも類似し、近しく、そしてキリストの座を担うにふさわしい霊的指導者（Episcopus）こそが、教皇（Papa）なのである。もし西方教会がローマ司教として受け入れる者を誰であれ教皇と呼び、教会に関わる事項の最終決定者として、望むがままに信徒を導ける存在とみなすのであれば、それは称号の根拠なき濫用である。なぜなら、もしもその通りであるなら、粗野極まりない俗人や女性や異端やアンチ・キリストであっても教皇として受け入れなくてはならないからである。明白な例がある。コンスタンティヌス二世は粗野極まりない俗人であったが、突然司祭として叙階され、野心によって教皇と

なり、その後退位させられ、彼が命じたことはすべて無効となった。主の年七〇七年頃のことである〔フスの勘違いで実際は七六七〜七六八年〕。同様に明らかなのは、グレゴリウスの例である〔おそらく一〇四五〜一〇四六年に在位したグレゴリウス六世のこと〕。彼もまた学識のない人物だったので、自らのほかに教皇を選出してしまった。このようなことが起こったため、民衆が不快感を示し、第三の教皇も登場した。三人は対立し合ったため、皇帝〔ハインリヒ三世〕がローマに来訪して全員を退位させ、あらたに一人の教皇を選出したのだった。

女性については、ヨハネス・アングリクスと呼ばれたアグネスの例に明らかである。年代記作家チェスターのラヌルフは、その著作の第五巻第三章〔現在の校訂版では第三二章〕でこう記している。「レオのあとは、女性が教皇の座を二年五ヶ月にわたり占めていたらしい。マインツの出で、男装してヨハネス・アングリクスと名乗り、恋人に導かれてアテネへ赴いた。アテネでは多くの学問を修め、ローマにやってきて、偉大な学者たちを聴衆としながら三科を講じた。ついに教皇に選出されると、恋人によって妊娠し、サン・ピエトロ聖堂からラテラノ聖堂へ赴く途中、コロッセウムとサン・クレメンテ聖堂のあいだで出産の苦しみに襲われ子どもを産み落とした。その場で亡くなり、埋葬された。そのため、のちの教皇はみなその道を通らないという。以上のことから、彼女は教皇の一覧には記載されていない。

出典: John Huss. 1915. *The Church*, edited and translated by David S. Schaff. New York: Scribner's, 126-27.〔訳は Jan Hus, 1958. *Tractatus de Ecclesia*, edited by Thomson S. Harrison. Praha, 102-03 を底本にした／訳者〕

❖ プラティーナ『教皇の生涯と事績の歴史』(一四七九年)

バルトロメーオ（バプティスタ）・プラティーナ（一四二一〜一四八一年）は、教皇シクストゥス四世時代

にヴァティカンの司書を務め、教皇のために『教皇の生涯と事績の歴史』（一四七九年）を執筆した。後期中世の年代記作家たちと同様に彼は女教皇に言及し、彼女の即位をレオ四世の治世直後の八五五年としている。プラティーナはポーランドのマルチンの著作に依拠しており、その名前にも言及している。しかしプラティーナの著作には、この女教皇が備えているとされた邪悪さや、彼女の話が教皇選出に与えた影響について、さらに多くのことが付け加えられている。プラティーナは女教皇の実在を信じていたようだが、いわゆるSedes Stercoraria（しばしば「選出後の椅子」と訳されるが、もともと「排泄の椅子」を意味する）と彼女の関係には強い疑問を呈しており、その考えは卑俗で無名の書き手たちによるものだ、としている。

マインツ出身のヨハネス・アングリクスは、悪しき術によって教皇の地位についた、と言われている。彼は、女性でありながら性を偽り、教養ある男性の恋人とともに若くしてアテネへと赴いた。そこでは善き学芸の教師たちのもとで学び、大きな進歩をみせた。そしてローマにやってくると、聖書に関して彼に比肩する者はほとんどおらず、勝る者はなおさらだった。その教養に裏打ちされた鋭い解釈と議論によって、彼は多くの称賛と権威を獲得した。（マルチンによれば）レオが亡くなると、人々の一致によって、彼はレオの部屋で教皇に選出された。その後、彼女は従僕によって子を身ごもった。彼女はしばらく妊娠を隠していたのだが、ラテラノ聖堂へ向かっていたとき、コロッセウムと呼ばれる皇帝ネロの劇場とサン・クレメンテ聖堂のあいだで苦痛に襲われ出産し、その場で亡くなった。教皇としての治世は二年一ヶ月と四日で、称えられることなく埋葬された。この教皇に関連して、二つのことが言われている。第一に、後代の教皇はラテラノ聖堂に向かう際、この呪わしき罪が原因で、その道を意図的に避けているという。第二に、同じ過ちを避けるため、〔教皇に選出された者は〕まず石の

椅子に座り、開けられた穴から一番若い助祭が生殖器を触るという。第一の主張については、私は肯首できない。第二の主張については、私は次のように聞いている。件の椅子が用意されているのは、どれほど盛大にその座についたとしても彼は神でなく人であり、飲食のような自然の必要性に服していることを知らねばならぬからだ、と。まさにそこから、正しくも「排泄の椅子」と呼ばれる。ここで述べたことは素性の怪しい著作家たちによって一般に流布しているので、私も簡潔かつ飾り気のないかたちで記しておいた。そうでもなければ、私が頑迷にもこの話を削除したのだと考えられてしまうだろう。このことに関して私が述べたことは、ほとんどすべての人がそうだったに違いないと断言しているわけだから、このように書いたとしても、私一人の誤りではなかろう。

出典：Baptista Platina. 1685. *The Lives of the Popes from the Time of Our Saviour Jesus Christ to the Reign of Sixtus IV*, translated by Paul Rycaut. London, 165.〔訳は最初の刊本である Bap. Platinae Cremonensis, 1530. *De vita et moribus summorum pontificum historia, cui aliorum omnium qui post Platinam vixerunt ad haec usque tempora, pontificum res gestae sunt additae interseritque sunt canones institutorum coenobiarum qui maximopere desiderabantur, adiecta etiam pontificum nomenclatura*. F. 142-43 を底本とした／訳者〕

❖『ニュルンベルク年代記』（一四九三年）に付された教皇ヨハネスの図像

次の図像は、印刷技術が広まった最初期のものである。女性の教皇が子どもを抱き、ヨハネス七世と名づけられている。この図像が収録されたのは、一四九三年に執筆された『ニュルンベルク年代記』である。この著作はハルトマン・シェーデルによってラテン語で執筆され、ゲオルク・アルトによってドイツ語に翻訳された、印刷技術確立後の数十年間でもっとも有名な本の一つである。この『年代記』は、聖書の物語と世俗の歴史や同時代の出来事を関連づけるため、聖書からの抜粋に図像を付している。印刷本の多くに、人の手によって執筆当時の装飾写本を模した美しい彩色が

出典："Johannes der Sibend," from the *Nuremberg Chronicle*, 1493, Brussel and Brussel, page CLXX.

施されている。

実際に起きたこと

「女教皇」の物語は、何世紀にもわたって、いくつもの層を織り成してきた。その物語は、ヨハンナ自身の生涯だけでなく、教皇の生殖器の確認や〔ローマにおける〕行進順路の設定、恥じ入ったカトリック教会による彼女の記憶の隠蔽など、数多くの神話を包摂している。現在では、女教皇ヨハンナや彼女の物語にまつわるあれこれは完全にフィクションである、と歴史研究者たちの見解は一致している。では、彼女の物語はいかに誕生したのか。なぜかくも生きながらえたのか？　女教皇の物語を記載した中世の著作のおびただしさに鑑みれば、隠蔽があったとしても、明らかに失敗したと言えるだろう。フランスの歴史学者アラン・ブーローは、一二五〇年から一五〇〇年にかけて百点近く、それ以降はさらに多数の史料の存在を確認している。しかし、一二五〇年以前、彼女に関する信頼できる典拠は何一つない（Boureau 2001, 315–32）。教皇だったといわれる時期やその直後に書かれた史料で、女教皇に言及しているものは存在しないからだ。ローマの住人と聖職者のすべてを驚愕させたはずの出来事が、記録から抹消されているとしたら奇妙ではないだろうか。しかし、女教皇の実在を信じる現代人たちは、中世が「暗黒時代」だったという神話に依拠し、同時代の証拠が失われてしまっただけだと主張するかもしれない。

史料批判に杜撰（ずさん）な歴史家なら、女教皇ヨハンナに関するより古い時期の証拠が実在すると感じるだ

ろうか。九世紀ローマの公文書管理官アナスタシウス・ビブリオテカリウス（八八六年没）が作成した教皇リストの中世写本は、一見すると彼女に言い及んだ文書に見える。年代記作家マリアヌス・スコトゥス（一〇八六年没）も、八五四年の項において、教皇としてその名を挙げている。マリアヌスの同時代人であるジャンブルーのシジュベール（一一一二年没）も、「このヨハネスは女性であり、その従僕の一人によって妊娠させられたと伝えられている。妊娠して出産したため、彼女を教皇のうちに数えない者もいる」と言っている（Baring-Gould 1877, 172）。こうした史料は、女教皇ヨハンナに関する正真正銘の初期の証拠であるとされてきた。しかし、早くは十七世紀初頭から近年のパルドーやアラン・ブーローといったより注意深い歴史学者たちは、これら初期中世の著述家たちの手稿を注意深く検討し、女教皇に関する一連の言及はオリジナルの手稿には存在せず、十四世紀や十五世紀に複写した写字生が付け加えたことを明らかにした。その当時、女教皇ヨハンナはよく知られた存在となっており、重要な歴史的人物であるとみなされていた。そのため、後期中世の写字生たちには、彼女の名前を含まぬ教皇リストなど考えられなかったのである。

また、八五五年や八九六年や一〇九九年といった時期にヨハンナを位置づけるためには、より根本的な問題を解決しなくてはならない。現在では教皇権をめぐる何百年もの研究蓄積を容易に参照できるが、教皇ヨハンナを論じる後期中世の著者たちには、そんなことはできなかった。そのため、十三世紀や十四世紀の書き手たちにとって、ヨハンナの短い治世を遠い過去である九世紀に挿入するのは容易なことであった。文献によれば、ヨハンナが選出されたのは、レオ四世（在位八四七〜八五五年）とベネディクトゥス三世（在位八五五〜八五八年）のあいだだという。しかし、彼女に関する同時代の記録は存在しない。そして史料の教えるところでは、レオ四世が八五五年七月に亡くなると、ただちにベネディクトゥス三世が選出されたのである。

教皇権をめぐる混乱に目を付けて、女性の教皇を紛れ込ませるには、八九六年の方が適当かもしれない。九世紀末には教皇位は完全に政治的イシューとなり、ローマとその近辺の有力家門による争奪の的となっていた。教皇フォルモスス（在位八九一～八九六年）を忌避する者は多く、ローマ皇帝位をめぐる醜聞やビザンツ帝国との対立に巻き込まれていた。彼の死後、ローマでは暴動が起き、八九六年四月に教皇ボニファティウス六世が選ばれた。しかし、彼はわずか一六日の統治のあと、疑わしい状況下で死んだ。ボニファティウス六世の悪名高い後継者ステファヌス六世（在位八九六～八九七年）は、八九七年に死体会議と通称される教会会議を召集した。ステファヌスは、フォルモススの遺骸を発掘して、生前の罪を裁判で審議するよう命じたのだ。言うまでもなく、フォルモススには有罪が宣告された。その遺骸はバラバラにされ、もう一度埋葬され、それから改めて掘り出されてテヴェレ川に放り込まれた。八九六年という大混乱の時期、女性の教皇がいたことを伝える同時代の史料はない。しかし、後期中世の歴史家にとって、教皇権が最悪の状態に陥っていたこのような時期に女性が教皇になった、というのは、いかにもそれらしく思えたのだろう。

一〇九九年という時期設定は到底ありえないもので、マイイのジャンの年代記にしか見つからない。この年は、教会とキリスト教世界の歴史にとってきわめて重要な年となった。その七月一四日に、第一回十字軍がエルサレムを征服したためである。十字軍を宣言した教皇ウルバヌス二世は、陥落からほどない七月二九日に亡くなり、勝利の知らせを聞くことはなかった。二週間後の八月一三日、パスカリス二世が後継教皇となった。中世を通じ今日に至るまで、二人の重要な教皇の事績はよく知られるところだろう。女教皇が両者のあいだに忍び込む余地はまったくない。ただし、マイイのジャンが考えていたのは、正統なローマ教皇ではなく、いわゆる対立教皇だったのかもしれない。中世では、しばしばドイツの神聖ローマ皇帝の後ろ盾を得た聖職者が、自らこそが真の教皇と称した。中世のカ

トリック信徒や現在の歴史家たちの大半は、彼らを正統な教皇とは認めていない。一〇八四年から一一〇〇年にかけて、対立教皇クレメンス三世が、皇帝ハインリヒ四世の支持を受け教皇位を主張していた。皇帝が後ろ盾となった対立教皇として、彼には直接の後継者がいる（一一〇〇年から一一〇一年にかけてはテオドリクス、一一〇一年から一一〇二年にかけてはアダルベルトゥス）。こうした系譜のなかにさらなる教皇、あるいは対立教皇の存在を思い描くことは、マイイのジャンのような後世の歴史家にとって容易であったろう。

しかし、「ペトロよ、父たちのなかの父よ、女教皇の出産を知らしめよ」という碑銘が付いたヨハンナの彫像がある、というマイイのジャンの思わせぶりな主張をどう扱うべきか。問題の彫像は、少なくとも十五世紀末まではローマのラテラノ聖堂近くに建っており、その後教皇によって破壊された。碑銘の解釈について、ジャンは彼なりに努力を惜しまなかったようだ。しかし、この彫像はもともと異教の女神で、P.P.P.P.という文字が刻まれていた（六つではなく五つのPである）。古代の彫像にはありふれたこの文字列の解釈について、古代ローマ史の研究者たちは「父たちのなかの父がこの彫像を自身の費用で建てたPater Patrum Propria Pecunia Posuit」などを提案している。「父たちのなかの父Pater Patrum」という表現は、中世には教皇を示すと思われたかもしれないが、本来のローマの文脈では、おそらくミトラス神の祭司を意味した。後期中世の著述家たちがヨハンナのものだと述べた彫像の多くは、完全な作り物か、あるいは幼児ヘラクレスに乳をやる女神ユノの古代の像を誤解したものだろう（DiMarco 2008, 63-64）。実際はともかく、六連のPは、ヨハンナ伝説の中心となった。後世の書き手たちは、自身の神学や政治的目的に沿って、この文字列を再解釈することになる（Boureau 2001, 140-41, 148）。

女教皇ヨハンナは、おそらくローマ住民が、異教の神像を誤解して女性の教皇の表象だと思い込み、

作り上げた存在である。あるいはラテン語の男性形 Iohannes と女性形 Iohanna の取り違えから生み出されたのかもしれない。女教皇が捏造されたのは、テオフィラクト家の権力ある女性たちを戯画化するためだったのではないか、と考える研究者もいる。この一族の女性たち、とくにトゥスクルムの女伯だったテオドラとその娘マローツィアは、十世紀の教皇権を左右していたとされている（Boureau 2001, 206）。しかし、いずれにせよ、なぜヨハンナの物語は十三世紀になってはじめて、托鉢修道士の著作のなかに出現したのだろう？　アラン・ブーローの魅力的な仮説は、次のようなものである。一二五〇年代当時の教皇権は、ドミニコ会やフランチェスコ会など托鉢修道会の成長と野心に対して批判的になっていた（Boureau 2001, 145–51）。ヨハンナの物語は、そうした教皇の政治的傾向に対する批判だった、というのである。ヨハンナに関する説明は、おおかた後期中世の文字・図像史料をもとにしている。しかし、ある近年の研究によれば、ヨハンナ伝説は半陰陽〔外性器異常〕を伴う21－ヒドロキシラーゼ欠損症女性を取り違えたのだという。この症状を示す女性は、男性の生殖器を有するように見えるのだが、それでも妊娠・出産できる。この驚くべき主張を展開したのは、コーネル大学の小児科医マリア・ニュー博士だ。ニューは、女教皇ヨハンナが実際に存在したと述べてはおらず、彼女に関する物語は実在した本物の半陰陽女性を参考にしたのではないか、と仮説を提出している（New 1993）。

ヨハンナの物語を警告として用いるにしろ、あるいは寓話や〔教皇位をめぐる〕逸話や醜聞として用いるにしろ、彼女に言及する中世の著述家たちは、おそらくその歴史的実在を信じていた。しかし、中世の歴史を構成する真正で重要な要素だったのは、教皇ヨハンナに関する物語（ストーリー）の方であって、教皇ヨハンナ自身ではないのだ。

さらに詳しく知るために

- Baring-Gould, Sabine. 1877. "Antichrist and Pope Joan." In *Curious Myths of the Middle Ages*, 161–89. Oxford: Rivingtons.
- Boureau, Alain. 2001. *The Myth of Pope Joan*. Translated by Lydia G. Cochrane. Chicago: University of Chicago Press. Originally published as *La papesse Jeanne*. Paris: Aubier, 1988.
- Conway, Bertrand L. 1914. "The Legend of Pope Joan." *Catholic World* 99. April–September 1914, 792–98.
- DiMarco, Vincent. 2008. "The Medieval Popess." In *Misconceptions about the Middle Ages*, edited by Stephen J. Harris and Bryon L. Grigsby. New York: Routledge.
- Hudson, Alison. 2018. "The Female Pope." British Library Medieval Manuscripts Blog, May 12, 2018. http://blogs.bl.uk/digitisedmanuscripts/2018/05/the-one-and-only-female-pope.html
- Huss, John. 1915. *The Church*. Edited and translated by David S. Schaff. New York: Scribner's.
- Jean de Mailly. 1879. *Chronica universalis Mettensis*. In *Monumenta Germaniae Historica Scriptorum* 24, 502–26. Hanover: Impensis Bibliopolii Hahniani.
- New, Maria I. 1993. "Pope Joan: A Recognizable Syndrome." *Transactions of the American Clinical and Climatological Association* 104:96–119. Pardoe, Rosemary, and Darroll Pardoe. 1988. The Female Pope. Welling-borough, UK: Aquarian.
- Platina, Baptista. 1685. *The Lives of the Popes from the Time of Our Saviour Jesus Christ to the Reign of Sixtus IV*. Translated by Paul Rycaut. London: Christopher Wilkinson.
- "Pope Joan: movie trailer (2009)," *YouTube*. https://www.youtube.com/watch?v=AKF4Lmt3NsM
- Porath, Jason. 2016. *Rejected Princesses. Tales of History's Boldest Heroines, Hellions, and Heretics*. New York: Dey Street Books.
- Rhoïdis, Emmanuel. 1886. *Pope Joan. A Historical Study*. Translated by Charles Hastings Colette. London: George Redway.

・ドナ・ウールフォーク・クロス『女教皇ヨハンナ』全二巻、阪田由美子訳、草思社、二〇〇五年
・マックス・ケルナー、クラウス・ヘルバース『女教皇ヨハンナ　伝説の伝記』藤崎衛、エリック・シッケタンツ訳、三元社、二〇一五年
・ベルンハルト・シンメルペニッヒ『ローマ教皇庁の歴史　古代からルネサンスまで』甚野尚志、成川岳大、小林亜沙美訳、刀水書房、二〇一七年

第9章

中世の医学は迷信にすぎなかった

人々が起きたと思っていること

人間の活動のうち、医学は中世以来もっとも発展してきたものだろう。現代人が他愛もなく、そして感嘆をこめて中世の宗教、文学、芸術あるいは共同体や家族構造を振り返ることがあっても、今このご時世に「中世医学を復活させられたらなあ！」などと言う人はおよそ存在しない。中世の医師たちは微生物（バクテリアやウイルス）を知らず、したがって感染や伝染についてほとんど理解していなかった。彼らは感染症の予防も治療もできず、感染によるさらなる損傷を防ぐためにどう傷を清潔に保てばよいかもよく知らなかった。一方、現代医学はつい前世紀に、病気や大怪我から治癒・回復する可能性を飛躍的に上昇させたばかりであり、医学者は人々の寿命を延ばし、天然痘のような病気を根絶さえして世界の改善に貢献している。しかし、病気の予防と治療の点で現代医学が疑いなく前近代の医学よりも有効というだけで、私たちが一千年かそれ以上にわたる医学の歴史を無意味と切り捨ててよいことにはならない。

しかし残念ながらまさにこうした切り捨てが、中世医学をめぐる一般的な記述や、医学史を扱う学術的であるべき文献のなかでさえ起きているのである。過去の医学は「進歩」のレンズを通して見られる。そうすると、過去のある内科医が今日の私たちの医学に顕著な貢献をしていなければ、その人物は医学史で重要ではない、あるいは退化の証（あかし）とさえみなされる。とりわけ中世の医学は、今日の医療実践と異なるだけでなく、しばしば対極的だと評される。もし現代医学が進歩的、効率的、合理的、自然的、衛生的なら、（この論理だと）必然的に中世医学は退行的、非効率的、非合理的、迷信的、そし

て不愉快なものとなるに違いない。しかし、中世医学は往々にして現代医学理論の基準で「適切」ではなくとも、何から何まで迷信というわけではない。中世の大半の期間と地域において、医学理論は自然法則と身体から得られた証拠に基づく、合理的で複雑な体系だった。私たちは本章で中世医学、その史料、そして中世のあいだに治癒の実践面で何が起きていたか、その現実をめぐるありがちな誤解を調べてみたい。

ヨーロッパ中世の医学を単なる迷信と思い描くとすれば、それは、啓蒙家が中世という過去のもつ別の面を称賛しようとするあまり犯してしまう過ちである。たとえば、国際的に知られる移動展示「人類の歴史を変えた発明一〇〇一」の立案者や各種手引書は、人体の心臓血管系の正確な理解をはじめ、中世イスラームの思想家こそが現代科学と医学の基礎となる無数の思想と業績を生んだと主張する。上記「発明一〇〇一」に対するあてこすりとして題された「歪曲一〇〇一」というシリーズがあり、その著者たちが明らかにしたように、「発明一〇〇一」が列挙するほぼすべては誤り、あるいは文脈を取り違えている（Brömer 2016）。しかし、ムスリムの医師たちが時代を先取りしていたと考えるにせよ、ヨーロッパの医師たちが目も当てられないほど後進的だったと考えるにせよ、いずれにしても、現代の観客・観衆・読者は、過去の科学を現在中心主義、進歩主義のレンズを通して判断する過ちを犯している。

一般に流布した物語（ストーリー）

中世の人々は、病気がエルフやゴブリンによって引き起こされると考えていた。そんなふうに語られていないだろうか。これは、中世が今とはまったく異なる得体の知れない幻想まみれの世界で、現在を映し出す暗い鏡である、という通念にあてはまる。たとえば、ごく最近のことだが、有機化学の専門家ジョン・マン教授は、民間治療の有効性を検討し、初期中世の医学についてこんなことを語っている。「他方ヨーロッパでは、暗黒時代に薬学、迷信、魔術は渾然一体としていた。何冊もの「医薬書」らしきものが編纂された。そこには、我々に同定できる薬も散見されるが、大部分はエルフやゴブリンを追い払うために空想から生まれた混合物だ」(John Mann, Van Arsdall 2002, 91から引用)。こう主張するにあたってマンが依拠したのは中世医学の研究者ではなく、中世医学を後進的とみなす俗説だった。また、例外と言うべきアングロ＝サクソン時代の医薬書を中世医学全体の代表として扱うという、ままま見られる誤りを犯している（後述する）。

同様に、中世に医学や医師が存在したことさえ否定する歴史家がいる。十九世紀フランスの有名な歴史家ジュール・ミシュレは、中世を劇的、印象的に描き、今日に至るも世間一般のものの見方に大きな影響を与えている人物だが、中世人が治療で頼りにできたのは魔女だけだ、と言っている。「千年にわたり、人々の唯一の医者は魔女だった。皇帝、王、教皇、そして富裕な貴族にはサレルノ出身の医者、ムーア人とユダヤ人がいた。しかし、すべての国の大半の人々——これはもう社会と言ってしまってよいかもしれない——はサガ、つまり魔女にしか相談しなかった」(Michelet 1863, 4)。彼によ

ると、中世のあいだ、病気を患い治療中の女性の境遇はいっそう酷（ひど）いものだった。「なぜならこの時代、男性医師が女性患者のそば近くで信頼を得、患者の秘密を耳にするのは許されなかったからだ。魔女だけが病人のそばにいられたし、女性にとっては唯一無二の医者だった」（Michelet 1863, 121）。ミシュレは他の箇所で「癒しが得られたのは教会からだけだった」とも語っている。「王からたっぷり報酬が得られるユダヤ人やアラブ人の医者を除くと、医術は教会の入り口で聖水によって施されるだけだった。日曜日のミサのあとには、病人の群れが押し寄せたものだった」（Michelet 1863, 117）。行きつく先が魔女でも聖職者でも、中世の人々は盲目的なまでに迷信深く描かれ、中世には民間医療も学問としての医学も存在しなかったことになっている。

　中世医学で生じる事態の典型は次のように描かれる。薄汚れたある農民が脇腹に痛みを感じる（中世の不潔さと入浴に関する神話は本書第3章参照）。彼女はその原因が神罰か、近隣に住まう魔女の仕業かと心配する。そこで、体内の悪魔を追い出してもらおうと「ヒル」と呼ばれる内科医を訪ねるが、この名前は悪血を吸い出すために処方されるヒル（蛭）由来だ。彼はおよそ迷信にかかわる〔超自然的な〕手持ちの道具はすべて駆使する。すなわち、呪文を唱え、星を読み、飲みにくい薬草を煎じ、いくらか血を抜くのだった。彼女がこのヒルを訪ねたと聖職者に知られれば、祈禱だけが救いなのになぜ内科医の治療に期待したのかと叱責される。カトリックの高位聖職者たちは非難に同意し、自然の治療薬をすすめた異端の医者を突き止め、処罰しようとする。こうした中世医学観を広めたのは、現代のコメディ「サタデー・ナイト・ライブ」でスティーヴ・マーティンが演じた中世の床屋ヨークのテオデリック（一九七八年）であり、あるいはノア・ゴードンによる一九八六年の小説を下敷きにした本格的な映画『千年医師物語　ペルシアの彼方へ』（フィリップ・シュテルツェル監督、二〇一三年）である。とくに『千年医師物語　ペルシアの彼方へ』は、中世医学に対する通念を代表するものだ。「暗黒の中世」、十一

世紀イングランドのヨーロッパ医学を痛々しくも後進的で迷信に満ちたものとして描き、イスラーム世界の合理的で進んだ医学（アヴィケンナとしても知られる、ペルシア人でイスラームの学者イブン・シーナーに代表されるもの）と対照的に描くからだ。

創作作品ながら、中世ヨーロッパ医学がすべてにわたって後進的で、本質的には反医学的でさえあり、患者にもたらすのは害だけだった、という俗説・学説はそのまま採用されている。『千年医師物語』のような現代作品だと、ヨーロッパの医療実践者は修練を積まない「床屋外科医」ばかりであり、教会に「魔法」の咎で罰せられるのがつねである。この絵空事は中世の現実を描く史料の誤解、歴史家によって誇張された医学と中世文化の記述が原因である。前世紀中に多くの医学史が出版されたが、それらは中世に頁を割くにしても、もっとも後進的かつ迷妄の時代としてこれを全否定した。歴史書の大部分は、医学博士が一般の読者向けに書いたものである。医師は自分が今知ることを遠い過去に投影しがちであり、過去にその知見が見あたらないとすれば、過去が悪いのである。

その代表例が一九三〇年代にイエール大学で生理学教授だったハワード・W・ハガード博士（一八九一～一九五九年）である。『神秘、魔術、医学　迷信から科学への医学の進歩』を書いた。示唆に富むタイトルではないだろうか。中世が創造性も知性もなく、「疑いなく教会と封建領主に服従した」時代で、「将来有望な天才は、抑圧されるか、やむなく実践的な成果の得られない隘路を歩んだ」時代だと記すのである。「病気の恐るべき流行に苦しみ、幼児死亡率が上がり、寿命が縮むなか、西ヨーロッパの人々は市壁に囲まれた都市で不潔に、下水もなく、疫病の流行になすすべもなく暮らしていた」（Haggard 1933, 40）からで、中世におけるなけなしの進歩といえば、アラブ人イスラーム教徒の影響のおかげだった。紀元二世紀の［ギリシアの］ガレノス経由であれ、アラブ人著作家経由であれ、知的な医学体系がヨーロッパにもたらされていたら、中世人は理解せず「崇めた」だけだろう、とハガー

ド博士は述べる。この本から学べるのは、中世に医学が現実にどう実践されたかではなく、現代医学へ「進歩する」にあたり中世がいかに失敗したかということだ。

こうした見方は「進歩」への強迫観念に駆られた十九世紀の遺物にすぎないのだろうか。否、である。今日まで医学分野の一般書になお見られる観点なのだ。ハガードのほかにも医師リチャード・ゴードン、つまりイギリスの外科医で本名ゴードン・スタンリー・オストレア（一九二一〜二〇一七年）は、医師が登場する何十もの小説と、医師・医学史関連の著作多数の作家である。一九九三年の『歴史は病気でつくられる』は、なるほど学術書の体裁はとっていないが、まさにこうした本が中世神話を巧みに永続させるのだ。ゴードンの中世の扱いは、ハガード博士よりなお嘲笑的なものである。語りに曰く、中世に「解剖学は死に絶え、医学は無益だった。当然ながら宗教が「善なるもの」だった。……しかし、宗教は千五百年にわたり治療というものを根絶やしにしたのである」（Gordon 1993, 7）。それというのも、「初期キリスト教会は医師を嫌っていた。医師は死にまつわる事柄に干渉したからである。……身体を管理したのは聖人たちだった」（Gordon 1993, 6）。ゴードン博士にとって、宗教が支配する時代にはいかなる知性も医学の進歩もおよそ見出せるものではなかった。同様の態度は、チャールズ・フリーマンの『閉じた西洋精神　信仰の興隆と理性の衰退』のそこかしこに、ずっと落ち着いた調子ではあるが見出される。フリーマンによると、キリスト教の勃興は、ガレノスの生きた二世紀にはすでに生じていた「医学に対する科学的アプローチの拒絶」につながった。そして、中世の医学的処置〔ケア〕は、医療者側が救済のためと称して身勝手に行うものだった、と主張される（Freeman 2003, 320）。本書で見てきた通り、カトリック教会が押しつけた無知によるものか、中世の人々を堕落させた異教信仰によるものかはともかく、今日から見ると、中世の誤謬はどれも超自然信仰のせいなのである。

これら「異教の信仰」のなかでも、中世の人々は目に見えないほど小さい「エルフ」によって病気になると思い込んでいた、という見方はとりわけ注目を集めてきた。これはたしかに中世の信仰だが、たった一例の特異な事件が中世社会全体に敷衍(ふえん)された例でもある。そうなった背景には、中世史と医学史で絶えず問題となってきたイングランド中心主義がある。つまりイングランドは、世界とは言わずとも、ヨーロッパでもっとも重要な文化であり、その文化所産はヨーロッパ中世全体の代表たりうるとの信念である。中世医学の平易な歴史書は、大部分が中世イングランドだけを扱い、かつ、最古ではあれ代表的とは言えない稀少な事例にのみ準拠しているのだ。イギリス人の誇りは、彼らの中世の王国で、古典語（ギリシア語、ラテン語）ではなく俗語、すなわち母語である古英語を用い、最初の網羅的、包括的な医学文書が作成されたことである。アングロ＝サクソンの内科医は他のヨーロッパ諸国が自国語で医学文書を著す何百年もまえ、すなわち九〜十一世紀に、すでに古英語で医学便覧を書いていたのだ。『古英語薬草標本集』、バルドの『医薬書』、そして『治療法』として知られるものである。

一八六四〜一八六六年、イギリスの聖職者で文献学者であるオズワルド・コケイン（一八〇七〜一八七三年）が、近代になってはじめて幅広い読者向けに中世医学の紹介本を書いた。『初期イングランドの医術、薬草術、占星術 Leechdoms, Wortcunning and Starcraft of Early England』と題し、右に挙げた古英語による医学書の校訂と翻訳を収録した。しかし、コケインは中世医学を〔解説を加えて〕理解可能にすること、また、歴史的に正確であるかどうかは意に介さなかった（Van Arsdall, 2008）。アングロ＝サクソン人を異教徒すれすれの野蛮人の集団として描き、意図的に奇想天外・古色蒼然たる訳文にした。しかし、九世紀のアングロ＝サクソン人は西ヨーロッパでもっともキリスト教的かつ教養ある人々だった。コケインの表題こそが、今日に至るまで中世医学の認識を歪めた元凶である。例を見て

みよう。〔leechは蛭を意味する語だが〕leechdomは近代英語にはない。本来「医学」を意味する古英語laecedomをコケインがこう訳したのである。古英語でleech（leace）は内科医を指すのだが、これは彼らが蛭を使うからではない。順番が逆で、内科医も蛭も血を吸引するところから、そう呼ばれるようになったのだ。コケインは中世医学の実践を正確に示す表現「薬草の知識」を使わず、「薬草術wortcunning」なる語を編み出し、ヴィクトリア朝期に広まっていた中世の魔術と迷信にまつわるイメージを強化した。

アングロ＝サクソン人と中世医学をめぐるコケインの歪んだ描写は読者の反響を呼んだ。ヴィクトリア時代の読者たちは、中世の野蛮さと迷信への幻想を裏づけるこうした治療法に大いに関心をもった。とりわけ魅力的だったのは、一次史料として『治療法』から引用した「さしこみ」の治療のように、病気の原因を「エルフ」に帰すものだ（「さしこみ」は脇腹の痛み、おそらくはリューマチ）。このエルフは、〔J・R・R・トールキン作品の〕中つ国や『ダンジョンズ&ドラゴンズ』の世界のように背が高く美しい人間の姿はしておらず、小さくて意地悪な精神の持ち主だ。矢で病気を引き起こすことから、病人が「エルフに射られし者」と言われることもある。『治療法』はこの例以外にもエルフや魔女に言及している。つまり、コケインは本筋を逸脱し、古英語のテクストをファンタジー作品にしてしまったのだ。訳に際して、lewやnithlingなど、十九世紀イギリスではすでに使われなくなった、あるいは一度も使われたことのない語を使用しているし、古英語のテクストで単に「妻たちwif」とあるだけなのに、コケインは「魔女の妻たち」と訳した。原典にはない迷信を付け加えたのである。

近年、多くの研究者が『治療法』や古英語で書かれた医学書を新たに校訂・翻訳しており、コケインによる打撃は薄れつつある（Hall 2007, 109-10; Pollington 2000, 228-29）。それでも研究者たちは、この〔「さしこみ」の〕治療法と『治療法』について、二十世紀のはじめから終わりまでさかんに論じてきた。アン

グロ＝サクソン人は、本当にエルフや魔女を信じていたのだろうか？ この一節は脇腹の「さしこみ」を比喩的に表しただけなのだろうか？ 「エルフ」と言うが、身体の病気をそう呼んだだけなのか、それとも本当にこの超自然的な存在を信じていたのか？ いずれにせよ、『治療法』とそこに出てくる「エルフ」は、中世医学のなかでもほかに類を見ない存在だとよくよく理解しなければならない。中世全体を見渡すと、ラテン語で書かれた数千もの医学書が残っており、その大半は、病気を説明するにあたって、エルフや超自然的生物を引き合いに出すことはない。中世医学への誤解は、主としてコケインが本を刊行したあと、『治療法』が中世の典型だと信じ込んだ英米の研究者に端を発している。たとえば、ゲルマン語の文献学者J・H・G・グラッタンは一九五二年に『アングロ＝サクソンの魔術と医学』を著し、典拠として『治療法』を用いた。グラッタンもコケインを踏襲し、歴史的には誤用と言うべき leechdoms を使用した。また、中世の医学は「愚行と軽信のかたまり」で合理性に欠け、経験的、感覚的な根拠を持たなかった、と考えた（Grattan and Singer 1952, 92）。中世医学は非合理だと切って捨てる態度は、チャールズ・シンガーの『医学小史』（Singer 1962, 一九二八年刊の同名著作の改訂版）、スタンリー・ルービンの『中世イングランド医学』（Rubin 1974）にも見受けられる。

彼らが、いくら初期中世イングランドにおける医学の一面にすぎない、と断りを入れているとしても、この認識・判断は〔当初の〕文脈を離れ、ヨーロッパ全体、中世全体に敷衍される。とくに子ども向けの歴史の本に言えることだが、この種の本は（他の章でも見たように）大学生や大人の読者向けの本よりはるかに長期にわたって中世に関するフィクションを保持することになる。『中世ヨーロッパ歴史大全』は、中世のキリスト教徒はあらゆる病気と疾病を神、魔術、あるいは悪魔のせいにした、とする。彼らは医薬を使わず、すべての希望を祈りに託したのだ、と（Gitlin 2016, 24）。ある伝染病をめぐる歴史書によれば、一三四八年の黒死病以前は「大半の人々は病気について神話と迷信を信じていた。

……人々は、罪か悪行ゆえに自分は罰を受けているのだと考えた」（Cefrey 2001, 9-10）。この著者たちの誤りは、宗教的治癒と自然的治療が両立せず、二律背反である、と信じたことだ。しかし、中世人は罪を犯したがゆえに神の怒りを買い病いに陥ったと考える一方、人間の医者に自然の治療薬を求めた。このことに、何ら居心地の悪さを覚えなかったのである。

あるイギリスのウェブサイトは、中世に医療は不在だった、という神話を前面に押し出している。このサイトはＢＢＣの支援を受け、ＧＣＳＥ（一般中等教育修了証試験）で歴史科目を受験する生徒向けであるにもかかわらず。学習ガイドによると、中世は全面的な医学の停滞期で、古代世界に由来する医学知識はすっかり失われていた。矛盾もいいところだが、このガイドによれば、教会はキリスト教徒に古代の内科医ガレノスの医学書を繙（ひもと）くきっかけも提供した。教会は解剖を禁じ、人々が治療のために祈禱、聖人、そして迷信にのみ頼るよう奨励した、とも言っている（"Medical Stagnation in the Middle Ages," BBC-GCSE *Bitesize*）。すべて誤っていると言うほかない。

一次史料

❖『治療法 Lacnunga』（一〇〇〇年頃）**より「さしこみについて」とその他治療薬について**

『治療法』は紀元一〇〇〇年頃、アングロ＝サクソン期のイングランドで書かれた薬草と魔術についての医術集である。九〇〇年から一〇五〇年のあいだに書かれたアングロ＝サクソンの医学書の

一つで、ほかには『古英語薬草標本集』、バルドの『医薬書』などがある。これらは大半が古英語で書かれ、一部はラテン語、そしてギリシア語とヘブライ語の短いフレーズを含む。アングロ＝サクソン時代の医学は、大陸の中世医学書と同様、薬草を用いた自然由来の治療薬が基本である。しかし、この『治療法』は異教とキリスト教の儀式、魔術の呪文とまじない、そしてエルフと魔女への言及が多いことで（悪）名高い。以下の引用は、七五〜七六節「さしこみについて」を含む、もっとも「迷信的」な治療を取り扱った箇所である。十九世紀の専門医学との懸隔と差異を強調するため、この処方箋を校訂・翻訳したトマス・オズワルド・コケインがあえて古めかしい響きにしたことがわかるだろう。現代の読者にとっては、〔コケイン版ではなく〕最新の訳の方が理解がたやすい。

75 さしこみに対しては、ナツシロギクと住居の周りに茂る赤イラクサ、そしてオオバコ、これらをバターで煮るべし。

76 これらは大きな声で、そう！　大きな声で唱えるべし。

　つりくさびのうえに登りしとき、
彼らは雄々しき雰囲気なり
つりくさびのうえに登りしとき。
さあ汝を覆え、このどれも救えまい
出でよ小さな槍、もしここにあるならば。
彼は大いなるシナノキのしたに、
輝ける盾のしたに立ち、
強力な魔女の妻たちのいるところ

その大いなる力を示しけり。
喚き、彼女らは吹き矢を吹く。
我はまた別なるものを放つ
飛ぶ羽根のついた太矢を、正面からそちらに向けて。
出でよ小さな槍、もしここにあるならば。
鍛冶屋は座り、剣を打つ
わずかな鉄、ぱっくりとあく傷。
出でよ小さな槍、もしここにあるならば。
六人の鍛冶屋が座り、
鍛えた槍をふるわん。
槍を出せ、しまうなかれ
もしそこにあるならば、鉄が少しでも、
魔女の作ならば
それは溶けん。
もし汝の皮膚に撃たれ、
あるいは肉に撃たれ、
あるいは血に撃たれ、
あるいはあばらに撃たれても
汝の生命は傷つけられることなかれ。
もしそれがアース神族の一撃でも、

あるいはエルフの一撃でも、
あるいは魔女の一撃でも、
いまや我が汝を助けん。
ここにあるこれはアース神族の一撃からの救済
ここにあるこれはエルフの一撃からの救済
ここにあるこれは魔女の一撃からの救済
我は汝を助けん。
トールは山へ逃る。
二つの宝を持ち。
主が汝をお助けにならんことを！

それからナイフを取り、液体にひたすべし。

78

もし家畜が死にそうであれば、聖水にノボロギクとホルトソウ、カッコウチョロギとヤエムグラの根の部分を入れ、これを口に注ぐとただちによくなるだろう。

95

扁桃について

九人いるはノースの姉妹。九人が八になり、八人が七に、七人が六に、六人が五に、五人が四に、四人が三に、三人が二に、二人が一に、そして一人が失せぬ。これは扁桃、腺病、虫、そしてあらゆる病気に効くだろう。また、ベネディクトゥスを九回歌うこと。

103 子を産めない女は死者の塚に行き、その塚を三度踏み、それから次の文句を三度唱えるように。

　これが我が救済とならんことを
　忌まわしい遅産からの。
　これが我が救済とならんことを
　耐えがたく陰鬱な出産からの。
　これが我が救済とならんことを
　忌まわしく消耗する出産からの。

そして、その女性が妊娠すれば、彼女は夫の寝床へ行き、横たわって言う。

　我は上り
　汝のうえで踊る
　子を宿し
　死んだ子でなく
　月満ちて生まれる子
　妖精でない子を。

そして母親が子の速い胎動を感じたら、彼女を教会へ行かせ、祭壇のまえで私が示したキリストに対し、そのことを報告するように。もし月満ちるまで子を宿せなければ、自ら子の塚の側に立ち、それから黒い毛織りの布で包んで行商に売り、そしてこう唱えるべし。

　我は売る
　いや、売ってしまった
　この陰鬱なる毛織りを

そして悲しみの粒を。

出典：Cockayne, T. O. 1864-1866. *Leechdoms, Wortcunning, and Starcraft of Early England Being a Collection of Documents, for the Most Part Never Before Printed Illustrating the History of Science in this Country Before the Norman Conquest*. 3 vols. Rolls Series, 35 i-iii. London: Rerum Britannicarum Medii Aevi Scriptores, 3: 53, 55, 63, 67, 69.

実際に起きたこと

中世医学の「事実」を示すのは難しい。千年にわたる中世のあいだ、中世医学に単一の体系がなかったからだ。プロの内科医がほとんどおらず、正規の医学訓練を受けられなかった初期・盛期中世（五〇〇年頃～一一〇〇年）の治療と、医学教育が正規のものとなり、いくつかの大学で正式な学部も生まれた中世後半期（一一〇〇年頃～一五〇〇年）の治療とのあいだには大きな溝がある。当時の学部は今日とほぼ同じくプロの内科医を訓練して資格を与えたが、専門知識と資格をもつ内科医は依然として、後期中世の治療者のうちごく少数にとどまった。治療者には、本草家、女占い師、産婆など、実務経験があっても、書物からしかるべき知識を得たことのない人々が含まれていたためである。また、ラテン、アラブ、ギリシア文化に連なる高度な知識を持つ学者たちの理論に根ざした医学と、当時として一般的な、教養を欠いた農民が家庭で行う医療のあいだには大きな違いがあっただろう。さらに、中世の人々は（キリスト教徒であれ、イスラーム教徒であれ、ユダヤ教徒であれ）罪ある行いを特定の病気、とりわけ腺ペストとレプラ［ハンセン病］に結びつけた（Grigsby 2008, 145-46）。とはいえ、中世医学の輪郭・概要を

示せば、上述のフィクションがはらむ矛盾は明らかになるはずである。

まず、中世の人々は病気の治療に際して祈禱と魔術に頼るしかなかった、という神話を作り上げた人々のことは忘れよう。中世医学の認識では、病気の大半は自然が原因であり、自然の治療薬で治療可能であり、〔自然の治療薬の存在は〕男女の別、教育の有無を問わず認識されていたし、心構えもできていた。中世の人々はウイルスや細菌を知らなかったが、（今日の私たちと同様）病気には人から人へと感染して広がるものがあり、特定の生活様式が不健康につながり、他の人々よりも明らかに病気にかかりやすい人がいることを理解していた。付言すると、現代の読者は中世における罪と病気の関係をよく理解しているとは言えない。中世の人々は、ある病気を特定の罪のせいにするというより（実際あったがまれだろう）、キリスト教的な世界観に照らし人間性が堕落した状態に起因して病気が一般に存在すると考える傾向があった（Amundsen 1996, 187-88）。たしかに罪は普遍的な意味で病いの原因だった。しかし、病いの身体への影響を説明するにあたり、病いは自然の作用と認識されていたし、推奨される処方の大半も自然の作用と認識されていたのだ。

健康と病気の関係は、身体の調和と均衡の語彙で説明されるのが普通だった。すなわち、身体がバランスを崩すと、病いが生じる。薬の目的は、身体の均衡を回復することにある。均衡をめぐるシステムの解釈にはさまざまな理論があり、緊張と弛緩、空虚と充満、温熱と寒冷、あるいは液体の運動など、種々の考え方が勘案される。圧倒的に人口に膾炙（かいしゃ）したのは、古代ギリシアの医師ヒポクラテス（前四六〇年頃～前三七〇年頃）とその弟子たちが確立した体液理論だ。体液理論によると、健康と病気は体内の四つの本質的な物質である「体液」で決まる。血液、粘液、黄／赤胆汁、そして黒胆汁である。もしこれらの体液の一つが食物、飲み物、運動、あるいは性行動の過多もしくは過少により過剰になるか腐敗すると、体液がバランスを崩し、ある特定の病気が体内で生じうるのである。異なる体液は、

異なる種類の病気をもたらす。粘液は風邪を、赤胆汁はコレラを、黒胆汁は疫病と深刻なうつを引き起こした。

一般に、病気は外部の病原体ではなく人間の身体が生み出すものとされたから、治療が目指したのは微細な病原体を突き止めて取り除くことではなく、身体そのものの矯正だった。こうした治療は今日の医学より侵襲性が低く、普通は節度ある食生活と運動（いわゆる「養生」）で果たされた。頻繁ではないが、内科医は身体から余剰な体液、腐った体液を排出させるために瀉血（しゃけつ）をし、嘔吐、排尿、発汗を引き起こす薬剤を処方した。

体液理論はローマ帝国下ギリシアの内科医、ペルガモンのガレノス（一三〇年頃〜二一〇年頃）が洗練し、強力に普及を図ったものである。この人物は、医学を含むさまざまなテーマの著作を数百冊残している。古代の内科医のなかで、とりわけヒポクラテスとガレノスの思想と文書が中世に受容され、アラビア語（とくに九、十世紀）とラテン語（多くは十一世紀と十二世紀）に翻訳された。中世のキリスト教徒とイスラーム教徒は、同一の医学文化を共有し、同一の古代ギリシアの医師たちを参照したのである。この文化の共有は、中世医学の入門書でもっとも人気のあった文献に見て取れる（「一次史料」参照）。ラテン・ヨーロッパでヨハニティウスの名で知られたフナイン・イブン・イスハーク（八〇九〜八七三年）は九世紀のバグダードで内科医、ギリシア語文献の翻訳者として活躍したアラブ人キリスト教徒であった。

ヨハニティウスは『医学問答集』というガレノス医学の簡潔な要約を書いているが、これはヨーロッパで『ヨハニティウスの医学入門』（原題 Isagoge はギリシア語で「入門」の意）として知られた。彼は「自然的事物」（体液や諸元素など人体の性質を決める諸要素）、「非自然的事物」（運動、入浴、食物、飲み物、睡眠、性行動、そして感情といった健康に影響する外的作用）、そして「自然に反する事物」（病気と加齢）の概要を記している。

以下の抜粋からわかるように、『ヨハニティウスの医学入門』はきわめて合理的かつ体系立っており、現代の私たちに不正確に映る箇所があるとしても、基礎には自然の観察と説明がある。コンスタンティヌス・アフリカヌスはイタリアのモンテ・カッシーノ修道院で一〇七〇年代から一〇八〇年代に活動した北アフリカ出身の修道士だが、『ヨハニティウスの医学入門』をアラビア語からラテン語に翻訳し、同作はその後五百年にわたってヨーロッパの専門医学教育の基礎を築いた。ヨーロッパでは正規の医学教育は男性キリスト教徒のみ受講できたが、そもそも医師免許というものがなかったので、多くの都市や国でほぼ誰でも初歩的な医術を実践できた。医学生はヒポクラテスやガレノスに遡る古い時代の難解な書物、また中世アラビアの内科医による著作へ進むまえに『ヨハニティウスの医学入門』で学んだ。イスラーム世界にヨハニティウスやコンスタンティヌスといった教養あるキリスト教徒の医師、翻訳者がいた事実からわかるように、中世のイスラーム教徒がキリスト教徒を学校や社会に受け入れなかった、という俗説は誤りである（この俗説は〔先述の〕小説・映画『千年医師物語』で繰り返されている）。

『ヨハニティウスの医学入門』などは中世の人々に医学理論の基礎を伝えたが、現実の内科医は全員、実地での医療を知らなければならなかった。今日と同様、徒弟制度と観察が必要だったのだ。アラビア語またはラテン語で書かれた医療の実践的ハンドブックもあった。ラテン・ヨーロッパではしばしば単に『医学実地書』と呼ばれ、十二世紀イタリアの内科医プラテアリウスの『医学実地書』が人気だった。ここではよく見られる体調不良（鼻風邪）、中世から二十世紀初頭までカタルと呼ばれたものの治療を抜粋した（「一次史料」参照）。プラテアリウスは、体液理論を用いてカタルの潜在的な原因を説明し、体液の矯正に基づく細かい治療法を指示している。患者のカタルに特定の原因がないか調べるため、実験をも提案している（とはいえ、この実験の方法と結論は不明だ）。

中世医学に関するこうした神話は本書で扱う他の神話同様、複雑な現象を一つの事例に還元したことにその原因がある。本章の事例であれば、現代の読者が、初期中世の人々は病気の原因を「エルフ」に帰した、というまれな事例にのみ注目し、合理的な〔医学〕理論、身体症状の観察、自然治療薬の処方など、中世に普及していた広範な医療体系を見落としているのだ。たしかに、中世医学を現代の病原菌理論と比べると、病気の原因に対する理解は本質的に「誤り」だ。他方、中世医学は、現代医療で「正しい」とされることの基礎を現在に伝えている。つまり、患者の症状をよく観察し、彼らが語る病状に耳を傾け、食生活と生活様式を調べ、植物と鉱物に新薬を探り、身体の本性と世界における位置を論じている。治療に対するすべてのアプローチは、古代地中海世界で確立され、中世アラブとラテン文化で継承・洗練され、現代世界へと伝えられたのである。

一次史料

❖『ヨハニティウスの医学入門』（十世紀アラビア語、十一世紀ラテン語）——学問としての医学入門

フナイン・イブン・イスハーク（八〇九～八七三年）はラテン・ヨーロッパ世界でヨハニティウスと呼ばれ、内科医、医学、科学、哲学のギリシア語テクストの翻訳者としてバグダードで活躍したアラブ人キリスト教徒だった。この『医学入門』は、アラブ・ラテン双方の医学教育において彼が残したもののうちもっともよく知られた作品の一つである。ヒポクラテスとガレノスに関する医学理

論を簡潔かつ詳細に紹介し、四体液（血液、粘液、赤／黄胆汁、黒胆汁）の理論を用いた病因の同定とその治療に注目している。

ヨハニティウスによる医学入門冒頭箇所

医学は二つの部分、すなわち理論的部分と実践的部分に分けられる。この二つのうち、理論的部分はさらに三つに分けられる。すなわち自然的事物、非自然的事物、そして自然に反する事物の考察である。これらの考察から、病気、健康、中間態についての知識、またその原因と意味、つまりいつ四体液が異常に増加し、何がその病因で、どれほど重大かということが明らかになる。

［**自然的事物について**］自然的事物は数において七つある。元素、性質、体液、四肢、力、作用、そして精気である。しかし、これに次の四つを加える者もいる。すなわち年齢、色、形態、そして男女の別である。

［**元素**］四元素がある。火、空気、水、そして土である。火は温にして乾である。空気は温にして湿である。水は冷にして湿である。土は冷にして乾である。

［**性質**］九の性質があり、八つは不均衡で一つは均衡が取れている。不均衡のうち四つは単純である。すなわち温、冷、湿、乾である。これらから四つの複合的性質が生じる。温にして湿、温にして乾、冷にして湿、冷にして乾。均衡が取れているのは身体がよい状態かつ中間態にあるときで、四つすべてが適量のときである。

［**体液について**］体液は数において四つある。すなわち血液、粘液、赤胆汁、そして黒胆汁。血液は温にして湿、粘液は冷にして湿、赤胆汁は温にして乾、黒胆汁は冷にして乾である。

［**粘液について**］粘液には五種類ある。他のものより温にして乾、胆汁寄りの塩辛い粘液がある。温

にして湿に属する甘い粘液があり、これは血液寄りである。冷にして乾に属する酸っぱい粘液があり、これは黒胆汁寄りである。ガラス質の粘液は、自然の温を持たない老人のように大いなる冷と凝固から生じる。そしてもう一つ、冷にして湿のものが存在し、香りはなくとも独自の冷たさと湿気を持っている。

［赤胆汁について］ 赤胆汁は五つの異なる様式で存在する。本性と本質双方で透明もしくは純粋で温、肝臓に由来する赤胆汁がある。また粘液の水体液に由来する淡黄色で純粋な赤胆汁、それゆえ温でないものがある。もう一種は黄色である。これは卵の黄身に似て凝固した粘液と透明な赤胆汁の混合に由来するもの、リークのような緑で、通常は胃か肝臓に由来するものである。もう一つは緑青のような緑で、毒のように燃え、過度の体液の過熱に由来して、独特な色と力を善悪両方で持つ。

［黒胆汁について］ 黒胆汁は二つの異なる様式で存在する。一つは、おそらく血液の澱(おり)や血液のあらゆる障害に適合していると言われ、身体のしたから、あるいはうえから流れ出るその黒い色で知られ、その特性は冷にして乾である。もう一種類は完全に自然の軌道から外れ、怒りっぽい性質の体液の過熱に由来し、だからこそ黒と呼ばれ、より温にして軽であり、きわめて致命的な性質と有害な性格を内に秘めている。……

［身体の性質について］ 身体の性質は数において五つある。すなわち過剰もしくは多量、羸痩(るいそう)あるいは虚弱、消耗、みすぼらしさ、そして中間態である。多量には二種類あり、一つは肉、もう一つは脂肪の過剰である。肉の過剰は熱と体液の過剰から生じる。しかし、肥満は冷と極度の湿から生じる。肥満の喪失、すなわち羸痩は熱と極度の乾から生じる。消耗は冷と極度の湿、あるいは極度の冷と湿から生じる。そして、中間態は体液の適切な割合から生じる。これら体液は身体の状況である。

［男女の別について］ 男は女より温にして乾である点で異なる。反対に女はより冷にして湿である。

非自然的事物についての論考冒頭箇所

［そして第一に、空気の変化について］ 空気の変化は五つの異なる仕方で生じる。季節、星の上昇と下降、風、そして風土と蒸気の別による。

［季節について］ 四つの季節がある。すなわち、温にして湿の春、温にして乾の夏、冷にして乾の秋、冷にして湿の冬である。また空気の本性は星によっても変わり、太陽が星に近づくか星が太陽に近づくと空気はより熱くなる。しかし両者が離れると空気の冷たさの度合いが変わり、増加もしくは減少する。

［風の数と特性について］ 四つの風がある。東、西、北、そして南の風である。これらのうち一つの本性は冷にして乾、もう一つは温にして湿である。東風は温にして乾、西風は冷にして湿であるため、残り二つは本性において等しい。南風はわずかに温と湿が、北風は冷と乾が勝る。

［位置とその性質の多様性について］ 四つの異なる位置がある。すなわち高、深、山もしくは海との近さであり、これら独自の性質により、風土はそれぞれ異なる。高は冷を、深はその逆を生み出す。山々との関係は以下の通りである。山々が向かって南にあると、山が熱風を防ぎ、北風がその冷たい空気をもたらし付近はより冷となるはずである。しかし、山々が向かって北にある地域では逆となる。海との関係に関しては、もし海が南にあれば地域は温にして乾であり、北にあれば冷にして乾だろう。土はそれぞれ異なる。石で覆われた土地は冷にして乾である。肥沃で密な土地は温にして湿である。粘土質の土地は冷にして湿である。湿地やその他腐敗が進む土地からの蒸気もまた空気を変え、病気と悪疫を引き起こす。……

自然に反する事物について

三つの自然に反する事物がある。すなわち病気、病因、そして病気の付随物もしくは帰結である。病気は第一義として身体を傷つけるものだが、それに際して、たとえば持続性の熱病の熱のような媒介の助けはいっさいない。

［熱病について］ 熱とは非自然的熱さであり、言い換えると自然の正常な軌道を外れた熱さである。それは心臓から動脈へ進み、それ自体の作用で有害なものである。三つの種類があり、第一は精神における熱で、短命と呼ばれる。第二は腐敗させる体液から生じ、それゆえ腐敗性と呼ばれる。第三は病いのあいだに身体の堅い箇所に作用し、これは消耗と呼ばれる。これら三つのうち、〔第一の〕短命は非本質的な原因から生じる。

腐敗性の熱は腐敗した物質から生じ、これらは単独にして別々のものであり、数においては四つある。第一は血液の腐敗から生じ、身体の内側と外側両方を焼き尽くす。そのようなものとしてたとえば持続性の熱病がある。第二は赤胆汁の腐敗から生じ、そのようなものとしてたとえば三日熱がある。第三は粘液の腐敗から生じ、そのようなものとしてたとえば毎日熱がある。そして第四は黒胆汁の腐敗から生じ、二日の間隔をおいて病人を襲い、四日熱と呼ばれる。

くわえて、腐敗から起こる三種類の熱病がある。第一に日に日に下がる熱があり、そのようなものはたとえば peraugmasticus、つまり減少と呼ばれる。第二に最後まで上がるものがあり、そのようなものは augmasticus と呼ばれる。第三に最後まで下がりも上がりもしないものがあり、そのようなものはたとえば homothenus と呼ばれる。

静脈内の腐敗による持続性の熱病は、静脈を離れて身体の他の部分へ出ると下がり始める。熱の最中に鳥肌や悪寒が起きるのは腐敗した物質が敏感な四肢に滲出するためで、この物質は寒気をもたら

す。それゆえ、これら熱病のあいだに〔熱が〕緩解したり変動したりすることで鳥肌が立つのは、腐敗した物質が静脈外にあるためである。……

［身体の質について］ 身体の質は数において三つある。すなわち健康、病気、そして中間態である。健康は、身体の気質と七つの自然的事物が自然の軌道に沿って働いている状態である。病気は、気質において自然の軌道から外れて本性を損なっており、そうすると、害の影響により身体はこれを感じるかもしれない。中間態は健康でも病気でもない。そして、この中間態には三種類ある。(a)健康と病気が同じ身体に共存している状態。盲人や足の不自由な人のように、それは別々の四肢で起こりうる。(b)老人の身体で、四肢にいかなる不快も苦痛もない状態。(c)ある季節は調子がよく、別の季節は調子が悪い人。たとえば、本性が冷の人は冬に病気がちで夏は調子がよい。そして、本性が湿の人は幼年期に病気がちだが、若年および老年期は調子がよい。本性が乾の人は幼年期に調子がよいが、若年および老年期は病気がちである。

健康、病気、そして中間態は三つの方法で明らかになる。(1)これらのうちどれか一つが生じた身体において。(2)これらをもたらし、制御し、保持する原因において。そして(3)それらが示す兆候において。

出典：Johanitius. 1912. Isagoge. Printed in *John of Gaddesden and the Rosa Medicinae*, H. P. Cholmeley. Oxford, 1912, 136–66.

❖プラテアリウス『医学実地書』より鼻風邪の説明と治療（一一五〇年頃）

プラテアリウスは、十二世紀の内科医、著述家であり、南イタリアのサレルノ出身だと考えてほぼ間違いない。「プラテアリウス」を名乗る著述家たちの一人で、この名から察するに、内科医を

輩出してきたある家系の出なのだろう。港町サレルノは少なくとも十世紀以降、近隣のギリシアおよびイスラーム文化の影響を受けて医学知識を身につけた医師たちが活動していたことで知られる。十世紀から十三世紀までにサレルノ周辺で多くの医師が教え、著作を残したことから、歴史家たちはしばしば医学の「サレルノ学派」について語る。しかしそうはいっても、一二三一年にサレルノ大学が創設されるまでは組織立った学派はなかったはずだ。「サレルノ学派」の医学は、薬草治療、瀉血、そして養生を組み合わせることで患者の四体液を強化し、バランスを整えることを重視した点に特徴がある。この医学体系は、カタル（鼻風邪）の原因と治療について説明する以下の抜粋にも該当する。

［カタルについて］カタル（鼻風邪）とは、頭からの体液の流れである。それが生じるには内的・外的要因がある。外的要因には、熱い空気、寒気、湿気がある。内的要因には、飲食物の摂取、体液と身体部位の性質がある。

カタルは基本的に五つの方法で生じる。流れの仕組みが弱くなって生じる体液の過剰によって、（体液を）溶かして流れるようにしてしまう熱、体液を押しとどめたり押し流したりする寒気もしくは滑らかにする湿気、これら体液の液体性もしくは流動性、保持する力の消滅。

これら多様な原因はそれぞれ独自の兆候で判別されるため、治療方法は原因の種類に応じて異なる。（プラテアリウスはこのあと、カタルの五つの原因をさらに詳しく定義する。）

［治療］体液の過剰により生じるカタルは、第一に余剰な体液を排出することで治療される。したがって、もし血液が過剰なら、身体が多血質で体力と年齢がそれを許し、とくに体液が呼吸器へと流れる場合に限り、頭部の静脈から瀉血をする。

しかし、もし体液が別のところへ流れ、他の体液が過剰なままならば、金の丸薬（盛期中世に一般的だった高価な治療薬）、あるいは五種類のミロボラン（アジア産の小さなプラムで、しばしば薬に用いられた）から作られる丸薬のような下剤が固形で処方されるべきである。下剤を処方した三日後、アカネが与えられる。もしこれで病いが鎮まらなければ、寒から来るカタルの治療に収縮性のものを用いるとよい。それについては後述する。患者は熱い湯を鼻から吸い込み、額とこめかみにバラとスミレの油で作った軟膏か、他の冷のものをあてるとよい。もしカタルがこれで止まらなければ、手に入るなかでもっとも強い鎮静剤をスミレとバラを煎じた水薬と一緒に与えるとよい。つまり、「安息」もしくは「ルベア」（として知られる組み合わせ）である。

冷によるもの、滑らかにする湿気、収縮する力の欠如によるカタルに対する一般的な試みとして、患者は豆粒大の乳香三粒を液体なしで午後に飲むとよい。

もし一度で望んだ通りの効果が見られなければ、これらの治療薬は頻繁に繰り返し服用するべきだということに注意されたい。

出典：Platearius. 2016. *La Practica de Plateario*, edited by Victoria Recio Muñoz. Florence: SISMEL, 234-45.

さらに詳しく知るために

- Amundsen, Darrel W. 1996. *Medicine, Society, and Faith in the Ancient and Medieval Worlds*. Baltimore: Johns Hopkins University Press.

- Brömer, Rainer. 2016. "Only What Goes around Comes Around: A Case Study on Revisionist Priority Disputes—Circulation of the Blood." In *1001 Distortions: How (Not) to Narrate History of Science, Medicine, and Technology in Non-Western Cultures*, edited by Sonja Brentjes, Taner Edis, and Lutz Richter-Bernburg, 201–12. Würzburg: Ergon Verlag.
- Cefrey, Holly. 2001. *The Plague*. New York: Rosen Publishing Group.
- Cholmeley, H. P. 1912. *John of Gaddesden and the Rosa Medicinae*. Oxford: Clarendon Press.
- Cockayne, T. O. 1864–1866. *Leechdoms, Wortcunning, and Starcraft of Early England Being a Collection of Documents, for the Most Part Never Before Printed Illustrating the History of Science in this Country Before the Norman Conquest*. 3 vols. Rolls Series 35 i–iii. London: Rerum Britannicarum Medii Aevi Scriptores.
- Conrad, Lawrence I., Michael Neve, Vivian Nutton, Roy Porter, Andrew Wear. 1995. *The Western Medical Tradition, 800 BC to AD 1800*. Cambridge: Cambridge University Press.
- Demaitre, Luke. 2013. *Medieval Medicine: The Art of Healing, from Head to Toe*. Santa Barbara, CA: Praeger.
- Freeman, Charles. 2003. *The Closing of the Western Mind: e Rise of Faith and the Fall of Reason*. New York: Alfred A. Knopf.
- Gitlin, Marty. 2016. *The Totally Gross History of Medieval Europe*. New York: Rosen Publishing Group.
- Gordon, Richard. 1993. *The Alarming History of Medicine*. New York: St. Martin's Press. 〔リチャード・ゴードン『歴史は病気でつくられる』倉俣トーマス旭、小林武夫訳、時空出版、一九九七年〕
- Grattan, J. H. G., and Charles Singer. 1952. *Anglo-Saxon Magic and Medicine Illustrated Specially from the Semi-pagan Text 'Lacnunga*.' Oxford: Oxford University Press.
- Grigsby, Bryon. 2008. "Medieval Misconceptions." In *Misconceptions about the Middle Ages*, edited by Stephen J. Harris and Bryon L. Grigsby, 142–50. New York: Routledge.
- Haggard, Howard W. 1933. *Mystery, Magic, and Medicine: The Rise of Medicine from Superstition to Science*. New York: Doubleday, Doran and Co.
- Hall, Alaric. 2007. *Elves in Anglo-Saxon England: Matters of Belief, Health, Gender, and Identity*. Anglo-Saxon Studies 8. Woodbridge, Su olk, UK: Boydell Press.
- Jolly, Karen Louise. 1996. *Popular Religion in Late Saxon England: Elf Charms in Context*. Chapel Hill, NC: University of North Carolina

Press.
- “Medical Stagnation in the Middle Ages.” 2014. *BBC-GCSE Bitesize*. http://www.bbc.co.uk/schools/gcsebitesize/history/shp/middleages/medievalcivilisationrev3.shtml
- Michelet, Jules. 1863. *La sorcière: The Witch of the Middle Ages*. Translated by L. J. Trotter. London: Simpkin, Marshall, and Co.〔ジュール・ミシュレ『魔女』上・下、篠田浩一郎訳、岩波文庫、一九八三年〕
- Pollington, Stephen. 2000. *Leechcraft. Early English Charms, Plantlore, and Healing*. Little Downham, Ely, UK: Anglo-Saxon Books.
- Rawcliffe, Carole. 1999. *Medicine and Society in Later Medieval England*. London: Sandpiper Books.
- Rubin, Stanley. 1974. *Medieval English Medicine*. New York: Barnes and Noble Books.
- Singer, Charles, and E. Ashworth Underwood. 1962. *A Short History of Medicine*. 2d ed. Oxford: Oxford University Press.
- Siraisi, Nancy G. 1990. *Medieval and Early Renaissance Medicine: An Introduction to Knowledge and Practice*. Chicago: University of Chicago Press.
- Van Arsdall, Anne. 2002. *Medieval Herbal Remedies: The Old English Herbarium and Anglo-Saxon Medicine*. New York: Routledge.
- Van Arsdall, Anne. 2008. “Rehabilitating Medieval Medicine.” In *Misconceptions about the Middle Ages*, edited by Stephen J. Harris and Bryon L. Grigsby, 135–41. New York: Routledge.
- 久木田直江『医療と身体の図像学　宗教とジェンダーで読み解く西洋中世医学の文化史』知泉書館、二〇一四年
- 坂井建雄「サレルノ医学校　その歴史とヨーロッパの医学教育における意義」、『日本医史学雑誌』第六一巻、二〇一五年、三九三～四〇七頁
- ハインリヒ・シッパーゲス『中世の医学　治療と養生の文化史』大橋博司、濱中淑彦、波多野和夫、山岸洋訳、人文書院、一九八八年

第10章

中世の人々は魔女を信じ、火あぶりにした

人々が起きたと思っていること

魔女とは何か、みなさんはもちろんご承知だろう。とんがり帽子、黒猫、醜い顔に長い鼻、ほうきに乗って飛ぶ例のあれである。これは『白雪姫』や『ヘンゼルとグレーテル』などのおとぎ話に出てくる魔女、『オズの魔法使い』の本や映画（一九〇〇年、一九三九年）に出てくる西の悪い魔女、あるいは——もっと好感が持てる表現として——ハリー・ポッターシリーズの本や映画（一九九七年〜）におけるマクゴナガル先生、そして宮崎駿『魔女の宅急便』（一九八九年）におけるキキといったところか。魔術、とくに害悪魔術を使う空飛ぶ女性の話は、ホメロスやヘシオドスが残した叙事詩のキルケーとヘカテーという登場人物に見られるように、少なくとも古代ギリシアにまで遡る。だが、これらの「魔女」は人間ではなく、ティタン神族であり女神であった。ヨーロッパ文化におけるまさにここ五世紀ほどの所産なのに、人間の女性の魔女というステレオタイプはこの間もはや不動のものになっていて驚くばかりである。

さらに話を深く掘り下げていくと、このステレオタイプはもっと陰影を帯びてくる。魔女は黒魔術の使い手で、悪魔と結託している。魔女は、集会や饗宴で闇の儀式を執りおこない、子どもたちを殺し、食らう。ごくまれに男性の「魔法使い」もいたにはいたが、たいていは女性である魔女たちは、カトリックのミサを悪魔側に反転させた「黒ミサ」を執りおこなうために禍々（まがまが）しい「サバト」に集う。ベラドンナのような精神作用のある薬草の影響のもと、しわくちゃの老婆たちはキリストを拒絶し、猫か山羊の姿をしたサタンを崇拝し、おぞましいダンスを踊り、そして毒ガエルの首を切る（以上につ

いては Michelet 1863, 150–56）。こうした禍々しい儀式によって魔女たちはさまざまな種類の魔法を獲得するが、とくに情欲をかき立てたり、苦痛や死をもたらしたりする呪文を使えるようになる。私たちは、シェイクスピアの『マクベス』（一六〇六年）の運命の三姉妹、近代のアーサー王物語に見るモルガン・ル・フェの多くの描写、ロアルド・ダール『魔女がいっぱい』（一九八三年と一九九〇年に映画化〔一九八七年と二〇〇六年に書籍が邦訳〕）、『ブレア・ウィッチ・プロジェクト』（一九九九年）、ロバート・エガース『魔女あるニューイングランドの民話』（二〇一六年〔邦題『ウィッチ』〕）などで、さらにぞっとするような魔女に出会える。

これら魔女たちの大半は、善良な魔女にせよ邪悪な魔女にせよ、残忍であるにせよ単に不快なだけにせよ、過去の遺物として扱われている。彼女らの外見、話し方、住まい、魔術のすべてが中世からの借り物のように思える。この悪魔と結びついた魔女たちが中世と切っても切れないことは、（真の魔女であれ、誤って訴えられた無実の魔女であれ）魔女が中世の十字軍や黒死病の文脈で登場する一連の映画を観れば一目瞭然である。そのような映画やゲームとしては、コメディ『モンティ・パイソン・アンド・ホーリー・グレイル』（一九七五年）、スウェーデンの古典的作品『第七の封印』、中世スリラーもの『ザ・ブラック・デス』〔邦訳『ゴッド・オブ・ウォー　導かれし勇者たち』〕（二〇一〇年〔日本でのDVD発売は二〇一七年〕）と、『デビルクエスト』（二〇一一年〔日本でも同年公開〕、『第七の封印』を漠然と下敷きにしている）が挙げられよう。十字軍とペストとアーサー王物語とローマ教皇庁による異端審問とを時代錯誤的に結びつけたこれら「中世」ファンタジーのなかに、魔女たちは違和感なく登場する。

このような魔術を使う女性の話には長い歴史があるが、それでも多くの人が信じているほどに古いわけではない。中世はしばしば、迷信がはびこり、魔女も含むあらゆる類いの魔術信仰が普及していた時代として描写される。そしてその結果として、この時代には無実の女性が魔女の嫌疑で拷問にか

けられ――しばしば火あぶりによって――殺されたのだと思われている。中世の教会はヨーロッパ中で大量の魔女狩りを組織・指揮し、これが近世にまで続き、大西洋を渡って一六九二年にマサチューセッツ州セイレムで起こったかの悪名高い魔女裁判で最高潮に達した、という主張が見られる。

ありふれたフィクションによると、専門的な魔女狩り人が、魔女ではないかとわずかでも疑わしい者を殺し、村々を完全に破壊して回ったので、数百万もの女性が「中世の」魔女狩りで殺されたという。ときにこの時代は「火あぶりの時代」と呼ばれるが、それはもはや「性差による虐殺（ジェンダーサイド）」、つまり男性の教会人たちによる、生まれながらに悪魔と手を結んでいると信じられた全女性を根絶しようとする企みに等しかったとされる。魔女についての一般的な信仰は、ダン・ブラウンの小説『ダ・ヴィンチ・コード』のこの一文によって総括できよう。「魔女狩りの三百年のあいだ、教会は驚くべきことに五百万の女性を火あぶりにした」（Brown 2003, 125）。この作品によって、フィクションは新世代の数え切れない読者たちのあいだに蘇ることになった。

一般に流布した物語（ストーリー）

実際は中世以降の歴史なのに、これを中世に押しつけてしまうのは近代以降の読者のつねであるが、中世に魔女がいたという俗耳に入る信仰はそのもっともわかりやすい実例の一つである。中世はしばしば、迷信がはびこり、残酷で、性を抑圧する時代として描かれる。そのため、魔女と彼女らへの迫害を中世と結びつけるのは一つの道理のようにも思える。しかしながら、私たちがすぐこのあとに見

るように、中世のほとんどのあいだ、魔術そのものについてはともかく、魔女信仰は根拠のない迷信として批判の的になっていた。カトリック教会が劇的にその立場を変え、魔女は実在し、悪魔崇拝を行う異端として罰せられるべきだと主張するようになったのは、ようやく中世の最末期になってからであった。実際に魔女に対する信仰と訴追があった時期（一四三〇年頃〜一六八〇年）のうちある程度はこの中世の最末期と重なるのだが、一般の読者は往々にして、中世後期および近世の魔女狩りが紀元五〇〇年から一五〇〇年、つまり中世全体を通じて見られた信仰と実践の延長線上にあったと考えてしまう。

近代になると、たとえ主として十六世紀と十七世紀のことを述べていたとしても、その時代を「中世的」と呼ぶことによって「中世の」魔女というフィクションを強化してしまう歴史家も現れた。このことは、ペネソーン・ヒューズによる魔女についての古典的で短い歴史書にも見受けられる。そこでは、主として扱われているのが決して「中世」とは認められない十七世紀にもかかわらず、ほとんどの章が「中世の魔術」と題するセクションのもとに置かれている（Hughes 1965）。人気のある歴史書『炎だけで灯された世界』で、中世に対してきわめて冷めた態度をとっているウィリアム・マンチェスターは中世に広く魔女信仰が見られたとしているが（Manchester 1992, 62）、そこで挙がっている具体例は、十六世紀イギリス・ルネサンスの中心人物デジデリウス・エラスムスとトマス・モアの二人だけである。

魔女を研究する歴史家がここ二世紀のあいだでもっとも頭を悩ませたことの一つは、近世の魔女をどのようにしてそれ以前の時期に見られた魔術の諸形態から区別するか、ということである。しばしば、中世の魔術や魔術の使い手——中世ラテン語ではよく maleficia（女性）、maleficus（男性）と表記される——に関する言及を見て、ついそれが紋切型の女性の魔女を描写していると思ってしまう。しか

しながら、malefici や magi といった中世の魔術の使い手たちはたいてい男性であり、死者の霊を召喚しこれを救う屍霊術師（nigromantici）と記されている場合はとくにそうである（Kieckhefer 2000, 151-56）。中世における害悪魔術は習得を要する技術で、男性聖職者たち（司祭や修道士）のみが使えた。しかし、中世に実在した男性魔術師たちをいなかったことにしてみんな女性の魔女にしてしまいたいという欲求は、十九世紀のドイツ、フランス、イギリスの著述家たちのあいだに共通して見られ、その発想は今なお影響力を保っている（Tuczay 2007, 52-53）。そうした著述家には『悪魔学、あるいは魔術と悪魔的な驚異の信仰史』（一八一八年）を著したオルク・コンラート・ホルスト（一七六九〜一八三二年）や『フランスにおける魔術の歴史』（一八一八年）を著したジュール・ガリネ（一七九七〜一八七七年）がいる。ホルストが慎重に文書館史料を参照して十七世紀から十八世紀の魔女迫害を描写したのに対して、ガリネは祖国フランスで起こった魔女裁判の起源を、フランスの千年にわたる魔術の歴史のなかに求めた。彼は中世の魔術のあらゆる事例を近世の魔女裁判の前身として扱い、中世において魔女信仰が非難されているような事例は、手を加えるか無視をした。ガリネの発想は、チャールズ・マッケイの影響力のある著作『常軌を逸した集団妄想と群衆の狂気』（一八四一年）を通じて、幅広い読者に広まった。マッケイはそのなかで、ガリネの著作からまとまった箇所を許諾を得たうえで翻訳・掲載した（Mackay 1852, "The Witch Mania," 101-91)。

近世の魔女ヒステリーを中世に押しつけるうえでもっとも影響力のあった著作の一つが、ジュール・ミシュレによる『魔女』（一八六二年）だ。中世のフィクションの偉大なる提供者として、彼には本書の他の章でもたびたび登場願っている。ミシュレの著作は出版の翌年にすぐL・J・トロッターによって『中世の魔女』として英訳され、これが中世の魔女という概念の流布に拍車をかけた。この本はのちに『悪魔信仰と魔女』というタイトルも付けられ、何度も増刷されている。注目すべきことに、

ミシュレは十九世紀の著述家のなかでもとくに中世の女性と農民に強い共感を示し、彼らを中世教会による魔女狩りの無辜（むこ）の被害者とみなした。しかしながら、彼は教会を悪役としたこともあって、ほとんど十五世紀以降の時代に依拠していたにもかかわらず、魔女の歴史を根拠を提示することなく中世全体へと敷衍してしまった。中世のカトリシズムの歴史を魔術の発展につなげようという思惑から、ミシュレは四世紀のトゥールの聖マルタンから十世紀のクリュニー修道院の創設に至る来歴を語ったうえで、そこから中世最末期の魔女集会に話を飛躍させてしまっている。

ミシュレの行論が扱う年代をより正確に同定するならば、彼は魔女の台頭を十三世紀と定めていることになる。その主張によれば、これはまさに中世の人々が教会から離反し、魔術へと向かっていった時期であった。ミシュレによれば、こうした転向の目的は、この時期に（ミシュレ自身の不正確な想定に従えば）数百万の人々が罹患していた（詳しくは第3章参照）レプラ〔ハンセン病〕を治療することであり、あるいはまた中世の教会が全人類の罪として非難したとされる性的快楽を追求することであった。中世においてレプラは度を越した罪が肉体に顕現したあかしであり、性的接触によって感染すると広く信じられていたため、レプラを宗教の力で治癒することはできなかったという。彼は、「魔女」は実際は思いやりのある女性治療者で、レプラ治療のあてを探す哀れな人々のニーズに応えるためこのとき登場したのだと主張した。しかしここではっきりさせておくべきだが、この主張はじつに馬鹿げている。というのも、十二世紀から十三世紀にかけてヨーロッパのいたるところでレプラ施療院（leprosaria）が作られ、それら宗教的施設のすべてがカトリック教会によって支援され、また資金援助を受けていたからである。仮にレプラに対する有効な治療法がなくても、中世の人々は患者に対して配慮あるケアをしたし、彼らは現世でその罪を償っているのだから、天国へとまっすぐに行くであろうとさえ信じていた。

多くの人々がミシュレの『魔女』を模倣したが、彼らの大半は、ひどく性的な色彩を帯びた中世という幻想に取り憑かれていたと言える。このフィクションを声高に喧伝（けんでん）したものとして、一九二二年制作のスウェーデンの無声映画『魔女』（『歴史のなかの魔術』としても知られる）はもっとも名が知られていよう。デンマーク人俳優ベンジャミン・クリステンセン（一八七九～一九五九年）が脚本・監督を務めたこの映画は、シリアスなドキュメンタリーと銘打たれ、中世の魔女迫害とその他中世の迷信にまつわるエピソードを同時代の精神医学による狂気治療と比較している（Aberth 2003, 240）。歴史的に客観的だと主張しているが、『魔女』はいつとも知れない「中世」らしきフィクションに満ちた描写にあふれており、性と暴力のシーンが頻出し、二十世紀を通して観客を驚愕させてきた。この映画は「中世」らしきシーン、つまり訴えられた魔女が火あぶりにされる劇的なシーンで終わるのだが、それは同時代の無声映画『ジャンヌ・ダルクの受難』（カール・テオドール・ドライヤー監督、一九二八年〔邦題『裁かるるジャンヌ』一九二九年〕）におけるジャンヌ・ダルクの火刑シーンと酷似している。つまるところ、中世の人々は盲目的なまでに迷信深く、魔女の実在を信じ、そうした信念のもとに無実の女性たちを殺害した、というようなイメージ。近代以降の聴衆にとって、中世を表しているのはこうしたイメージなのだ。

一次史料

❖手稿のなかのほうきに乗った女性の絵（一四五一年）

出典：Earliest image of women on broomsticks, possibly by Barthélemy Poignare, in a 1451 manuscript of Martin Le Franc, *Le champion des dames*, Paris

ほうきに乗った女性、という典型的な「魔女」がヨーロッパでもっとも早く描かれたのは、中世の最末期、マルタン・ル・フランの詩集『貴婦人たちの擁護』（一四四〇年頃にはじめて書かれた）の一四五一年の手稿においてであろう。彼は作品のあちこちで偉大な女性を賛美しつつ、その一方で「魔女」のような有害で罪深い女性たちも描写する。彼女らは魔女ではなく「ワルド派 Des Vaudoises」とされているが、これは十二世紀に勃興し、フランスの商人ピエール・ワルド（ヴァルド）の教えに従った人々のことである。中世末までに、「ワルド派」はあらゆる異端を指し示す言葉になっていた（Feminae 2014）。ここに描かれた女性をステレオタイプの「魔女」に結びつけるものは、ただ魔法のほうきだけである。

❖アルブレヒト・デューラー『山羊にうしろ向きに乗る魔女』（一五〇〇年）

性的な色彩を帯び、悪魔と結託し、空を飛ぶ魔女の描写は、中世ではなく主としてルネサンスの産物である。魔女に関する近代的なステレオタイプの形成に影響を与えたイメージの一つは、アルブレヒト・デューラーによる（当時すでに一般的に言われていたようにほうきにまたがるのではなく）山羊にうしろ向きに乗る魔女の版画である。デューラーは、一四九七年にもう一点、四人の魔女を描いた版画を制作したが、二つの図像は、魔女について当時のドイツ人が抱いていた関心を反映している。ここで紹介する版画を、同じデューラーが描いた男たちの脱衣場の木版画（第3章「一次史料」）と比較してほしい。

❖ジュール・ミシュレ『魔女』（一八六二年）

ジュール・ミシュレ（一七九八〜一八七四年）は、十九世紀フランスのもっとも偉大な歴史家の一人で、

出典：Albrecht Dürer. 1500. "Witch Riding Backwards on a Goat."
Image from Museum of New Zealand.

その記念碑的著作『フランス史』（一八五五年）でたいへんよく知られている。それよりは短編だが、同様に影響力を持った著作が一八六二年の『魔女』である。これは、十九世紀の基準に照らしたとしても異様としか言えない著作で、全編にわたりいっさい典拠、脚注、日付を記していない。ミシュレは数百ページをかけて、古典古代から啓蒙時代までのヨーロッパにおける魔術と魔女の歴史について自身の見解を詳述、中世のあらゆる社会階層に影響をおよぼしたと思しき魔女に注目した。彼は、医師として活動したり、愛の秘薬を作ったり、男女の君侯に助言したり、詐欺を仕掛けたり、また聖職者や司教といった宗教的権威にとってかわる「魔女」イメージを鮮明に描き出している。証拠の大半は十五世紀と十六世紀に由来することは彼自身認めている。しかし、悪魔と結託する魔女を広く中世の現象として描写しているのだ。ここで引用する章で、ミシュレは中世の「サバト」、すなわち魔女集会の隆盛と衰退に関する論考を冗長に書き連ねる。実際に魔女迫害が行われるようになったのは十五世紀のことだが、彼はその頃にはもう魔女集会は衰退しつつあったと考えている。

〔第十章より〕前章に基づいて、読者は早急に結論しないでいただきたい。私が悪魔のこの陰鬱な花嫁を真っ白なものにし、また無垢のものにしてしまおうと企てている、などと。たしかに魔女はしばしば善行もしたが、多くの悪行もできた。偉大な力は悪用されるのがつねである。その力は三世紀間にわたり続いたが、その期間、滅びつつある古い世界とようやく始まったばかりの新しい世界、この二つの世界の幕間に実際に君臨したのである。ローマ教会は、十六世紀の闘争のなかでいくらかの、少なくとも戦えるだけの力を取り戻すことになるが、十四世紀にはまだ泥のなかにはまりこんでいた。クレマンジスの描く、真実のポートレートを見ていただきたい。貴族たちは新しい鎧をまとい誇らしげにしていたが、クレシー、ポワティエ、アジャンクールの戦いではその重さに耐えかね落馬するこ

とになった。すべての貴族がしまいには捕虜になり、イギリスに連れていかれたのだ！　なんという嘲弄の種だろう！　市民たち、そして農民たちまでもが彼らを嘲笑し、肩をすくめるのだ。とはいえ、こうして領主たちがいなくなったからといって、それに乗じてサバトの集いが盛んになったというわけではなかったと思う。そもそもこの集いは以前から行われていたからであるが、しかしそれでも、このときはじめて大々的な民衆の恒例行事になったのかもしれない。

　それにしても、サタンの恋人はなんという力を持っていたことか。なにしろこの女は病人を癒し、予言し、占い、死者の魂を召喚し、呪文をかけ、人を野うさぎや狼に変え、人のために宝を見つけ、さらに、想う人に恋心を抱かせる力を持っているのだから！　これぞすべてを束ねる恐るべき力！しかし、粗暴な魂、しばしば壊疽（えそ）にかかり、ときにすっかり手に負えなくなる魂が、憎悪と復讐のため、そしてときに悪意や不浄の快楽のためにそれを行使しなかったことなどあろうものか。

　かつては教会の聴聞司祭に語っていたことを、今では全部魔女に語る。それも、自分が犯した罪ばかりでなく、犯そうと欲したものまでも。魔女は、一人一人の恥ずかしい秘密、このうえなく汚らわしい欲望をつかむことで、彼らを引き止めておく。人は魔女に、肉体と魂の両方の病いについて打ち明ける。興奮し不快な血の熱い色欲の想いが、そして鋭く切迫し怒り狂った羨望による絶え間ない痛みが打ち明けられる。

　あらゆる者がこの女のもとにやってくる。この女が相手だと、恥を忘れてしまう。人々はありのままを話す。この女に生を、死を、薬を、毒草を求める。この女のもとに涙にくれた娘がやってきては、罪の果実から自らを救う方法を知りたいと願う。この女のもとに継母がやってきては、――中世には一般的なことだが――連れ子が大食らいで、いつまでも生きていて困ると言う。この女のもとには、ただ死ぬために生まれてくる子どもたちに毎年心をかき乱される、哀れな妻がやってくる。その女は

魔女の同情に訴え、快楽を冷ましてその瞬間受胎しないようになる術を教えてもらう。またそれに対し、突然そこに一人の若者が現れ、どんなに高価でもいいから高貴な身分の婦人の心をかき乱し、身分のへだたりを忘れさせ、ちっぽけな従者の存在を認めさせることのできる強烈な飲み物があるなら買いたいと申し出る。

〔第十一章より〕いまや、さまざまなサバトと言わねばならない。このサバトという言葉が、時代によって、さまざまなものを指しているのは明らかだからである。我々がその詳細な描写に接することができるのは、ずっとあとのアンリ四世（フランス王、在位一五八九～一六一〇年）の時代からである。当時は、魔術の名を借りつつも、大がかりで淫らな乱痴気騒ぎにすぎなかった。しかし、これほどまでに腐敗堕落したものの描写にもきわめて古めかしい特徴があって、ひと続きの時代にこの悪ふざけの変遷とさまざまな形態があったことを証言している。

次のような、たしかな考え方から出発することができよう。数世紀にわたり、農奴は狼や狐、つまり夜の動物だった、とする考え方である。私が言いたいのは、彼らは昼間はできるだけ体を動かさず、夜になってようやく真に活動していた、ということである。

紀元千年に至るまでは、自分たちの聖人や伝説を作り上げていた限りにおいて、民衆にとって昼間の生活はまだ興味のないものではなかった。民衆の夜のサバトは、古代異教のささやかな名残にほかならない。民衆は、地上の富に影響をおよぼす「月」を恐れていた。老婆たちは月に対する信仰を持ち、ディアーナ（別名ルーナ、ヘカテー）のために小さな蠟燭を灯す。ルペルカル（あるいは狼男）はいつも女、子どもを追い回すのだが、この神に扮した男は仮面を被り、実際に亡霊ハレクイン（アルルカン）のような黒い顔で現れる。人々はちょうど五月一日にウェヌスの徹夜祭を行う。聖ヨハネの日には、バッカス・サバジオスの牡山羊を生贄として捧げ、儀式を挙行する。こうしたことすべてに、いかな

る嘲弄の意味も含まれていない。農奴たちの無邪気なカーニヴァルである。

しかし紀元千年頃になると、教会は農奴のまえにほとんどその扉を閉ざしてしまう。言葉が通じないためである。紀元一一〇〇年までに、教会での祈禱の言葉は農奴には理解しえないものとなっていた。各所の教会の入り口で演じられた神秘劇のうち、もっともよく残ったのは喜劇的な側面で、牡牛やろばなどであった。これらがもとになってクリスマス・キャロルが生まれたが、それはだんだん人を愚弄するようなものになり、真のサバト文学となった。

この神秘劇、すなわち狼や猟鳥、残忍な封建貴族どもの呼び方に従えばこの野生の獲物の夜の生活に対し、十二世紀の〔民衆による〕大々的な、恐るべき反抗が影響しなかった、などと信じられるだろうか。サバトの宴で農奴は互いの血を飲み、厳粛な誓いのもと土を食べつつ大規模な反逆の霊的交わり（コミュニオン）を祝ったのである。もしこの時代に「ラ・マルセイエーズ」があるとすれば、それは昼間でなく夜中に、きっとサバトで歌われたことだろう。

俺たちだってやつらと同じ人間だ！
俺たちだって持っている、やつらと同じ立派な心を！
俺たちだって耐えられる、やつらと同じくらいには！

以上が、紀元一三〇〇年以前のサバトの意味である。サバトが当時の神に対し戦いを宣言する、といった驚くべき事態に至るには、これ以上の事態の進展が不可欠だ。次の二つのことが起こらねばならない。すなわち、人々が絶望の底に降りてゆくだけでなく、いっさいの畏敬の念を失ってしまわねばならないのである。

それは十四世紀になって起こった。アヴィニョンの教皇によって「教会大分裂（シスマ）」が起き、ローマ教会が二つの頭（かしら）を持ち、もはや一つの教会ではなくなったとき、〔フランスの〕国王とすべての貴族がイン

グランド人によって捕囚の辱めを受けながら、その一方で身代金調達のために民衆をみな殺しにしようとしたときである。サバトの宴はそのとき、黒ミサという壮大で恐るべき様相を帯びるに至った。つまりそれは倒錯した儀式で、願わくばイエスが侮辱され、雷の一撃が加えられん、との祈りが捧げられたのである。この悪魔的なドラマは、十三世紀にはまだ不可能だった。かの世紀には、そんなことをしようにもただ民衆を畏怖させるだけだったろうから。そして、もっとあとの十五世紀になると、〔民衆のあいだで〕すべてが、苦悩までもが消耗し尽くされてしまい、このような力のほとばしりが湧き出ることはありえなかった。人々は、なんら怪物的な創造もできなくなっていただろう。この種の創造は、ダンテの世紀〔十四世紀〕に属するものなのだ。

出典：Michlet, Jules. 1863. *La sorcière: The Witch of the Middle Ages.* Translated by L. J. Trotter, London: Simpkin, Marshall, and Co., 131-33, 143-46. 強調は原文。〔訳はフランス語原文Michelet, Jules. 1862. *La sorcière.* Paris: E. Dentu, 109-11を底本とし、『魔女』上、篠田浩一郎訳、岩波文庫、一九八三年、一九三～一九五、二〇九～二一四頁を適宜参考にした。傍点による強調は原著のイタリックに対応／訳者〕

実際に起きたこと

中世の人々はたしかに魔術を信じていた。私たちがこの章で取り扱うフィクションは、中世の人々は性的な色彩を帯びた、悪魔と結託した魔女がいたのだと信じており、魔術を使ったかどで訴えられた無実の女性たちを暴力的に迫害した、というイメージである。こうしたイメージに実態〔行為〕が

追いつくのはようやく十五世紀になってからで、十六世紀、そして十七世紀になるとひときわ目立つようになった。中世、すなわち十五世紀よりまえに魔術を使ったことを理由に処刑された女性は、ただ一人だけである。一三二四年、アイルランドのキルケニーの酒場で女給をしていたミーズのペトロニラは、彼女の雇い主であるアリス・キットラー夫人によって、悪魔に犠牲を捧げ、教会を傷つけ、毒薬を醸造したとして訴えられた。じつはキットラー自身も魔術のかどで訴えられ、故郷を逃れたのだが、不運なペトロニラの方が逮捕され、審理にかけられ、拷問を受け、そして火あぶりにされたのである。彼女の裁判は、しばしばヨーロッパにおける最初の公式の魔女裁判とみなされる。しかし、これよりまえには何も起こらなかったこと、そして続く世紀のあいだもほとんど何も起こらなかったことは、強調してしすぎることはなかろう。

ステレオタイプの魔女についてまじめに議論され始めたのは一四八〇年代のことで、「魔女ヒステリー」がもっとも活発だったのは一五六〇年から一六三〇年のあいだの数十年のことだった。リチャード・キークヘーファーはイングランドを対象にこの問題についてもっとも精緻な調査を行い、著作『中世の魔術』をものしたが、型にはまった魔女についてはまったく論じておらず、唯一最後の数頁で、魔女裁判の隆盛は主として中世が終わってからだったとしているのみだ（Kieckhefer 2000, 194–200）。現代の私たちが理解する「魔女」には、たいてい性的な色彩を帯び、悪魔と結託した女性の魔法使いというイメージがつきまとうが、これはルネサンスと近世の産物である。さらに、たとえ魔女の一般的な定義を最初に確立したのが十五世紀のカトリック神学者たちだったとしても、ほとんどの魔女狩りは、ドイツやアメリカ植民地のようなプロテスタントの諸地域で、世俗の指導者たちによって行われたのであり、カトリック教会の指導者たちによるものではなかった〔実際は一部のカトリック地域でも激しい迫害があった／訳者〕。しかしながら、宗教改革以降ヨーロッパにあった四つの主要キリスト教宗派、

すなわちカトリック、ルター派、カルヴァン派、英国国教会のすべてが魔女信仰を喧伝（けんでん）し、その根絶を呼びかけた。悲劇的なことに、多くの女性たち（とごくわずかの男性たち）が魔女として火あぶりにされたが、それは中世に起こったことではなく、大半はガリレオやアイザック・ニュートンたちが活躍した十七世紀、つまりそう呼んでよいなら啓蒙時代のことだったのだ。

中世、すなわち十五世紀以前における魔術信仰は多種多様な形態をとっており、その定義は困難である。たとえば、私たちはカール大帝のカピトゥラリア（勅令（ちょくれい））のなかに、「魔女」について矛盾した言辞を確認することができる。カール大帝は、異教徒のザクセン人を征服し、キリスト教に強制改宗させたあと、彼らを統治するために七八九年に「ザクセン地域のためのカピトゥラリア」を発布した。このカピトゥラリアの多くの規定で、魔女——ここではラテン語で strigae と呼ばれている——の信仰を含め、彼ら異教徒が保持していたと思しき諸信仰が非難されている。「もし悪魔に欺かれ、異教の慣習に従って男女を問わず人を魔女と考えて、その者が人を食らうと信じた場合、そしてそれを理由にその者を焼いたり、あるいはその肉を食わせるために他人に与えたり、あるいは自身でそれを食らった場合、極刑をもって罰せられる」（*Translations and Reprints from the Original Sources of European History*〔『ヨーロッパ史史料翻訳・復刻集成』〕1900, 2）。この条項では、死によって罰せられるのは魔女が存在するという誤った信仰を持つ者であり、魔女その人ではない。ここで言う「魔女（ストリガエ）」は女でも男でもありうるのだが、後世の「魔女」描写との類似点はほとんどない。それから数年が過ぎ、ローマ皇帝として戴冠されたあとの八〇二年、カール大帝は大規模で重要な「一般巡察使勅令」を公布し、そのなかで、帝国の伯がいかにして裁判を実施すべきか指示を出している。伯は「いかなる弁明があっても、報酬や甘言によってその気にさせられて、盗賊、強盗、殺人者、姦通者、魔術師や魔女、あるいはいかなる不信心者もかくまってはならず、法によって改善させ、懲罰を与えるために彼らを差し出すように。さすれば

神の赦しをもって、これらすべての悪がキリスト教徒から除かれるだろう」(Henderson 1905, 197〔以上二つの勅令の訳は *MGH Capitularia regum Francorum 1*, edited by A. Boretius 1883, 26, 33を底本とした／訳者〕)。このように、中世初期の文書からは、一方で魔術・魔女信仰を非難しながら、他方で魔術の使い手自身をも咎めて現実に害悪魔術信仰があったことをほのめかすという、矛盾した態度が見られる。

中世人は、魔術と魔女に対してどのような態度をとったのか。このことを知るうえで、絶好の事例と言えるのが贖罪規定書である。これは、多岐にわたる宗教上の罪をいかにして同定し、いかにして罰するか、について聖職者たちに教えることを目的とした文書である。中世盛期にもっとも影響力のあった贖罪規定書の一つは、ヴォルムス司教ブルカルドゥスによって一〇二〇年頃に執筆ないし書写され、自身の教会法集成である『教令集』に収録された「矯正者、あるいは医者」である。このとの「一次史料」に載せた「矯正者」からの引用で、多岐にわたる「魔術的な」、あるいは迷信的な慣習のありようが浮かび上がる。その多くは未来の出来事を予見することに関係しているが(そのうちの一つでは、年頭の誓いを立てる慣習さえ非難されている)、なかには人や家畜を傷つけたり、天候を変えたり、誰かに愛情や憎悪の念を抱かせたりする描写もある。ブルカルドゥスは、このような慣習のいずれも信じてはいない。というのも、このような慣習が何かしら効果を持つと信じること自体が罪とされ、罰の対象となっているからだ。こうした文書などを見ると、広く迷信を信じる存在としてとくに女性が取り上げられているが、だからといってこの女性が「魔女」と呼ばれたり、火あぶりにされるべしとはなっていない。

ブルカルドゥス以後の四世紀のあいだ、「魔術」に関するほとんどの描写が、引き続き魔術的な慣習を単なる迷信だと非難するか、あるいは魔術を、中世盛期の司教座聖堂附属学校や大学に通った男性(主として聖職者)だけが行使できる、習得を要する技術としている。十一世紀の初頭に、ヨーロッパ

の学者たちは大量のアラビア語文献をラテン語に翻訳し始めた。多くは古代ギリシアの哲学、薬学、数学などに関するものだったが、しかしまた魔術、錬金術、占星術といった「オカルト科学」も含んでいた（Kieckhefer 2000, 116–50）。これらの著作を読んで、学識あるヨーロッパ人たち（この場合ほぼ完全に男性を指す）は、魔術は現実のものであり、秘匿（ひとく）された、習得困難な技術であると考えた。その後、中世盛期に出てきた新しい魔術の使い手は、天体や鉱石の特徴について、そして（もっとも暗黙裡（あんもくり）に広がったものとして）悪魔の性質について知識を習得しなければならなかった。たとえ後世の魔女が悪魔崇拝と同一視されるようになったとしても、中世の悪魔学はほとんど男性の屍霊術師たちによって実践されたのである。教会は基本的にこれを非難する立場をとったが、屍霊術の担い手はほとんどが修道士と聖職者だった。

教会の神学者たちがしきりに女性に嫌疑をかけ、異端を追及し、悪魔学を非難することによって女性の魔女という観念を作り始めたのは、ようやく十五世紀になってからだった。彼らは「自然魔術」、つまり善なる目的のために利用できて、もっぱら学識ある男性が用いる魔術を承認する一方、女性が使う魔術はそもそもが悪魔崇拝的で、反キリスト教的で、異端として罰するべきものと考えた。魔女が使う魔術を、中世初期の呪術（マレフィキウム）、すなわち誰もが使えて必ずしも悪魔と結びつかない術から、女性だけが使えて悪魔崇拝的な害悪魔術という、よく知られた形へと変質させたのはほかでもない教会公認の異端審問官だが、その大半はドイツのドミニコ会士だった。彼らのなかで注目に値するのは、魔女に関する最初期の論考の一つ『蟻塚』を一四三六年に著したヨハンネス・ニーダーと、一四八六年に『魔女への鉄槌』を著したハインリヒ・クラーマーである。後者はこのあとの「一次史料」で引用してある。この二人を含む十五世紀の著述家たちは、魔術と異端の千年以上にわたる歴史を参照して、私たちによく知られた魔女イメージを作り上げていくだろう。彼らの著作は魔女狩りに欠かせない根

拠と手段を提供したが、それは中世のことではなく、近世になってからのことである。

一次史料

❖ヴォルムスのブルカルドゥス『教令集』（一〇二〇年頃）**より「矯正者、あるいは医者」**

ヴォルムス司教ブルカルドゥス（九五〇年頃～一〇二五年）は、重要な教会法集成『教令集』を一〇二〇年頃に著した。この『教令集』全二〇巻のうち第一九巻は「矯正者、あるいは医者」として知られ、聖俗に関わる種々の罪について信徒から告解を聴く際に用いる贖罪規定書の形式をとっている。おそらく彼自身の手によるものではなく、すでに用いられていたものを編集したのだろう。贖罪規定書は中世を通じて作成・複写されたが、ここで紹介するものは『教令集』に含まれる文書のなかでもとくに広く読まれた。列挙されている罪には魔術に関するものがあるが、そのような術を使うことではなく、それが何らかの効果を持つと信じることこそが罪とされた。この時期、教会権威が魔術や魔女の存在を信じていたという証拠はほとんどない。

第五九項　お前は墓を荒らしたか。つまり、誰かを葬るのを見て、夜中に墓をあばき、衣服を奪ったか。もしこれをしたなら、二年間定められた週日に贖罪せよ。

第六〇項　お前は魔術師に相談したり、なにか魔術をかけてもらうために、あるいは厄除けのために、

彼らをお前の家に招いたか。あるいは、占いをする異教の慣習に従って、未来を予言する予言者と同じように占ってくれる占い師や、運勢をみる者、あるいは運勢によって未来を予言しようとする者、占いや呪文に耽る者たちを、お前のところへ招いたか。もしそうしたなら、二年間定められた週日に贖罪せよ。

第六一項　お前は異教の伝統を守っているか。あたかも代々伝わる権利のように、悪魔の助けを借りて、父親が今日まで息子に教えてきたことを。たとえば、お前が諸元素、月や太陽、星の動き、新月や月蝕などを崇拝するとか、お前が叫び声を上げて月の輝きを回復させようとすることを。またそれらの諸元素がお前を助けることができ、お前がそれらに対して力を持つとか、あるいは、家を建てたり、結婚するために新月を観察するとか。もしそうなら、二年間定められた週日に贖罪しなければならない。なぜなら、次のように記されているからである。「言葉であれ行いであれ、あなたがすることとは何でも、すべて主イエスの名によって行い……」（コロサイの信徒への手紙3－17）と。

第六二項　お前は一月一日を異教の儀式で祝ったか。お前がかつて新年の習慣として行っていた以上に、あるいはそのあとに、新年のために何かしたか。たとえば、お前の家で食卓に石を置き、祝宴を準備したり、通りや広場に歌い手や踊り手を連れてくるとか、お前の家の屋根のうえに座り、次の年お前にどんなことが起こるかを見たり知ったりするために、お前の剣を飾ったりしたか。あるいは、未来を占うために辻で牛の皮のうえに座ったり、先述の日〔一月一日〕の夜に自分でパンを焼き、もしよく膨れ、厚く高く焼ければ、その年に人生の繁栄がもたらされると知ることができると考えたか。もしそうなら、お前は、創造主である神を捨て、偶像や無益なことへ心を向け、背信者になったのであるから、二年間定められた週日に贖罪せよ。

第六三項　お前は不敬な者たち、豚飼い、牛飼い、ときには狩人などが行う結び目（ligatura）や呪文

やその他さまざまな魔術を用いたか。彼らはパンや草、あるいは何らかの邪悪な帯に悪魔の呪い（carmina）をかけ、これらを樹木に隠したり、二本あるいは三本の道が交差するところに置き、家畜や犬を病気や災害から守り、隣人の家畜に被害を向けようとする。もしそのようなことをしたなら、二年間定められた週日に贖罪しなければならない。

……

第六五項　薬草を集めるとき、お前は信経や主の祈り、つまり「我は信ず（クレド）」や「我らの父よ（パテル・ノステル）」とは異なる呪文を唱えたか。もし異なる呪文を唱えたなら、一〇日間パンと水で贖罪しなければならない。

第六六項　お前は、教会や司教や司祭が定める宗教的な場所以外のところに行って祈ったか。たとえば、泉や石、樹木や十字路へ行き、その場所を敬うため蠟燭や松明を燃やし、パンやその他の供物を持参して食べ、何かしら心身の治癒を願ったか。もしそのようなことを行い、あるいはそれに同意したなら、三年間定められた週日に贖罪しなければならない。

第六七項　多くの者が習慣として、詩篇や福音書、あるいはこうしたもののなかに神託を読み取ろうとするが、お前は写本や板に神託を求めたか。もしそうしたなら、一〇日間パンと水で贖罪しなければならない。

第六八項　魔術師や嵐を起こさせると称する者は、悪魔の呪文で天候や人の心を変えることができるというが、お前はこうした背信行為をときに信じたり、それに加わったりしたことがあるか。もし信じたり、それに加わったなら、一年間定められた週日に贖罪しなければならない。

第六九項　ある女は、何らかの魔術や呪文で男の心を憎しみから愛に、愛から憎しみに変えることができ、また他人の財産を魔法をかけて破壊したり盗むことができるというが、お前はこうした不信心の行いを信じたり、それに加わったことがあるか。もしお前がそのような行いを信じ、あるいはそれ

に加わったなら、一年間定められた週日に贖罪しなければならない。

第七〇項　悪魔に欺かれ、やむをえず、あるいはその命令でそうせざるをえないと主張する女どもがいる。すなわち、愚かな民衆は、ホルダと呼ばれる女の姿に変身した悪魔の群れとともに、決められた夜にある種の動物にまたがり、仲間の悪魔たちと集まらなければならないという。お前は、それをなしうる女がいると信じたことがあるか。もしお前がそのような不信心の行いに加わったなら、一年間定められた週日に贖罪しなければならない。

出典：Burchard of Worms. 1853. *Corrector, sive Medicus*. In *Burchardi Wormaciensis Ecclesiae Episcopi Decretum Libri Viginti*. In *Patrologia Latina* 140, edited by J.-P. Migne. Paris, cols. 537–1037, at cols. 960–62.〔訳は野口洋二『中世ヨーロッパの教会と民衆の世界　ブルカルドゥスの贖罪規定をつうじて』早稲田大学出版部、二〇〇九年、一三二～一三六頁を借用し、適宜改変した／訳者〕

❖ハインリヒ・クラーマーとヤーコプ・シュプレンガー『魔女への鉄槌』（一四八六年）

魔術の歴史において群を抜いて重要な著作は、魔女狩りの手引書『魔女への鉄槌』（一四八六年）である。著者はドミニコ会士の異端審問官ハインリヒ・クラーマー（ハインリヒ・インスティトーリスとも呼ばれる）とヤーコプ・シュプレンガーとなっているが、クラーマーが全体を執筆し、箔付けのためシュプレンガーの名を許諾なしに使用したと考えられている。『魔女への鉄槌』は、カトリックとプロテスタントの双方に受容され、十八世紀までに実施されたほぼすべての魔女裁判の根拠となり、今日よく知られる魔女観を形成した。長大で詳細な論考のなかで、魔女を定義し、魔女の訴追に教会法に基づく正統性を付与するため、後期中世スコラ哲学の形式と用語を採用している。ここで引用した箇所からわかるように、著者は魔女を、悪魔を崇拝し、悪魔と情交し、子どもを殺し、空を

飛ぶことができると理解していた。

なぜおもにそのような女性が悪魔の迷信に没頭してしまうのか。

第一部第六問　悪魔に服従する魔女たちについて

第一に、悪魔とそれに備わった身体に関して、それはどのような要素から構成されているのか。第二に、行為〔性交〕に関して、悪魔は、つねに誰か別の者から受け取った精液を流し込むことによってことをなすのか。第三に、時と場所に関して、彼はその行為を一度にすることが多いのか、それとも時を分けてなのか。第四に、彼は、周囲にいる者にとって目に見えるように振る舞うのか。

それから女性の側について、そのような恥ずべき行為から子を授かった者たちだけが、悪魔によって頻繁に訪問を受けたのか。第二に、出生後産婆によって悪魔に捧げられた女たちがその訪問を受けるのか。第三に、そのような際に、女性の性的な衝動自体がより脆弱なものだと言えるのか。

私たちは、ここでまず一般的なことに専念する。個別の出来事に言及している〔第二部第一問〕第四章を読めば明白だが、本著作の第二部で彼女らの所業を手がかりにして個別事象について説明することから、今これらすべてに答えることはやめておこう。それゆえ、我々は第二の主要問題に注目したい。すなわち、なぜこの種の不貞行為が、男性よりも弱い性〔である女性〕の側により頻繁に見出されるのか、という問題である。そして第一の一般的な問いは、女性の一般的な性質についてである。第二の特別な問いは、いかなる女性がより頻繁に迷信深い存在、あるいは魔女であると認められるか、ということである。第三の、特別で、産婆の関わる問いは、誰が邪悪さの点で他のすべての者を上回っているのか、ということである。……

どのような類いの女性が、より高い度合いで迷信深く、また魔女として認められるのか。

第二に、どのような類いの女性が他の者に比して迷信的であるとか、害悪魔術に汚染されていると認められるのか。このことについては、前述の問題から明白になるように、次のように言うことができる。劣った女性に限って不信心、名誉欲、肉欲の三つの悪徳がとくに強いので、彼女たちはそれゆえ他の者に比して害悪魔術に意識が向けられている。というのも、彼女たちは他の者に比してそれらの悪徳に耽り、さらに、これら三つのうち最後の肉欲がもっとも強く、また女性は貪欲であるから云々。それゆえに、名誉欲により強く執着している女性もいて、その堕落した欲望を満たすことに熱を上げている。そうした女性には姦通女、売春婦、有力者の妾がいる。教皇令にもあるように、このことは次の七種の害悪魔術によってなされる。害悪魔術によって、肉欲の行為と子宮内の受胎に影響をおよぼすのである。

第一の害悪魔術は、人の思考を抑えがたい愛へと変えてしまう云々。第二のそれは、生殖能力を抑制する。第三のそれは、その行為に用いる器官を奪う。第四のそれは、幻惑によって人を動物の姿に変える。第五のそれは、女の生殖能力を失わせる。第六のそれは、流産を引き起こす。第七のそれは、悪魔たちに子どもを捧げる。これらに加えて他の動物や農作物に与える害悪もあるが、それについては以下で扱うことになろう。

しかしここで、我々は人々に降りかかる害悪の原因を示したい。第一に、彼女たちが人々に魔法をかけて愛情や憎悪を抑えられなくするという推測がある。それについては、このあと同一のテーマについてある問題のもとでよりよく理解するために議論されよう。しかし、結論はこうである。聖トマス・アクィナスは、『命題集註解』第四巻三四部において害悪魔術による不能を取り扱うなかで、なぜ悪魔は神から人間の肉欲に関する行いについてより強力な害悪魔術の力を授けられているのか、に

ついて教えてくれる。したがってこれと同じ理由から、そのような行いにより多く打ち込む女性は、それだけいっそう〔悪魔に〕攻撃されるのだ、と言わねばならない。つまりトマスは、人間が悪魔の奴隷になる罪によって、つまり生殖行為によって我々は第一の堕落に陥ったため、それゆえ悪魔には神から、ほかでもないこの種の行為についてより強力な害悪魔術の力が授けられたのだ、と言う。悪魔が蛇を、いわば道具のように使って女を誘惑したのであるから、蛇には他の動物よりも明白に害悪魔術の力が宿っている、と言われる。彼がのちに付言しているように、結婚が神によって定められた御業だとしても、それはときに悪魔の業によって破壊される。しかしそれは悪魔固有の力によるものではない。もしそうなら、悪魔が神より強力だということになってしまうからだ。そうではなく、ただ神の許しによってのみ、結婚という行為を一時的、あるいは永続的に妨害するのである。

それゆえ、私たちは経験からこう言える。魔女たちはそのような恥ずべき行いのゆえに、自らに対して使っているのと同様に身分や職業を問わず世俗の権力者に対して、数え切れない害悪魔術を使っているのである、と。そこでは、彼女たちは彼らの心を妄想の愛や愛執へと変えてしまうため、恥じ入ることもなければそれを止めよという説得に耳を貸すこともない。このことから、信仰の破壊が危ぶまれるのみならず、日々耐えることのできないような危険が生じる可能性がある。というのも彼女らは、権力者の心を変えて、彼女たちに害悪を加えたり、他の者によって加えられたりするのを許さなくすることができるからだ。こうして彼女らは日に日にいや増してゆく。ああ、このようなことを知らずに済んでいたならば！　もう始末に負えない！　結婚の秘蹟で結びつけられた夫婦のあいだにも、害悪魔術でそうした憎しみが呼びさまされ、あるいはまた生殖能力が麻痺させられることで、子孫をもたらすという結婚の義務を果たすことも求めることもできなくなってしまう。

しかし、愛と憎しみは悪魔であっても入り込むことのできない魂の内に存在するため、これらの事

柄は、信じられないと思われぬようある問いのもとで論じることにし、そうすることで意見の対立をよりはっきりさせるとしよう。……

第二部第一問第三章　いかにして彼女らはある場所から別の場所へ移動させられるのか

さあこれから、彼女たちの儀式について、そして彼女らがどのような仕方で行為を進めるかについて語ろう。まず、何より彼女ら自身や個々人のための行為について。そして、ある場所から別の場所へ肉体を伴って移動するということは、夢魔(インクブス)と淫らな行為をするのと同じように、きわめてよく知られた現世の出来事であるから、我々はそれらの事例にいくつか言及するが、まずはその肉体の飛行を取り扱う。ここで、次のことが注目されよう。つまり、しばしば言及されたように、この飛行が権威ある文書、つまり『グラティアヌス教令集』第二六章第五問「カノン・エピスコピ」の解釈をめぐってある問題を生じさせるということだ。それによれば、「サタンに身を委ね、悪霊の幻覚に惑わされているらしい不信心な女たちがこう主張していることは無視できない。つまり、異教の女神ディアーナとともに、あるいはヘロディアスや無数の女の群れとともに、夜の時間に特定の獣にまたがり、深夜の静寂のうちに長距離を移動し、一人の女主人にあらゆることにおいて付き従っている、などということを。それゆえ神の司祭は民衆に説教し、これらの事柄がまったくの偽りであり、神の霊によるのではなく悪しき霊によってそのような妄想の産物が信徒の意識に吹き込まれているということを理解させねばならない。もし疑問の余地なくサタン自らが誰かしらの人、あるいはその似姿へと変身するのなら、彼はまた彼が取り憑いた心を夢のなかで欺き、誤った道へと導いていくだろう」云々。……

移動の方法とは次のようなものである。すでに明らかにしたことだが、彼女らは子どもたち、とく

に彼女らによって洗礼前に殺された子どもたちの四肢から作った軟膏を用意し、悪魔の指示に従ってこれを何がしかの椅子や木の棒に塗布すると、彼女たちはそれに乗ってただちに宙へと運ばれるだろう。これは、昼であれ夜であれ、また目に見える形であれ、あるいはまた、彼女たちが望むのならば目に見えない形であれ、である。というのも、悪魔の業である偽りの幻覚を扱った本著作の第一部で述べたように、悪魔は何がしかの物体で妨害することで、もう一つの物体を隠すことができるからである。しかし、悪魔はまた多くの場合、子どもたちから洗礼の慈悲と救済とを奪い去るという意図からそのような軟膏を用いる。とはいえ、悪魔はしばしばこのようなものを使わず魔女を飛ばすことができる。というのも、魔女は動物にまたがって移動するのだが、その動物は本物ではなく悪魔がその姿に変身したものだからだ。あるいは、彼女らはときには外部の手助けをいっさい借りず、目に見えない悪魔の力の作用によって移動するだろう。

日中の目に見える飛行の話。

コンスタンツ司教区のライン流域にあるヴァルツフート市にとある魔女が住んでいた。彼女は住民にたいへん嫌われていて、ほぼすべての住民が参席した結婚式に招待されなかった。彼女はたいへん腹を立て、復讐しようとたくらみ、悪魔を召喚して不満の理由を打ち明けた。彼女は彼に、雹を降らせ、結婚式のダンスに参加する全員をそれで打ちつけるよう頼んだ。悪魔は承諾し、彼女を高く宙に浮かせて、何人かの羊飼いの眼前で都市近郊の山まで飛んで連れていった。ところがそこで、彼女がのちに自白したように、溝に注ぐために必要な水が見つからなかった。後述するように、これが彼女たちの雹を発生させるやり方である。彼女はそこで水の代わりに自身の小便をその小さな溝に注ぎ、悪魔のまえで彼女らの慣習に従ってこれを指でかき混ぜた。すると悪魔はその液体を突然空高く放り投げ、激しい雹の雨をダンスをしていた者たちと都市民たちのうえにだけ降らせた。そのためこれら

の人々は散り散りになり、その後互いに事件の原因について話し合っていたときに魔女が都市に入ってきたものだから、それで彼女への疑惑がこれまで以上に強まった。しかし、羊飼いたちが何を目撃したかを報告したことで、有力な疑惑が深刻な疑惑になった。それにより彼女は逮捕され、招待されなかったがゆえにこの事件を起こしたのだと自白した。さらにほかにも多くの害悪魔術を使っていたことが発覚したため、彼女は火あぶりにされた。

出典：Heinrich Kramer and Jacob Sprenger. 1928. *Malleus Maleficarum*. Edited and translated by Montague Summers. London. Part I, Question VI; Part II, Question I, Chapter III.〔訳は Heinrich Kramer（Institoris）, 2003. *Der Hexenhammer: Malleus Maleficarum. Kommentierte Neuübersetzung*. Edited and translated by Günter Jerouschek and Wolfgang Behringer. Munich. 224, 238-40, 384-85, 392-93 を底本とした／訳者〕

さらに詳しく知るために

- Aberth, John. 2003. *A Knight at the Movies: Medieval History on Film*. New York: Routledge.
- Bailey, Michael D. 2007. *Magic and Superstition in Europe: A Concise History from Antiquity to the Present*. Lanham, MD: Rowman & Littlefield.
- Baxstrom, Richard, and Todd Meyers. 2015. *Realizing the Witch: Science Cinema, and the Mastery of the Invisible*. New York: Fordham University Press.
- Brown, Dan. 2003. *The Da Vinci Code*. New York: Doubleday.〔ダン・ブラウン『ダ・ヴィンチ・コード』上・下、越前敏弥訳、角川書店、二〇〇四年〕
- *Feminae: Medieval Woman and Gender Index*. 2014. "Two Waldensian Witches, from *Le champion des dames*." https://inpress.lib.uiowa.edu/

feminae/DetailsPage.aspx?Feminae_ID=31909
- Garinet, Jules. 1818. *Histoire de la Magie en France depuis le commencement de la Monarchie jusqu'a nos jours*. Paris: Foulon et Compagnie.
- Henderson, Ernest F. 1905. *Select Historical Documents of the Middle Ages*. London: George Bell and Sons.
- Hughes, Pennethorne. 1965. *Witchcraft*. Baltimore: Penguin Books.〔P・ヒューズ『呪術　魔女と異端の歴史』早乙女忠訳、筑摩書房、一九六八年〕
- Kieckhefer, Richard. 2000. *Magic in the Middle Ages*. Cambridge: Cambridge University Press.
- Levack, Brian P. 2015a. *The Witch-Hunt in Early Modern Europe*. 4th ed. New York: Routledge.
- Levack, Brian P. 2015b. *The Witchcraft Sourcebook*. 2nd ed. New York: Routledge.
- Mackay, Charles. 1852. *Extraordinary Popular Delusions and the Madness of Crowds*. 2d ed. 3 vols. London: Office of the National Illustrated Library.〔チャールズ・マッケイ『狂気とバブル　なぜ人は集団になると愚行に走るのか』塩野未佳、宮口尚子訳、パンローリング、二〇〇四年〕
- Manchester, William. 1992. *A World Lit Only by Fire. The Medieval Mind and the Renaissance: Portrait of an Age*. Boston: Little, Brown, and Co.
- Michelet, Jules. 1862. *La sorcière*. Paris: E. Dentu.〔ジュール・ミシュレ『魔女』上・下、篠田浩一郎訳、現代思潮社、一九六七年／岩波文庫、一九八三年〕
- Michelet, Jules. 1863. *La sorcière: The Witch of the Middle Ages*. Translated by L. J. Trotter. London: Simpkin, Marshall, and Co.
- Pavlac, Brian A. 2012. "Ten Common Errors and Myths about the Witch Hunts, Corrected and Commented." *Prof. Pavlac's Women's History Resource Site*. http://departments.kings.edu/womens_history/witch/werror.html
- *Translations and Reprints from the Original Sources of European History*. 1900. Vol. 6, no. 5. Philadelphia: University of Pennsylvania Press.
- Tuczay, Christa. 2007. "The Nineteenth Century: Medievalism and Witchcraft." In *Palgrave Advances in Witchcraft Historiography*, edited by Jonathan Barry and Owen Davies, 52-68. Houndsmills, Basingstoke, UK: Palgrave Macmillan.
- 黒川正剛『魔女狩り　西欧の三つの近代化』講談社、二〇一四年
- ジェフリ・スカール、ジョン・カロウ『魔女狩り』小泉徹訳、岩波書店、二〇〇四年
- ウォルフガング・ベーリンガー『魔女と魔女狩り』長谷川直子訳、刀水書房、二〇一四年

・牟田和男『魔女裁判　魔術と民衆のドイツ史』吉川弘文館、二〇〇〇年

第11章

ペスト医師のマスクと「バラのまわりを輪になって」は黒死病から生まれた

人々が起きたと思っていること

城や大聖堂、騎士や貴婦人のように、中世に関してとくによく知られている題材の多くは現代の読者にとって魅力的で、ロマンティックですらあるだろう。だが、それらに比べて相当に陰鬱で、中世を不潔で恐ろしい未開の時代として描きたいという現代の欲求（「不潔な農民」に関する第3章参照）を反映した、有名な中世的題材がある。それはペストだ。黒死病としても知られる。ペストとは、「エルシニア・ペスティス」という菌によって引き起こされる急性感染症である。その症状は、リンパ節の腫れ、喀血（かっけつ）、内出血などで、凄惨かつ痛ましい。この病いは中世でも今日でも致死率が高い。この病いの兆候としてもっとも知られているのは腫れもので、ギリシア語で「鼠径部（そけいぶ）」（リンパ節の腫れが起きやすい箇所だ）を意味する「ブーボ bubo」と呼ばれた。そのため、たとえ腫れものが現れなくても、この病いは腺ペスト（bubonic plague）と呼ばれることが多い。ペストに有効な抗生物質や予防ワクチンのある今日でも、世界中――とくに島国のマダガスカル、コンゴ民主共和国、アメリカ合衆国南西部――で数十あるいは数百の人々が毎年死んでいる。

今日でも存在しているとはいえ、ペストは中世に典型的な病いとして理解されることが多く、読者や視聴者に「さあ、今私たちは中世にいます」と教えるために用いられる。それも仕方のないことである。実際の数字という点では、一九一八～一九一九年におけるインフルエンザの流行や現在のエイズの流行の方が多くの死者を出しはしたが、中世の黒死病は、ヨーロッパと中東においておよそ五〇パーセントという、人間の病いとしてはかつてないほど高比率の人口を死に追いやった（Green 2015a, 9）。

しかし、このペストと中世の関係を誇張しすぎて、中世という時代全体が絶えず黒死病に見舞われていたように描写している歴史書やウェブサイトもある。たとえば、ウィリアム・マンチェスターは自身のベストセラー『炎だけで灯された世界』でこう主張した。「暗黒時代はあらゆる面で不毛だった。黒死病が繰り返し大流行することで飢饉と伝染病が猖獗（しょうけつ）を極め、人口は縮小し続けた」（Manchester 1992, 5）。同様に、『モンティ・パイソン・アンド・ホーリー・グレイル』（一九七五年）のようなコメディから『デビルクエスト』（二〇一一年）のようなホラー、『第七の封印』（一九五七年）のようにクラシックなアート映画まで、ペストは中世風映画の舞台装置となっている。現代の視聴者は、求めているのがエンターテイメントであろうが歴史であろうが、何百万もの人々が目に見えない殺人鬼を愚かにも薬草や呪文や祈禱で撃退しようとし、その甲斐もむなしく恐ろしい病いで死んでゆく、という不気味な描写・イメージへと繰り返し戻ってくることになるのだ。

黒死病にありがちな、頻繁に登場するイメージが二つある。鳥のようなクチバシ型マスクを付けたペスト医師と、「バラのまわりを輪になって」を歌い踊る子どもたちだ。いずれもペスト描写の単純化に寄与している。これらのイメージは、どちらも中世のものとされることが多く、中世ヨーロッパの人々がペストに直面したときの自暴自棄と無知蒙昧さの例証となっている。当時、病原菌の原理や、ペストの病原体であるエルシニア・ペスティスは知られるべくもなかった。黒死病における混乱、自棄、音楽といった主題が結びついたときに生まれるのが、『モンティ・パイソン・アンド・ホーリー・グレイル』で修道士たちがペストを追い払おうと「慈悲深き主イエスよ」を歌いながら街中を行進し、リズミカルに自分の頭を板で叩く、といったシーンである。この映画が中世人の信仰に対する諷刺であり、リアルな中世描写ではないと多くの人は理解している。それにもかかわらず、学生などにありがちだが、このシーンからペストに対する中世人の反応をつい想起してしまうのだ。したがっ

て本章では、ペスト医師の服装と「バラのまわりを輪になって」が実際にはどういったもので、そしてなぜ中世由来ではないかを理解したい。歴史と背景を検証してみよう。

一般に流布した物語（ストーリー）

クチバシを付けたペスト医師のイメージはじつに恐ろしいが、同時に滑稽でもある。中世〔と現代〕では、医学と公衆衛生への取り組みがどれほど異なっていたかよくわかる好例だ。黒死病に関する簡単な歴史、とくに子ども向けに書かれたものは、十四世紀のペスト医師はこのような形（なり）をしていたと主張する。たとえば、ゲイリー・ジェフリーとアレッサンドロ・ポルッツィは、中世を取り上げた『黒死病』でペスト医師を扱っているし（Jeffrey & Poluzzi 2013, 45）、ホリー・セフリーは、現代に至る包括的なペスト史論において、中世全体を表象するものとして取り上げている（Cefrey 2001, 14）。同様に、子ども向け、大人向けの通俗的な歴史書を数多く著したスーザン・ワイズ・バウアーは、著書『世界の物語』に「中世なるもの」〔の典型〕としてペスト医師の図像を載せている（Bauer 2007, 229）。

しかし、クチバシを付けたペスト医師の図像および記述は十七世紀までしか遡れない。あるフランス語の記録によると、一六一九年にルイ一三世の侍医であるシャルル・ド・ロルム（一五八四〜一六七八年）がこの服装の着用を推奨したということだ。〔個々にではなく〕衣服一式に触れ、ブーツ、ズボン、ロングコート、帽子、手袋を含め、すべてモロッコ産山羊革で作られたとしている。この服装の主立った特徴は、およそ半フィート〔一五センチメートル〕の、香料ないし香草が詰まったクチバシ型マスク

である（Tibayrenc 2007, 680）。ヨーロッパの博物館には、コレクションとしてペスト医師のクチバシ型マスクを所蔵しているところがある。十八世紀のペスト医師が使っていた本物の装備、とされている。

シャルル・ド・ロルムの言及は、「一次史料」に挙げた一枚目の版画とよく符合する。おそらくペスト医師の図像として最初期のものだろう。ドイツの印刷業者であるゲルハルト・アルツェンバッハが、イタリアでとくに酷いペストの再来があった一六五六年の直後に、この版画を制作した。ド・ロルムの記録はフランスのものだが、クチバシを付けたペスト医師の痕跡はほぼすべてがイタリアのものである。今日でもヴェネツィアで見られるように、ペスト医師のマスクはカーニヴァルおよび観光業における主力商品だ。同様に、一七二一年に書かれた別のフランス語の記録として、マンジェという医師の「ペスト論文」があるのだが、ペスト医師の図像を収録し、その服装はマルセイユで発生した直近のペストで医者たちが使ったイタリア起源のものだと記している（Manget 1721, vol. II, frontispiece）。

アルツェンバッハによる一六五六年の版画には、ラテン語、フランス語、ドイツ語でテクストが記されている。それによると、図像が示すのは、どうやら当時ローマの医者たちがペスト患者の周辺に漂う腐敗した空気を吸わないよう装着したもののようだ。すなわち、体全体を覆う厚いオイルレザーのスーツ、帽子、目を守る水晶の眼鏡、香料入りのクチバシ型マスクである。アルツェンバッハが実際にそのような医者を見たことがあるか、あるいはシャルル・ド・ロルムが書いたとされる記述などをイメージ源としたかは定かでない。その手に握られているのは魔法の杖ではなく、ネズミを追い払うためか、指示を与えるためか、患者の寝具を持ち上げるためか、いずれにしてもただの棒だ（現在読める説明のうち、どれを信じたいかによる）。

この服装は、毒性のある、あるいは腐敗した空気を意味する中世・近世の用語「瘴気（しょうき） miasma」から医者を守ってくれるだろうということで正当化される。「瘴気」とは、人のあいだでペストを媒介

するか、人間の体液を腐敗させペストに感染させると信じられていたものである。死体、沼地、汚染された都市の空気のように、さまざまな臭気源から漂ってくると考えられていた。中世末期の人々は、顕微鏡でしか見えないようなバクテリアやウイルスを知らなかったから、大勢が集団で急に病気にかかって死ぬのを目の当たりにし、空気に問題があると理解したのである。「瘴気」説は十九世紀になっても熟練医のあいだに残り、今でも空気と健康に関する通念、たとえば死体は棺に入れないと空気や水を汚染する、という誤った思い込みのもととなっている。

黒死病に関して現在一般に出回っている記述によると、中世の医者たちは、ペストに見舞われた村の家々を巡回するときにこのような服装をしていた。これは実用的であると同時に人々をことさらに怯(おび)えさせ、集落にペストがやってきたことを知らせる役割も果たした。十七世紀の別のヴァージョンは、クチバシを付けたペスト医師が怖くて逃げ出す子どもの群れを描いている。二枚目の図像はゲルハルト・アルツェンバッハによる一六五六年の版画から直接写されたものだが、印刷業者パウル・フュルストはこれに「ローマから来たクチバシ先生」というタイトルを付け、ラテン語とドイツ語が交ざった韻文で小馬鹿にしたような描写を加えた。

君らは寓話と思ってる
クチバシ先生のお話を
伝染病から逃げ出して
それで報酬頂いて。
生活するため死体を探し
ゴミを漁るカラスみたい

あっちに行くなよ　信じてよ
ローマはペストが牛耳ってる。
びっくりしないはずがない
クチバシ先生の小さな杖に
先生は黙って杖はしゃべって
先生の教えを指し示し。
みんなは信じてくれてるよ
黒い悪魔が先生に触れた
先生の財布は地獄という名
獲った魂は黄金さ。

〔「一次史料」における二枚目の版画（三四〇頁）のラテン語から原著者が新たに英訳したもの。原著（英語）では散文調になっているが、邦訳にあたりもとの史料通り韻文調にした／訳者〕

フュルストと彼の読者が、ペスト医師を異質かつ相当に奇妙だととらえていたのは明らかである。フュルストは視覚的に新たな要素も付け加えた。ペスト医師が持つ杖の先端には羽の生えた砂時計が付いており、「時は飛ぶように過ぎる tempus fugit」という古諺（こげん）を暗示している。図像が表すのは現実の医師の道具〔砂時計〕ではなく、死のメタファーであり、医師の到来は治癒が目的ではない、と告げる。ペスト医師は無能かつ無方策で、お前たちの財産、そればかりか命まで持ってゆくだろう。先に引いた詩文の教訓を、そうだめ押しするのである。

想像力を駆使した現代的解釈もある。クチバシ型マスクはペストを拡散する鳥（めったになかったし、

中世・近世におそよ信じられてもいなかったが）を模して作られ、共感呪術によって病原菌を患者の体内からクチバシ付きの衣服に移すことができた、というのだ。同じく現代的解釈の例だが、ペスト服に関して、目の部分は不幸を祓うべく赤色ガラスで作られ、鼠径部の腫れを抑えるため革ズボンになり、バクテリアを遠ざけるために帽子のつばを広げている、などと主張される。しかし、遺された近世の図像や記述を見ても、ペスト医師のクチバシ付き衣服に関するこうした主張にいっさい根拠はない。

◆◆◆

童謡「バラのまわりを輪になって」をめぐる一般的な解釈に対しても、瘴気説と薬草治療の関係と同様の問題を指摘できる。この風説はペスト医師のマスクよりさらに世間に浸透している。この童謡の歌詞は、間接的に腺ペストの症状と治療法、そしておそらくはその結末を表現しているというのだ。

バラのまわりを輪になって
ポケットは花束いっぱいで
灰よ　灰よ
みんな倒れる

おそらく「バラ」は、ペスト患者にできる腫れもの、円形の赤い発疹なのだろう。「ポケットは花束いっぱい」はペストに対する中世の治療法だ。ペスト医師のマスクに詰まった薬草のごとく、「瘴気」由来の感染症を追い払うため、人々は花や薬草を運んだというわけだ。「灰よ　灰よ」には、ペスト

患者の火葬、患者の灰色がかった肌、病人のくしゃみ「ハクション、ハクション Ashes, ashes」の訛りなど、さまざまな解釈がなされる。「みんな倒れる」は明らかにペストによる厖大な死者数への言及。これらの解釈は、前述したバウアー（Bauer 2007, 42）やセフリー（Cefrey 2001, 14）の作品、そしてマーティー・ギトリンの『中世ヨーロッパ全史』（Gitlin 2016, 35）のような子ども向けの歴史書に見られる。ジェイムズ・C・デイヴィス『人間ものがたり　石器時代から現代までのわたしたちの歴史』のような学生や成人読者向けでも同様だ（Davis 2004, 191）。近代以降この童謡を語る人々は、一三四八年の黒死病ないし一六六五年のロンドン大ペストの際にイングランドで書かれたものだと主張してきたが、「本当の意味」は二十世紀まで明らかにならなかった。

一次史料

❖ゲルハルト・アルツェンバッハ「ペスト医師の版画」（一六五六年）

次の版画は、ローマの不名誉な「クチバシ付き」ペスト医師を描いた最初期の図像の一つで、ゲルハルト・アルツェンバッハによって一六五六年に制作された。この版画では、ペスト医師の防護スーツについてラテン語、フランス語、ドイツ語の記述が見られる。アルツェンバッハは本物のペスト医師の格好を見たことがなく、その代わり、一六一九年にクチバシの格好にはじめて言及したフランス人医師シャルル・ド・ロルムの記述をイメージ源にしていたのだろう。このようなペスト

出典：Gerhart Altzenbach. "Kleidung widder den Todt Anno 1656." Image from Yale University, Harvey Cushing/John Hay Whitney Medical Library.

用の装備が中世に存在していたという証拠は一つもない。

❖パウル・フュルスト「ローマから来たクチバシ先生」（一六五六年）

二枚目は、先ほどのゲルハルト・アルツェンバッハの版画を皮肉っぽくしたヴァージョンである。アルツェンバッハが真剣に版画を制作してから一年も経たないうちに、パウル・フュルストという別のドイツ人印刷業者がペスト医師の外見と振る舞いを嘲（あざけ）った。フュルストは自身の版画に「ローマから来たクチバシ先生」というタイトルを付け、当時ローマで活動していた強欲で無能なペスト医師を批判している（本章の「一般に流布した物語（ストーリー）」で示した）。

実際に起きたこと

本書ですでに検討した中世に関する多くのフィクションと同様、黒死病の一般に流布したイメージも、ある程度は歴史的事実に根拠がある。すなわち、ペストは実在する感染症で何百万もの人々を死に追いやり、細菌学の登場と一八九七年におけるペスト菌「エルシニア・ペスティス」（一九七〇年代までは細菌学者ルイ・パストゥール（一八二二～一八九五年）の名を取って「パストゥーレラ・ペスティス」と呼ばれていた）発見までのおよそ五百年間（一三五〇～一八五〇年頃）は「瘴気」という用語で説明されていた、ということだ。しかし、あのマスクをしたペスト医師と「バラのまわりを輪になって」がなぜ中世をめぐるフィクションであるかを理解するには、中世および近世の黒死病に関する基本的な事実を押さえる必要が

出典 : Paul Fürst. "Der Doctor Schnabel von Rom." [1656] 1921. In *Die Karikatur und Satire in der Medizin: Medico-Kunsthistorische Studie von Professor Dr. Eugen Holländer*, by Eugen Holländer. 2d ed. Stuttgart: Ferdinand Enke, fig. 79, p. 171.

ある。

たしかにペストはヨーロッパとアジアで数百万人を死に追いやりはしたが、じつのところ、中世全体に見られる特徴ではない。私たちが中世と呼ぶ時代はおおよそ西暦七五〇〜一三五〇年を指すことが多いが、その期間、ヨーロッパにはペストもその他重大な伝染病もなかった（この時代に危険な病いが存在しなかったのではなく、広範かつ感染力が強い感染症はなかったということ）。ペストの波——広範におよんだためパンデミックとも呼ばれる——に襲われたのは、ちょうど中世のはじめと終わりの時期であった（Byrne 2004, 5-6）。いわゆる第一のパンデミックは五四〇年代に起こり、八世紀まで繰り返し発生した。より著名な「黒死病」、すなわち第二のパンデミックは十四世紀初頭に中央アジアと東アジアで始まったが、一三四七〜一三五二年にヨーロッパと中東に到達してからの事情がよく知られている（Green 2015b）。この第二のパンデミックは、ヨーロッパとアジアで一〇〜二〇年おきに限られた地域で再発を繰り返しつつ、四百年ほど続いた。先述の一六五六年のイタリア・ペストと一六六五年のロンドン大ペストは、第二のパンデミック終焉期における感染爆発の例である。

「バラのまわりを輪になって」がじつはペストの婉曲的な表現だという主張にしても、現代人が中世について信じる多くの作り話が動員されている。すなわち、中世の人々は子どもっぽく、洗練さに欠け、ほとんど無学で、いかなる自然の脅威に対しても無力だったという想定である。しかし実際には、十四世紀までに西ヨーロッパはそれ以前の数百年に比べ洗練の度を増し、都市を舞台に教養あふれる文化を有していた。一三四七年にヨーロッパにペストが到来すると同時に、病いに関して無数の分析が記録された。それらはどれ一つとっても比喩的筆致は用いておらず、「バラのまわりを輪になって」の子どもっぽい調子もなかった。まずはラテン語で、次いでヨーロッパにおける多様な俗語で書かれた論文で、医師や学者はペストの潜在的原因・症状・予後を記述し、予防と治療の詳細を教示した。

似た事例は、ギリシア語圏のビザンツ帝国と、北アフリカ・中東全域にわたるアラビア語圏のイスラーム地域でも見られる。

しばしば「ペスト論文」と呼ばれるこれら数百もの文書は、十四世紀から十八世紀に書かれてヨーロッパに伝来しているが、一つとして「バラのまわりを輪になって」に言及していないし、この歌に対する現代的解釈に合致してもいない。童謡の歴史では随一の専門家であるアイオナ・オーピーとピーター・オーピーは、「バラのまわりを輪になって」をペストと結びつける解釈が出現するのは一九五〇年代以降だと指摘しているし（Opie and Opie 1985, 221-22）、先に挙げた解釈のフル・ヴァージョンは一九六一年、一六六五年のロンドン・ペストを扱ったジェイムズ・リーザーによる通俗的歴史読本『ペストと炎』（Leasor 1961, 126）のなかに登場するのみである。この童謡をペストと結びつけて解釈することは不適切であり、過去の珍しい文書や歌のなかに秘密の暗号を探し求める、とくに第二次世界大戦後に顕著となった現代の風潮を反映したものだ。そう、民俗学者の見解は一致している。この童謡のシンプルな解釈はほぼこんなところだろう。すなわち、もっぱら娯楽として、踊るように揺れ動き文字通り落ちてくる花を歌ったもの。

この童謡の一般的な解釈には複数の問題がある。もっとも重大なのは、この歌が十八世紀以前に存在した証拠がなく、印刷物としてはもっとも早い事例で一八八〇年代以降ということだ。英文学史の研究者は、近世さらには中世に遡る韻文・詩文をきわめてよく理解している。であれば、四百年や六百年前のもので、現存している版が一つもないというのは考えにくい。さらに、「バラのまわりを輪になって Ring around the Rosie」という節は二十世紀まで登場すらせず、しかもアメリカ合衆国においてのみ見つかっているものだ。一八八〇年代および一八九〇年代から伝わる最古の版はすべてイングランドのもので、「バラの輪を囲もう ring a ring of roses」の変奏曲であり、これをペスト患者の体

に浮かぶ「バラ色のrosy」痕と解釈するのは難しい。繰り返すが、童謡のごく新しいヴァージョンの起源をたどるとじつは中世という遠い昔に至る、などということはさらにありえないのだ。

仮にこの童謡が明らかに十九世紀より古く、実際に初期ヴァージョンで「バラのまわりを輪になって」と歌われていたとしても（どちらも事実ではないが）、ペストの症状をこのように記述している中世の記録はない。記録が着目したのはむしろ首、脇下、鼠径部にできて痛みを伴い、黒ずみ、ときに破裂する腫れものや、大量の内出血を原因とする紫と黒の痣（現在は点状出血として知られる）だ。同様に、「灰」も「ハクション」もペストに関する中世の記録と一致しない。さしたる計画もないまま、ペスト患者はほぼ全員が土葬された。キリスト教の適切な弔い方とされていたからである。火葬は非常に珍しく、ペストが「灰」と結びつくことはないだろう。ペストの兆候や症状としてくしゃみに着目した記録もないし、「灰」を「ハクション」と解釈することに説得力はさらさらない。

黒死病に関する儀式や歌は見つかるが、内容、表現、そして目的としても明らかにキリスト教的なものだ。中世の人々はほぼ例外なく、自然の出来事であると同時に、人間の犯した罪に対する神罰としてペストを理解していた（科学と宗教を同時に受け入れることに問題はなかった）。中世のキリスト教徒は、ペストに対する自然な治療法を求める一方、個人的にも集団としても贖罪の回数を増やし、これをより大規模なものにする必要があると理解していたのだ。一三四七年以後、教皇と司教はヨーロッパ中のキリスト教徒に対し、村や都市の周囲で宗教行列を行って罪の赦しを神に乞い、ペストをヨーロッパから除去するよう命じた。

黒死病の時代に由来する紛れもない中世の歌がある。鞭打ち苦行者（Flaggellants. flagella はラテン語で「鞭」）の名で知られる過激な懺悔者のグループの手によって、あるいは彼らのために書かれた中世ドイツ語の歌の訳を載せておこう。鞭打ち苦行者たちは、心の底から罪を悔やんでいることを神に示す

べく、自らを鞭打ち血まみれになりながら街から街へと行進し、全世界の罪を我が身に背負う。彼らは黒死病以前にも、ペスト以外の災害に反応して何度か登場するのだが、一三四八年にドイツ諸地域でひときわ目に付くようになった。このとき、多くの年代記が彼らの活動、移動、歌を伝えた。鞭打ち苦行者たちは聖職者が持つ秘蹟の権能を否定し、あるいは侵害し、俗人であっても説教し奇跡を起こす力を持っていると吹聴したため、教皇は一三四九年にこの者たちを糾弾した。にもかかわらず、以下に掲載する「鞭打ち苦行者の古き歌」こそがペストに対する中世後期の典型的な応答であり、病いを撃退する宗教的試みの中心的な所作なのだった。

「バラのまわりを輪になって」のようなペスト関連の踊りは、十五、十六世紀の「死の舞踏」、あるいは「ダンス・マカブル」の絵に見出すことができる。「ダンス・マカブル」とは寓意的な詩で、しばしば絵画や版画が付随し、教皇や皇帝をはじめ農民にいたるまで、ありとあらゆる階層の男女が骸骨によって死ぬまで踊らされる様子が描かれている。人は誰もが死に、富や世俗の地位をあの世に持っていくことはできない、謙虚であれ、という教訓である。次に抜粋した一四六〇年のドイツ語詩「死の舞踏」(「高地ドイツ語の死の舞踏四行詩」)では、踊りのはじめの箇所で「死」が神聖ローマ皇帝に話しかけており、終わりの方で農民自身が死の訪れを語っている。

皇帝さん　剣は役に立ちませぬ
笏(しゃく)も冠も　ここでは価値がありませぬ
貴方の御手を　取りました
私の踊りに　さあどうぞ
……

俺はたくさん　働いた
汗が肌を　流れてく
それでも死からは　逃げたくて
けれども　ついてないようだ

〔出典：Universitätsbibliothek Heidelberg, Codices Palatini germanici 438, Heidelberger Bilderkatechismus, 129v, 139／訳者〕

中世後期の「ダンス・マカブル」は、「一次史料」に載せた「鞭打ち苦行者の古き歌」に見られるように、ペストへの言及はなくとも、すべて第二のパンデミックを背景に作られたものである。真に中世に由来する黒死病関連の歌、絵画、踊りのいずれを見ても、中世の人々の反応は、中世の歌とされる「バラのまわりを輪になって」よりもはるかに洗練されており、はっきりと信仰に裏打ちされている。

三つ目の一次史料は、中世の人々がペストの自然的・超自然的原因およびヨーロッパ社会への影響について、灰だの倒れるだのといった隠喩に訴えることなく、真剣に考えていたことを支持するものだ。著者は、一三四七〜一三四八年にヨーロッパ諸都市で最悪の被害に見舞われたフィレンツェで黒死病を生き延びたイタリア人、ジョヴァンニ・ボッカッチョ（一三一三〜一三七五年）である。ペストが襲来したあとの一三五〇年頃、彼は『デカメロン』として知られる著名な物語集を執筆した。物語の多くはユーモラスで、ペストに触れた箇所はほとんどないものの、作品の「まえがき」は真剣そのもの。ペストのフィレンツェへの到来、ペストの症状、ペストからの避難や治療の試み、ペストがフィレンツェの社会および信仰にもたらした影響を説いている。『デカメロン』所収の物語は、黒死病の

恐怖から人々の気を逸らすために書かれたものだ。

◆◆◆◆

「バラのまわりを輪になって」はペストを歌うものだという思い込み、それが完全なフィクションだとすれば、クチバシを付けたペスト医師は、少なくとも半ばは真実といったところだ。これまで見てきたように、ペスト医師の手の込んだ服装が実際に存在したことを証す豊富な一次史料と、偽物ならざる図像が現れるのは、少なくとも十七世紀以降である。そう、この時期は中世ではない。中世終焉の公式な日付はないものの、多くの歴史家はコロンブス（一四九二年）やマルティン・ルター（一五一七年）以前を中世と称する。これは時代区分に関する無駄な議論ではない。ヨーロッパの十七世紀は、政治的、社会的、科学的に非常に特異な時期だ。ペスト医師の服装は、啓蒙運動を駆動した科学革命を目にした近世最後の文化的産物なのである。私たちは「クチバシ先生」に出会うまでにすでに三百年にわたってペストの経験を積んできた。

ペスト患者の治療にあたる初期の医師の図像はまず見当たらないが、写本やパネル画、印刷物のなかに見つかることがある。だがペスト服を示すものは一つもなく、代わりに描かれているのは、いかなる類いのマスクも付けていない、中世後期の学者や紳士が身につける典型的なローブ姿の医師だ（Boeckl 2000, 21, 26–29）。十四世紀から十七世紀にかけて公衆衛生の権威がもっとも懸念していたのは、一人の医者の顔からではなく地域全体から「瘴気」を遠ざけ、伝染を防ぐことだった（Hays 2009, 54–55）。一六三〇年にトスカーナで感染が爆発しても、マスクを付けたペスト医師の痕跡は見当たらず、ペストの統制はむしろ「瘴気」を撲滅するため家屋を燻煙（くんえん）消毒することに向いていた。このことは、フィ

レンツェ郊外モンテルーポにおける一六三〇年のペストを研究したカルロ・チポッラ（Cipolla 1979）と、フィレンツェ自体のペスト政策を研究したジュリア・カルヴィ（Calvi 1989, 155-96）が証明している。中世後期および〔その後〕十七世紀までの医者たちが、ペストの「瘴気」に関心を寄せていたのは確かだが、身体防護〔病いから身を守ること〕に関して、私たちが十七世紀半ばの版画から読み取るのとは違った認識を持っていたのだ。

中世後期に書かれたペスト論文を見ると、医師や患者が身を守るためあらゆる指示をしている。多くは、ペストの瘴気を体内に入れないようにするか、病気を追い払えるように体液のバランスと肉体の健康を保つ方法に関するものである（体液および中世医学について、詳しくは第9章を参照）。私たちが今日、空気感染を防ぐべく口および肺に注意するのとは異なり、十四世紀後半の一般的な医学理論は、瘴気の体内吸収の入り口であると信じられていた毛穴に注目していた。もっとも著名なペスト論文を以下に収録したが、ブルゴーニュのジャンという医師によるものである。本論文以外、その業績は不詳。ジャンの忠告の多くは、毛穴をきっちり閉じるため、特定の食品を食べよ、あるいは食べるな、というものである。そこには、空気を浄化するために火を焚くか、香りが強いものを食べよ、という忠告も見られ、「裕福ならアンバーグリス〔クジラの腸結石〕、ムスク、ローズマリーやその類似の品。貧しければ紫ウコン、チョウジ、ナツメグ、メース〔ナツメグから作る香辛料〕やその類似の品」とのこと。後世にペストマスクを発想したのと同じ学説由来である。しかし、中世に書かれたペスト・マニュアルが読者に求めていたのは、これらの香料を十七世紀のペストマスクのように常時嗅ぐことではなく、朝の外出前に嗅ぐことのみ。当時の医学理論では、これでその日一日の耐性が保てると考えられていたのだ。

それでは、結局のところクチバシを付けたペスト医師の何が問題なのか。この服装がはじめて出現

したのは、一三四七～一三五二年に発生した黒死病から三百年経った時期であること、また、ペストの通念をたった一つの図像が左右し、ほかに注目し検討すべき、歴史的意義のある証拠が顧みられない点にある。これはペスト医師の図像に限らない。大衆的なメディア、歴史教科書、学術雑誌などで黒死病を取り上げる際に使われるほぼすべての図像の問題でもある。ロリ・ジョーンズとリチャード・ネヴィルが明らかにしたことによれば、現代の出版物およびウェブサイトでペストを表現する際、利用される中世の図像のほぼすべては本来ペストを意図して描かれたものではなかった（Jones and Nevell 2016）。繰り返し誤った情報を垂れ流していると、ペストに関する歴史的・医学的知識が悪影響をこうむる。というのも、研究者はペストにまつわる中世の観念を表現しようとして、誤って中世のものとレッテルを貼られた図像を利用してきたことになるからだ。

クチバシを付けたペスト医師にも同じことが言える。このイメージがあまりにも一般的になり、アカデミックな理解であれそうでない理解であれ、とにかく中世の黒死病がどんなものだったかこの図像が決定しているのである。このイメージは、中世由来でないばかりか、実際に描かれもした十七世紀末期および十八世紀初頭の短期間ですら一般的だったとは思われない。クチバシを付けたペスト医師を描いた真正の図像は、ほぼすべて一六五六年の版画（前述）の模倣である。これまで見てきたように、医師の実際の姿を描かず、堕落したペスト医師の振る舞いに対する嘲笑、諷刺を目的とした図像もある。ペスト医師が実際にこのような服装をしていたという証拠は、中世にも啓蒙時代にもほぼ存在しない。ただ、このイメージが当時、民衆の想像力を鷲づかみにしたこと、そしていまだに同様の事態が続いていることは間違いない。

一次史料

❖「鞭打ち苦行者の古き歌」（十四世紀？）

次に掲載するのは、黒死病の時期に鞭打ち苦行者の遍歴団によって歌われたと思しき中世ドイツ語の「鞭打ち苦行者の歌」である。ペストがはっきり言及されていないことに注目してほしい。神の怒りを鎮めるため、中世において鞭打ちと悔悟の行進があらゆる形式で行われたように、この歌もあらゆる自然的・道徳的災厄に際して歌われていたのだ。歌い手は、さまざまな人々、すなわちイエス、その母マリア、大天使ミカエル、歌い手同士、そして目下の惨事の責を負っていそうな人々などに呼びかける。あらゆる人が贖罪を行い、敬虔な生を送るよう促す一方、ショッキングな鞭打ち行進を通して自分たちこそがキリストの怒りを鎮め、起こりうる世界の破滅を防ごうとしているのだと主張する。

　贖罪に勤（いそ）しむ者はみな
財を手放し　また手放すべし
正しく願えば　罪は遠のく
我らが神よ　お助け下さい
　こちらへ来たれ　よこしまな者
燃える地獄を　抜け出そう

悪魔の仲間に　ならぬよう
ついてゆくなら
パンをくれるが
心があるなら　抜け出そう
女王マリアよ　お助け下さい
神の恩寵　得られるよう
　イエス・キリストは　捕えられ
十字架上に　磔（はりつけ）にされた
血で十字架は　赤くなり
我らはその死を　嘆くのだ
「罪人よ　汝は何を報いるか
三本の釘と　いばらの冠
聖なる十字架　槍の一突き
汝のために　私は耐える
汝は何を　耐えるのか」
声高に神を　称えよう
我らの奉仕を　受け取りたまえ
地獄の火から　お救い下さい
主には恩義が　ございます
神には我らを　差し出します

それが我らに　ふさわしい
　マリアよ　母よ　女王様
貴方の息子の　愛により
我らの願いを　聞き入れたまえ
汚れなき母よ　お助け下さい
大地は震え　岩もむせぶ
愛しき母よ　お嘆きあれ
涙を溜めて　我らは泣く
ゆえに決意は　固くなる
意識の底から　心の底から
主イエスは　苦難を忍ばれた
　ならば我らも　耐えるとしよう
キリストのために　苦しい痛みを
神のために　多くの罪を
神のために　数多(あまた)の罪を
さすれば憐れみ　もたらされる
　マリアは　辛苦のなかにいた
我が子が死んだの　見たときに
剣が　彼女の心を切り裂いた
罪深き者　悔い改めよ

群衆は知る
神の憤怒を
イエスは怒りで　蘇った
十字架のように　倒れ込もう
腕を掲げて　立ち上がろう
神の憐れみ　得られるように
イエスよ　三つの名によって
我らを罪から　解きたまえ
イエスよ　貴方の血を通し
迫りくる死から　お救い下さい
主よ　聖霊を送りたまえ
そして我らを　導きたまえ
夫婦が　誓いを破ったら
神が報いを　与えよう
硫黄と　タールと　胆汁を
彼らに悪魔が　贈るはず
まことに悪魔の　笑い草
神よ　我らをお救い下さい
婚姻は　真の愛のはず
神が我らに　与えしもの

　だから私は　忠告しよう
神は不遜に　気づくのだから
謙虚な心を　求めなさい
不遜の罪を　背負うなら
不遜の罪を　悔いるなら
さすれば憐れみ　もたらされん
　天の王国の　キリストは
天使たちへと　打ち明けた
「キリスト教徒は　みな離れる
であれば破滅を　もたらそう」
マリアは必死に　子に願う
「愛しき息子よ　やめましょう
私の願いは　彼らの望み
彼らは　改心したのです
だから貴方に　お願いします」
　汝ら　虚言者たちよ
汝ら　偽誓者たちよ
罪を清めて　そそぐがいい
さすれば魂　改まる
なんと　哀れな高利貸し

お前は鉛を　金に変え
ゆえに地獄へ　沈むだろう
　汝ら殺人者たちよ　汝ら盗賊たちよ
神の愛には　ふさわしからぬ
憐れみ　得られはしないだろう
永遠の生は　手に入れられぬ
　この祈りが　なかりせば
我らはみんな　滅んでいた
悪魔の鎖に　つながれるも
マリアが　解いて下さった
　汝に知らせん　罪人よ
聖ペトロこそ　天の門番
懇願しながら　向き合えば
女王のもとへ　運ばれる
　おお　大天使ミカエルよ
すべての魂　守護する者
地獄の火から　お救い下さい
天の主の　死によって

出典："The Ancient Song of the Flagellants." 1859. In *The Epidemics of the Middle Ages*, by J. E. C. Hecker. 3d ed. London: Trübner and Co., 65, 67, 69.〔訳は出典の六四、六六、六八頁に掲載されている原史料を底本とした／訳者〕

❖伝ブルゴーニュのジャン「ペスト論文」（十四世紀後半）

一三四七〜一三五七年に黒死病が鎌首をもたげたとき、識字率が向上したヨーロッパで多くの医師と俗人がペストを予防・治療するための短い手引書を世に出した。群を抜いて有名なのが、ブルゴーニュのジャン作と伝わるペスト論文である。一三六五年頃に執筆されてから三百年間、何度も再版された。次の抜粋は、ジャンによるペストの原因に関する簡潔な説明と、予防および治療に関する長大な論考の一部である。

地上にあるすべての要素は天上から支配され、天体は軌道下の万物に対し、実体ではなく本質を、活力を、死をもたらすと考えられる。そのため、長いあいだ空気が腐敗し疫病が発生しているのは天体の影響だが、混じり気のない物質である空気は、その実体において腐敗しているのではなく、悪性の気体の混入によって腐敗しているのだ。それを原因として流行り病が多くの地域で広がり、その傷跡は依然として数多の場所に残っている。死の原因は、空気の腐敗だけでなく、死にゆく人の体内における腐敗した体液の過剰にもあるため、多くの人、とくに悪性の体液に満ちた人が死んでいる。熱病に関する書物でガレノスが記している通り、肉体が腐敗に向かいその原因にいくぶんか晒（さら）されているのでなければ、体が腐敗することはない。火が可燃性の素材でしか燃えないように、腐敗の発端となりうる汚染がなければ、疫病の空気が体を害することはないためである。それゆえ、体液の浄化を怠らない清潔な体であれば、健康を保つことができる。また、空気は不変の性質を持つが、これと対照的な気質の人は健康でいられる。そうでない人は、空気が腐敗するとみな感染し、死ぬだろう。

このように、腐敗した空気はつねに入り込む対象の性質に従って作用するため、気質の違いに応じ

て、人により異なる疾患を発生させる。また、医学の分野では博士であり、聖職者としても有能で思弁や理論の教育を十分受けているのに、実践経験が不十分で、ヒポクラテスが著書『流行病』で「占星術を知らない医師の手に自らを委ねてはならない」などと忠告しているように、医師にとってきわめて重要な学問である占星術についてまったく無知な者が非常に多い。占星術と医学は互いに調整し合うものであり、一つの学問だけではわからないことがあるため、一方の学問がもう一方の学問を大いに支えてくれる。ゆえに私は、実践を通して知っている。医学に基づきうまく組み立て整えられた医術であっても、星座が真逆のときに施されれば熟練医が意図したようには作用しないし、患者の益にもならないということを。つまり、患者を楽にさせようと治療するなら、患者の体が施術を拒まないかどうか天体を通して確かめるべきなのだ。それゆえ、占星術のネクタル〔ギリシア神話に出てくる不老不死の薬酒〕をほとんど飲んだことのない者が伝染性の疾患の治療を施すことはできない。疾患の原因と疾患の性質を知らないため、治療しようがないからだ。もっとも優れた医者も、「原因も知らずにどうやって癒すというのか」と言っている。アヴィケンナは熱病の治療について、「原因を知らなければ疾患を治すことは不可能である」と書いた。これについては、註釈者〔アヴェロエス〕も『自然学』第二巻で、「直接的で最大の原因を認識せずして理解することはできない」と主張している。したがって、天体こそが第一の原因であるため、その理解は不可欠である。最上位の原因がわからなければ、それに続く原因もわからない。第一の原因は、第二の原因よりも結果に強く影響するためだ。……

［予防について］各人はまず、食べ物と飲み物で過度に腹を満たすことを避け、入浴など肉体を稀薄にし毛穴を広げるようなあらゆることを避けるべきである。毛穴が開いていると有毒な空気が入り込み心臓を穿ち、精神を破壊するからである。何より避けるべきは性交である。果実は、酸っぱいもの

を除きほとんど、あるいはいっさい食べない方がよく、消化しやすい食べ物と、香辛料を混ぜ水で薄めたワインをうまく摂るべきだ。蜂蜜酒および蜂蜜を含むものはすべて避け、食料は強い酢で保存し、寒い日や雨の日は部屋で火を起こすべきで、霧や嵐の日は毎朝家を出るまえに香料で対策するとよい。裕福ならアンバーグリス、ムスク、ダイアンサス〔ナデシコ科ナデシコ属の植物〕や類似の品を、貧しければ紫ウコン、チョウジ、ナツメグ、メースや類似の品を使う。そしてアンバーグリスや他の適切な香料を持ち運ぶ。また週に一度か二度、良質なテリアカ〔獣などに噛まれたときの解毒剤〕を豆一粒分服用する。そしてアンバーグリスや他の適切な香料を持ち運ぶ。もしく日が暮れる時間には窓を閉め、ネズの枝に火を点け、煙とにおいが部屋に満ちるようにする。もしくは、まだ燃えている炭を土製のるつぼに三つか四つ入れ、そのうえに後述の粉を少し振りかけ、口と鼻から煙を吸い込み、その後床に就く。ここでいう粉とは、白い乳香、ラブダナム〔ハンニチバナ科ゴジアオイ属の樹〕、蘇合香、カラミンサ〔ミントの香りがする薬草〕、伽羅をきわめて細かくした粉末のことである。そして、悪臭あるいは不快なにおいを空気中に感じるとき、とくに空気が腐敗しているときや霧が出ているときはこれを行う。そうすれば、邪悪な出来事や流行り病の影響から身を守れるだろう。

一方、暑いときに流行り病が蔓延した場合は別の処方が有効だ。温かいものより冷たいものを食べ、寒い季節よりも食事をつましくし、食べ物より飲み物を多くし、白ワインを水で薄めるべきである。また、食物には酢かブドウ汁を大量に用い、胡椒、良姜、ギニアショウガのように辛い調味料はあまり使わないようにする。さらに朝家を出るまえ、霧が出ていたり空気が悪いと思われたりすれば、バラ、スミレ、スイレンの花、白と赤の白檀、ナツメグ、樟脳などの香りを嗅ぐ。暑いときはテリアカの使用を控え、粘液質や冷たい性質を持つ者を除いて服用すべきでない。多血質の者と黄胆汁質の者は、暑いときにテリアカを服用せず、ザクロ、オレンジ、加工したレモン、シトロンや、三種の白檀、冷たい舐剤や類似の品を服用する。キュウリ、ウイキョウ、ルリジサ〔ムラサキ科の薬草〕、ウシ

ノシタクサ、ホウレンソウを利用し、ニンニク、タマネギ、リーキ〔西洋ネギ〕のほか、胡椒やギニアショウガのように体を温めすぎてしまうものはすべて避けるべきだが、ショウガ、シナモン、サフラン、クミンやその他控え目なものは使ってもよい。気温が高く喉の渇きを強く感じたら、酢を混ぜた冷たい水を何杯か口にして大麦湯を飲むべきである。熱い体質の者と乾いた体質の者にはとくによく効く。このような気温のときは決して我慢してはならない。そして、もし血液があたかも走り回ったり突き刺したりするように動くのを感じたら、同じ側の近いところにある血管から血を抜き、酢を混ぜた冷たい水で寝室の床を濡らす。裕福であればバラ水でもよく、これを一日に二、三回行う。さらに、ラーゼズ〔九世紀に生まれたペルシアの学者〕の丸薬も、週に一回服用すれば予防に最適である。あらゆる気質において、また暑かろうが寒かろうが、あらゆる天候において効果を発揮する。しかし、アヴィケンナらは満腹時以外の服用を推奨していない。あまり楽にはならないが、腐敗した体液は徐々に排出される。丸薬は、ソコトリンアロエ、サフラン、没薬およびカラクサケマンの汁で作る。これを服用した者は、神の助けを介し、腐敗した有毒な空気から身を守ることができるだろう。

出典："The Treatise of John of Burgundy." 1994. In *The Black Death*, edited and translated by Rosemary Horrox. Manchester: Manchester University Press, 184-88.〔訳は Sudhoff, Karl. 1925. "Pestschriften aus den ersten 150 Jahren nach der Epidemie des 'Schwarzen Todes' 1348." In *Archiv für Geschichte der Medizin* 17, no. 5/6:61-64 に掲載されている原史料を底本とした／訳者〕

❖ジョヴァンニ・ボッカッチョ『デカメロン』より導入部（一三五三年）

ジョヴァンニ・ボッカッチョ（一三一三〜一三七五年）は、初期イタリア・ルネサンスの重要な著作家で、とくに『デカメロン』として知られる一三五三年完成の物語群で有名である。ボッカッチョ

による「第一日」（物語群は十日に分かれている）の導入部は黒死病を描いた文学作品でもっとも有名だ。ユーモラスな架空の物語集成の冒頭部分ではあるが、フィレンツェのペストに関する信頼のおける描写だというのは周知の通り。ペストの症状や死亡率、絶望したフィレンツェ住民の社会的・宗教的反応に関するボッカッチョの記述は、きめ細かく分析的である。

さて、神の子の降誕から、すでに一三四八年目におよびましたが、そのときイタリアの他のすべての都市にまさって明媚をもって鳴るフィレンツェの都に、致死の疫病が見舞ったのであります。それは、天体の影響によるのか、あるいは私たちの不正な行いを矯正しようとする神のお怒りが人間に下されたのか、数年前東洋の諸地方で始まり、そこで無数の人間の生命を奪って、一つの土地から他の土地へととどまることなく続いて、情けないことに西洋に向かって蔓延してきました。これに対してフィレンツェではそのためにとくに任命された係の者によって、多くの汚物が清められ、病人はことごとく都市に入ることを禁ぜられ、衛生保持の目的で多くの勧告が下されましたが、いかなる用心も予防も役に立ちませんでしたし、さらに、信仰心の厚い人々が一度ならず寄り集まって行列をしたり、その他の方法で神に捧げた敬虔な嘆願も、いっこうに甲斐がありませんでした。先ほど申し上げた年の春のはじめ頃には、疫病はその痛ましい威力を驚嘆するばかりの方法で示し始めました。それは、鼻血が出たら死の宣告だった東洋のとは違って、羅病の初期に、男も女も同じように、股のつけ根か腋の下にこわばった腫瘍ができて、そのうちのあるものは普通の林檎ぐらいに、他のものは鶏卵ぐらい大きくなり、また、ある者はその数が多く、他の者は少ないのです。しもじもではこれをペストの腫瘍と呼んでおりました。

先にお話しした命とりのペストの腫瘍は、前述の体の両部分から、またたく間に全身にわたってと

ころきらわず吹き出し、盛り上がってまいりました。こうなってからあとは、その病気は、黒色か鉛色の斑点に変わり出しました。その斑点は、たいていの者には両腕だの、両肢だの、体中いたるところに現れてくるのですが、人によっては形が大きくて数が少なく、またある者は形は小さいが数が多いといったありさまでした。それではじめは、また、いまだにそうですが、あのペストの腫瘍が、死の到来のきわめて確実な兆候であったように、この斑点は、それが出てきた人にとって、同じ意味を持つのでした。こうした病気の治療には、医者の診察も、どんな薬剤も役に立ちそうにも、効き目があるようにも思われませんでした。それどころか、病気の性質がそれを受けつけなかったためか、医者たち（彼らのあいだには、大勢の医学を修めた人々以外に、全然医学の心得もない男女の数が非常に増えていたのです）が無知のあまり、この病気が何が原因で起こったものであるのか知らず、したがって適切な治療法を施さなかったためか、快癒する者がまれであったばかりでなく、ほとんど全部の者が、先ほど述べた兆候が現れてから三日以内に、多少の遅速はありますが、発熱もせず、別に変わったこともなく、死んでゆきました。このペストは、それは驚くべき力を持っていました。というのは、すぐそばにある乾いたものか、脂じみたものに火が燃え移っていくように、それは病気の患者から健康者に、往来しただけで、伝染していったからです。その後、事態はさらに一段と悪化してきました。なぜと言いますのに、患者と話したり、患者に近寄ったりすることが、健康な者にとって罹病や、また死の原因となったばかりでなくて、それらの患者によって手に触れられたり、使用された衣類や、その他どんな品物でも、それに触れると触れた者に病気がうつると思われたからです。私の話をお聞きになれば、さぞ不思議にお思いになることでしょう。それは、多くの人の目やこの目で見ていなかったならば、どんなに信用のできる人から聞いたとしても、私がそれを物に書くどころか、信ずることもできなかったでしょう。

このペストの性質ときたら、次から次へと伝染してゆくことにかけては、ものすごい力を持っておりまして、それが人間から人間へ伝染するだけならまだしものこと、こんなこともございました。それは頻繁に繰り返されたことでして、これを目にしたことも一再にとどまりません。つまり、患者かまたはその病気で死んだ人の品物に、人間以外の他の動物が触れると、それに病気がうつるだけではなく、またたく間にそれが死んでしまうのでした。このことについては、私の日は（少しまえにお話ししましたように）、何度もこうしたことを目撃していますが、なかでもとくにある日、こんな経験をさせられました。その病気で死んだある気の毒な男の襤褸(ぼろ)が道路に投げ捨てられたのを、二頭の豚がそれに飛びかかって、いつもやるように、はじめはしきりに鼻であしらっていましたが、やがて歯をむき出してそれをくわえると振り回して両頰にぶっつけ始めました。するとまもなく一、三度きりきり舞いしてまるで毒でも食べたように、二頭ともちらかった襤褸のうえに、ばったりと倒れて往生してしまったのです。

こういったことから、またこれに似かよったり、これよりも酷い数多くのことから、生き残っている人々は奇妙な恐怖や想像を抱くようになりました。そのためほとんどすべての者が、残酷きわまる目標へと引きずられてゆきました。人々は患者と患者の持ち物を避けて、これから逃れようとするようになったのです。人々はこうすることによって、自分の健康を保つことができると思っておりました。それから、諸事控えめに生活して、何ごとによらず過度を慎むことが、こうした事故に強く抵抗できる途であると考えていた者もいくらかおりました。そして病人が一人もいない、よそよりも暮らしよいような家に集まって、そこに閉じ籠ったまま、非常に消化のよいご馳走と極上のぶどう酒をごく適度に用い、暴飲暴食や、その他の行きすぎは慎み、誰とも話をせず、外部の、死の、あるいは病人の便りはいっさい聞こうとはしないで、音楽や、できる限りの楽しみをしてそこに住んでおりまし

た。それとは反対の意見に引かれていた他の人たちは、思いきり飲んだり、楽しんだり、出歩いて歌を歌ったり、遊び回ったり、何でもできるだけその欲望を満足させて、何が起ころうと笑って気にもとめないといったやり方が、こうした疫病には効験（こうけん）あらたかだと決め込んでおりました。で、そう口にしていた通りにできる限りそれを実行に移して、昼夜を問わず、あっちの酒場こっちの酒場と渡り歩いて、はめをはずして際限もなく飲みあおり、そのうえやりたい、気にいったことがあると、それを他人の家でするのでした。そうしたことは訳もなくできました。誰も彼もが（ほとんどもう生きていられそうもなかったものですから）、自分と同じように、自分のものを放棄していたからです。そのため大部分の家が共有になっていて、ただそこに入り込めば、他人であろうと、本当の持ち主同様に、それを使うのでした。で、彼らは、こうしたまったく獣的な意図は持っていましたが、いつもできるだけ患者たちからは身を避けておりました。

　私たちの都市がこうした苦痛と悲惨に沈んでいるとき、宗教的と俗界的の区別なく、法律の権威は、法律の役人や執行者が他の人々と同様に、みな死ぬか、罹病するか、あるいはどんな事務もとれないほど下役人の手が足りなくなるかしたために、ほとんど地に墜ちて、まったく無力になってしまいました。だから、誰も好き勝手のし放題で、咎められることなどはありませんでした。別の多くの者たちは先に述べたこうした二つのやり方のうち、その中間の途をとって、前者ほど食物を切りつめもせず、後者ほど飲み物や無節制ででたらめもしないで、食欲に応じて十分にものを用い、家に閉じ籠りもせず出歩き、ある者は花を、ある者は香草を、ある者はさまざまの香料を手にして、それをしばしば鼻に持ってゆきました。そうした香りで頭脳を休めるのが一番よいと考えていたのです。これをもってみましても、あたり一面に死体や病気や薬剤の悪臭が立ち込めて、鼻もちがならなかっただろうと思われます。ある者たちは、ペストに対しては、それから逃げ出すよりもよい、これほど効き目の

ある薬剤はほかにないといって（おそらく一段と安全なことでしょうが）、もっと残酷な感情を抱いておりました。そこでこう考えた理屈から出発して、自分のこと以外には他のことなど構わずに、多くの男女が、自分たちの都市や、自分たちの家や、彼らの集会所や、彼らの親戚や、彼らの持ち物を捨てて、他人の別荘や、でなければせめても自分たちの田舎を探し求めました。まるで、そのペストをもって人々の不正を罰しようとする神の怒りが、彼らのいるところならところ嫌わずやってくるというわけではなく、ただ彼らの都市の市壁内にいる者たちを、猛り狂って圧迫しようと考えているだけだと思っているようでした。あるいは誰も都市にとどまっていてはいけないのであって、都市の最後の瞬間が来たのだとでも考えているようでありました。

こんな風にいろいろな考え方をしたこれらの人々が、全部が死んだわけではないように、だからといってみながそれを逃れたわけでもありませんでした。むしろそれぞれの考え方をした多くの者が罹病して、いたるところで、彼ら自身健康であったときにまだ健康でありました者たちに模範を垂れてから、ほとんど見捨てられて、見る影もなく、罹病憔悴していきました。一人の市民が他の市民を避け、ほとんど誰も他人のことを構わず、親戚はまれにしか、あるいは全然訪問し合わなかったことは申し上げないことにいたします。またずいぶんまえから、この憂苦が男たちや女たちの胸に入ったときに、酷い驚愕を巻き起こしたために、一人の兄弟は他の兄弟を捨て、伯父は甥を捨て、姉妹は兄弟を捨て、またしばしば妻は夫を捨てるに至り、また（あまりなことで、ほとんど信じられないことですが）、父や母は子どもたちを、まるで自分のものではないように、訪問したり面倒をみたりすることを避けました。そのために罹病した男女無数の人々からなるこの者たちにとっては、友人たち（これは少数でした）の慈悲か、莫大で法外な給金に引き寄せられて働いていた召使たちの貪欲のほかには、何の援助も残ってはおりませんでした。それにもかかわらず、召使になる者はたくさんはいませんでした。こうし

た者たちは、あまり血のめぐりのよくない男女でして、そうした仕事の大部分はなおざりにされて、ただ患者から要求されたものを差し出すか、患者が死んだ際に見ているほかには何一つできませんでした。こうした仕事をしながら、彼らはそのもうけを得るものの、自分の生命を落とすことが多うございました。こうした患者が隣人や親戚や友人から見捨てられ、召使が払底しておりましたので、今まで耳にしたこともないようなある習慣が生まれました。つまり、どんな女でも、それが可愛らしい女であろうと、美しい女であろうと、しとやかな女であろうと、罹病したら最後、男を、それが若者であってもなくても平気で自分の看護に使って、その男に、肉体のどんなところでも、出して見せることを恥ずかしいとは思わなくなったのです。そんなことは、病気のためにそうしなければならない場合にだけ、それも婦人のまえですることでございましたでしょう。これは病気の治った人々にとっては、おそらくそのあとになって、その貞淑な態度を軽んずる原因となったことでありましょう。

さて、このほかにも多くの人々の死がそれに続きました。彼らはもしかして看護をされていたならば、死なずに済んでいたかもしれません。こんな次第で患者に適切な世話が施されなかったり、ペストの力が激しかったりして、都市では、昼夜を分かたず死んでいく者の数はおびただしく、目に見るは言うまでもなく、人の話に聞いてさえ、恐ろしいことでありました。そんなわけで、市民の以前の習慣に反する事柄が、まだ生き残っている者たちのあいだに生まれたのは、ほとんどやむをえないことでありました。

親戚や近隣の女たちが死人の家に集まって、そこで、死人ともっとも親しい親戚にあたる女たちと一緒に泣くことが（今日でも行われているのを見かけることですが）、従来習慣とされておりました。また一方死人の家のまえには死人の男の隣人や他の男の市民が大勢、死人の近親の者たちと集まりました。それで、死人の身分に応じて、聖職者がやってくると、それから死人は自分と同じような人々の肩にか

つがれて、蠟燭と歌の葬儀に送られて、死ぬまえに、あらかじめ自分で選んでおいた教会に運ばれました。こうしたことはペストの残虐性が酷くなり出してからは、すっかり、でなければだいぶ廃れたらしく、それに代わって、別の新しいことが起こってまいりました。そこで人々は女たちに取り巻かれぬまま死んでいったばかりでなく、介添人にも付き添われずにこの世を去ってゆく者も大勢いました。そして近親の憐憫(れんびん)の嘆きや、苦い涙を注がれる者はほんのわずかでした。むしろその代わりに、たいていは仲間の笑い声や、冗談や、馬鹿騒ぎがきまって起こりました。そうした習慣を女たちは、もう大部分の者が女らしい憐れみを忘れておりましたので、自分たちの健康を守るために、じつに上手に覚え込んでいました。ですからその体を、一〇人か一二人を超える隣人たちによって、教会まで送られるような者は滅多にありませんでした。

　そうして棺をかついだのは、身分のある立派な市民ではなくて、こうした仕事を金をもらってやっていた死体運び(ベッキーノ)と呼ばれていた細民の出である一種の死体運搬埋葬人でございました。で、彼らは、死者が生前に手配しておいた教会などは放っておいて、たいていの場合は一番手近の教会に、四人か六人の聖職者に従って、わずかの灯をともし、ときには一つの灯も点けずに足ばやに、棺を運んでゆきました。聖職者たちは先に述べた死体運びの助けを借りて、手間取りすぎる儀式や、崇厳な儀式で骨を折るようなことはしないで、ふさがっていない墓穴なら何でも構わずに見つかり次第、死体をその中に埋めました。細民や、あるいはおそらく中産階層の大部分については、そのありさまはさらにずっとむごたらしい、悲惨なものでした。なぜなら彼らの大部分は、希望したためか、それとも貧乏のためか、自分たちの家か、その地区内に引き籠っていましたので、毎日何千人と罹病し、何の看護も世話も受けられず、ほとんど救いの手らしいものは何一つ伸べられぬまま、ことごとく死んでゆきました。街の通りで、昼となく夜となく、果てる者がいっぱいおりました。家の中で息を引き取る者

はさらに多く、その人々は、何よりもまず、自分たちの腐爛した肉体の悪臭を放って、自分たちが死んだことを隣人たちに気づかせました。ですから、この人々や、いたるところで死んだ別の人々の悪臭が、あたりいっぱいに籠っておりました。

死者に対して抱いている同情からというよりも、死人の腐敗が自分たちに害を与えないようにとの心配から、隣人同士がだいたい同一の方法をとっていました。彼らは自分でやるか、見つけることができた際は、運搬人たちの助けを借りて、すでに死んでしまった人々の体を、自分たちの家から引きずり出しました。そして、それを自分たちの戸口のまえに置きました。そのあたりへ行った者は、とくに朝でしたら、数限りない死体を見ることができたでしょう。それで棺を運ばせたり、また棺が足りないので板切れのうえに死体を乗せることもありました。二、三人の死体を一緒に入れている棺も珍しいことではありませんでした。夫と妻を、二、三人の兄弟を、あるいは父と息子を、あるいはそれに類した者たちを一緒に納めている棺も、非常に多く数え上げることができたでしょう。また二人の修道士が一つの十字架を持って、誰か一人の死人を取りにゆくと、運搬人にかつがれた三、四の棺が、その棺のうしろに入り込んでしまって、修道士たちが、うずめる死人は一人だと思っていたのが、六人か八人、ときにはそれ以上もの死人があったという話も、何度も聞きました。ですから、これらの死人には、涙も注がれず、灯もともされず、野辺の送りもされませんでした。それどころか、死んだ人間のことについては、死んだ山羊に対して気を用いるくらいにしか、心をかけていないというありさまでした。

出典：Boccaccio, Giovanni. 1921. *The Decameron*. Translated by J. M. Rigg. 2 vols. London: David Campbell, 1:5–11.〔訳はボッカッチョ『デカメロン』上、柏熊達生訳、ちくま文庫、一九八七年、一九〜二八頁を借用し、適宜改変した／訳者〕

さらに詳しく知るために

- Aberth, John. 2017. *The Black Death: The Great Mortality of 1348–1350. A Brief History with Documents*. 2d ed. New York: Bedford/St. Martin's.
- Bauer, Susan Wise. 2007. *The Story of the World: History for the Classical Child*. Rev. ed. Vol. 2, *The Middle Ages, from the Fall of Rome to the Rise of the Renaissance*. Charles City, VA: Peace Hill Press.
- Boccacio, Giovanni. 1921. *The Decameron*. Translated by J. M. Rigg. 2 vols. London: David Campbell.〔ボッカッチョ『デカメロン』上、柏熊達生訳、ちくま文庫、一九八七年〕
- Boeckl, Christine M. 2000. *Images of Plague and Pestilence: Iconography and Iconology*. Sixteenth Century Essays & Studies, 53. Kirksville, MO: Truman State University Press.
- Byrne, Joseph P. 2004. *The Black Death*. Westport, CT: Greenwood Press.
- Calvi, Giulia. 1989. *Histories of a Plague Year: The Social and the Imaginary in Baroque Florence*. Translated by Dario Biocca and Bryant T. Ragan, Jr. Foreword by Randolph Stearn. Berkeley: University of California Press.
- Cefrey, Holly. 2001. *The Plague*. New York: Rosen Publishing Group.
- Cipolla, Carlo M. 1979. *Faith, Reason, and the Plague in Seventeenth-Century Tuscany*. Translated by Muriel Kittel. New York: W. W. Norton and Co.
- Davis, James C. 2004. *The Human Story: Our History, from the Stone Age to Today*. New York: Harper Perennial.〔ジェイムズ・C・デイヴィス『人間ものがたり　石器時代から現代までのわたしたちの歴史』布施由紀子訳、日本放送出版協会、二〇〇五年〕
- Gitlin, Marty. 2016. *The Totally Gross History of Medieval Europe*. New York: Rosen Publishing Group.
- Green, Monica H. 2015a. "Editor's Introduction." In *Pandemic Disease in the Medieval World: Rethinking the Black Death*, edited by Monica H. Green, 9–26. Kalamazoo, MI: ARC Medieval Press. http://scholarworks.wmich.edu/medieval_globe/1/

- Green, Monica H. 2015b. "Taking 'Pandemic' Seriously: Making the Black Death Global." In *Pandemic Disease in the Medieval World: Rethinking the Black Death*, edited by Monica H. Green, 27–61. Kalamazoo, MI: ARC Medieval Press. http://scholarworks.wmich.edu/medieval_globe/1/
- Hays, J. N. 2009. "The Great Plague Pandemic." In *The Burdens of Disease. Epidemics and Human Response in Western History*, 37–61. Rev. ed. New Brunswick, NJ: Rutgers University Press.
- Horrox, Rosemary. 1994. *The Black Death*. Manchester Medieval Sources Series. Manchester: Manchester University Press.
- Jeffrey, Gary, and Alessandro Poluzzi. 2013. *The Black Death*. New York: Crabtree Publishing Company.
- Jones, Lori, and Richard Nevell. 2016. "Plague by Doubt and Viral Misinformation: The Need for Evidence-Based Use of Historical Disease Images." *Lancet Infectious Diseases* 16, no. 10: e235–40. https://doi.org/10.1016/S1473-3099 (16) 30119-0
- Leasor, James. 1961. *The Plague and the Fire*. New York: McGraw-Hill.
- Manchester, William. 1992. *A World Lit Only bi Fire: The Medieval Mind and the Renaissance. Portrait of an Age*. Boston: Little, Brown and Co.
- Manget, Jean Jacquies. 1721. *Traité de la peste*. 2 vols. Geneva: Philippe Planche.
- Mikkelson, David. 2000. "Is 'Ring around the Rosie' about the Black Plague?" *Snopes.com*. https://www.snopes.com/language/literary/rosie.asp
- Opie, Iona, and Peter Opie. 1985. *The Singing Game*. Oxford: Oxford University Press.
- Tibayrenc, Michel, ed. 2007. *Encyclopedia of Infectious Diseases: Modern Methodologies*, Hoboken, NJ: Wiley-Liss.
- Townsend, G. L. 1965. "The Plague Doctor." *Journal of the History of Medicine and Allied Sciences* 20, no. 3:276.
- 池上俊一『ヨーロッパ中世の宗教運動』名古屋大学出版会、二〇〇七年
- 石川尚武編訳『イタリアの黒死病関係史料集』刀水書房、二〇一七年
- ノーマン・F・カンター『黒死病　疫病の社会史』新装版、久保儀明、楡崎靖人訳、青土社、二〇二〇年
- ジョン・ケリー『黒死病　ペストの中世史』野中邦子訳、中公文庫、二〇二〇年
- 小池寿子『死者たちの回廊　よみがえる「死の舞踏」』平凡社ライブラリー、一九九四年
- 宮崎揚弘『ペストの歴史』山川出版社、二〇一五年
- 村上陽一郎『ペスト大流行　ヨーロッパ中世の崩壊』岩波新書、一九八三年

さらにもっと詳しく知るために

- Aberth, John. 2003. *A Knight at the Movies: Medieval History on Film*. New York: Routledge.
- Alexander, Michael. 2007. *Medievalism: The Middle Ages in Modern England*. New Haven, CT: Yale University Press.
- Andrea, Alfred J., and Andrew Holt, eds. 2015. *Seven Myths of the Crusades*. Indianapolis, IN: Hackett Publishing.
- Arnold, John H. 2008. *What Is Medieval History?* Cambridge: Polity Press.
- Brentjes, Sonja, Taner Edis, and Lutz Richter-Bernburg, eds. 2016. *1001 Distortions: How (Not) to Narrate History of Science, Medicine, and Technology in Non-Western Cultures*. Würzburg: Ergon Verlag.
- Bull, Marcus. 2005. *Thinking Medieval: An Introduction to the Study of the Middle Ages*. Houndsmills, Basingstoke, UK: Palgrave Macmillan.
- Classen, Albrecht, ed. 2017. *Bodily and Spiritual Hygiene in Medieval and Early Modern Literature: Explorations of Textual Presentations of Filth and Water*. Berlin: De Gruyter.
- D'Arcens, Louise, ed. 2016. *The Cambridge Companion to Medievalism*. Cambridge: Cambridge University Press.
- Demaitre, Luke. 2013. Medieval Medicine: *The Art of Healing, from Head to Toe*. Santa Barbara, CA: Praeger.
- Elliott, Andrew B. R. 2017. *Medievalism, Politics, and Mass Media: Appropriating the Middle Ages in the Twenty-First Century*. Woodbridge, Suffolk, UK: D. S. Brewer.
- Gies, Joseph, and Frances Gies. 1990. *Life in a Medieval Village*. New York: Harper and Row.
- Harris, Stephen J., and Bryon L. Grigsby, eds. 2007. *Misconceptions about the Middle Ages*. New York: Routledge.
- Harty, Kevin J. 1999. *The Reel Middle Ages: American, Western and Eastern European, Middle Eastern and Asian Films about Medieval Europe*. Jefferson, NC: McFarland and Co.
- Heng, Geraldine. 2018. *The Invention of Race in the European Middle Ages*. Cambridge: Cambridge University Press.

- Kieckhefer, Richard. 2000. *Magic in the Middle Ages*. Cambridge: Cambridge University Press.
- Lindberg, David C. 2007. *The Beginnings of Western Science: The European Scientific Tradition in Philosophical, Religious, and Institutional Context, Prehistory to A.D. 1450*. 2d ed. Chicago: University of Chicago Press.
- Powell, James M. 1992. *Medieval Studies: An Introduction*. 2d ed. Syracuse, NY: Syracuse University Press.
- Riddle, John M., and Winston Black. 2016. *A History of the Middle Ages, 300–1500*. 2d ed. Lanham, MD: Rowman & Littlefield.
- Rosenwein, Barbara H. 2018. *A Short History of the Middle Ages*. 5th ed. Toronto: University of Toronto Press.
- Wells, Peter S. 2008. *Barbarians to Angels: The Dark Ages Reconsidered*. New York: W. W. Norton.
- Wollenberg, Daniel. 2018. *Medieval Imagery in Today's Politics*. Kalamazoo, MI: ARC Humanities Press.

訳者あとがき

本書は、Winston Black, *The Middle Ages: Facts and Fictions.* 2019. Santa Barbara, California: ABC-CLIOを全訳したものである。本書の特徴は、ひとえにその構成にあると言ってよい。中世ヨーロッパに関する名だたるフィクションを一点取り上げ、各章ではまず①フィクションの概要、②フィクションの成立過程、③フィクションを支える中世や近代に由来する史料が扱われ、フィクションがどのように構築されてきたかが丁寧に説明されている。それに対して、後半では④実際に起きたこと、そして⑤その認識を支える一次史料が配置され、最新の研究に基づく、より正確な歴史理解が明らかにされる。こうした堅固な構成こそが本書の魅力である。

本書で扱われているフィクションを、著者は「中世主義／中世趣味 medievalism」と説明する。しかし、中世主義の中身は想像を超えてじつに多様だ。中世をポジティヴにとらえる姿勢もあれば、ネガティヴにとらえる姿勢もあり、担い手もさまざまである。その把握は一筋縄ではいかず、読者は多かれ少なかれ混乱に陥るかもしれない。そこで、あとがきの場を借りて、以下ヨーロッパにおける中世主義の特徴、アメリカ合衆国におけるそれ、そして日本におけるそれについて、順を追って整理してみたい。

ヨーロッパにおける中世主義を理解するうえで基本書となるのが、マイケル・アレクサンダーの『イギリス近代の中世主義』（白水社、二〇二〇年）である。それによると、啓蒙思想が世を席巻し、フラ

ンス革命が目前に迫った時期に、イギリスで中世主義運動の先鞭をつけたのがトマス・パーシーだった。彼は『英語古謡拾遺集』（一七六五年）を出版して中世の英詩を蘇らせ、多くの人の中世好古趣味をかき立てた。これを読み強く感銘を受けたのが、まだ子ども時分のウォルター・スコットである。スコットはまず中世的な韻文ロマンスで名をあげ、『アイヴァンホー』（一八二〇年）で散文ロマンスという新しい形式を世に問うた。これが世に受け入れられ、また同時期にトマス・マロリーの『アーサー王の死』（一四七〇年頃）が再版されて「中世ロマンスを体現する存在」（アレクサンダー）として絶大な人気を誇ったことにより、中世復興を志向する文化運動は確たる足場を獲得した。十九世紀後半にはデザイナーで作家のウィリアム・モリスらが牽引したアーツ・アンド・クラフツ運動やラファエル前派などの芸術運動が隆盛を極め、中世を理想化する中世主義は社会にも大きな影響を与えた。人々のカトリックへの転向や、資本主義の限界を訴えるギルド社会主義などがその代表例だろう。日本でもよく知られるJ・R・R・トールキンの『指輪物語』（一九五四〜一九五五年）は、こうした土壌から生まれたものと理解できる。

ブラックも言及しているように、こうしてイギリスを中心に中世主義が盛り上がりを見せたのは、大学における歴史学研究がドイツのランケらによって刷新された時期と一致する。国家的要請により、厳密な史料批判に基づく国民国家の起源探しが歴史学の一大課題になっていた。そこで注目されたのが、各国の基礎が形作られた中世だった。たとえば本書第5章で《バイユーのタペストリー》が扱われているが、そこで描かれるアングロ＝サクソン人とノルマン人の戦いは、イングランド王国成立に不可欠のパーツである。つまり、ヨーロッパにおける中世主義は、近代に始まる歴史的アイデンティティの模索のなかで、その求めに応じる形で生起し、力を得た文化潮流ということになるのかもしれない。こうした事情とあいまって、中世からインスピレーションを得た文学、絵画、工芸等の中世主

義的表現は、再帰的に新しい表現を生んでいくことになる。そしてまた、中世は受容する側の生き方とも共鳴していく。たとえばそもそも特権的な身分であった中世の騎士は、うまく「民主化」され、ボーイスカウトのように近代人の価値観に合う形で理想化されていった。

しかし、こうした潮流が生まれる一方で、本書でフィクションの「宣伝塔」として紹介された歴史家ギボン、ブルクハルト、ミシュレらが同時代に活躍していたことも見過ごせない。知的に退行した時代、野蛮で残虐な時代、そしてその元凶としてのカトリック教会が人々を支配した時代。このようなネガティヴな中世イメージは、彼らの著作物に負うところが非常に大きい。そうしたイメージはその後もずっと息づいており、これに便乗して中世ヨーロッパを戯画化し、物笑いの種にしたのが映画『モンティ・パイソン・アンド・ホーリー・グレイル』（一九七五年）ということになる。

一方、アメリカ合衆国における中世主義／中世趣味の様相はずいぶんと異なる。本書で中世フィクションを定着させたものとして引用された多くの文献は、十九世紀後半のアメリカ人の手によるものである。それらに共通して読み取れるのは、中世ヨーロッパの後進性に対するきわめて強い忌避感、嫌悪感である。プロテスタント優位のアメリカにおいて、カトリックが牛耳っていた（と誇張されて理解されていた）中世ヨーロッパは批判と嘲笑の的となっていたようだ。そこでは、大西洋の向こうにあった中世ヨーロッパの他者性がくっきりと際立つ。本書第5章で言及されているマーク・トウェインの『アーサー王宮廷のコネチカット・ヤンキー』（一八八九年）がアメリカでうけた理由は、この文脈からよく理解できるのではないか。中世ヨーロッパの他者性が共有されているからこそ、アメリカ人技師にアーサー王時代のイングランドにタイムスリップさせ、中世と、それとよく似たアメリカの状況とを諷刺することができたのだろう。二十世紀になると、この作品は映画、演劇、アニメなどに華々し

くメディア展開していく。

一方、アメリカ合衆国やカナダは英仏両国から渡ってきた人々を建国の父とし、そこでヨーロッパ的な価値観が息づいていることもまた事実である。そのため、北米地域の人々が中世ヨーロッパを憧憬する態度はまったく不自然ではない。そうした親中世的な志向を象徴するものとして、ここではメトロポリタン美術館の別館として一九三八年に創設されたクロイスターズに言及しておきたい。マンハッタンの北端、ハドソン川を見下ろすところにジョン・D・ロックフェラー・ジュニアが広大な土地を買収し、そのうえに作られたものはフランスの五つの修道院から移設された回廊の複合建築だった。外観はあたかも中世ヨーロッパの修道院のようであり、中世ヨーロッパに由来する美術品、工芸品、写本が収められている。これを代表例として、第二次世界大戦前、アメリカの大富豪によって中世ヨーロッパの建築部材が大西洋を渡り、多くの建築物に組み込まれた。フランスの修道院の回廊が中米バハマに存在するという事実は、大きな驚きなしに聞くことはできないだろう。これは、アメリカ版中世主義の見過ごすことのできない一形態と言えよう。

以上、ヨーロッパとアメリカにおける中世主義の傾向を短くまとめたが、いずれにおいても、近代になって突如、中世をポジティヴにとらえる姿勢とネガティヴにとらえる姿勢とが現れたことが確認された。本書ではフィクションの成立過程を詳述するという目的から十九世紀の反中世的言説が多く取り上げられているが、実際はこれら対照的なとらえ方がつねに拮抗していたと言える。本書は、このことを念頭に置きつつ読まれるべきであろう。

続いて日本における中世主義について述べたい。日本では、歴史的アイデンティティをヨーロッパ中世に求めることもできず、またヨーロッパではじめて中世主義運動が起こった十八世紀末〜十九世紀半ばにはまだ鎖国中だったこともあり、ヨーロッパの中世主義の盛り上がりを同時代的に体感する

ことは難しかった。しかしその後、中世主義を受容し、これを文化として育む素地がまったく生まれなかったわけではない。十九世紀末には、もうすでにアーサー王物語の紹介と翻訳が始まっていた（岡本広毅、小宮真樹子編『いかにしてアーサー王は日本で受容されサブカルチャー界に君臨したか』みずき書林、二〇一九年）。武士道の近代化に尽力した新渡戸稲造が『武士道』（一九〇〇年）をこの世紀の変わり目に執筆したことは偶然ではないだろう。

岡本広毅が論文「ファンタジーの世界とRPG　新中世主義の観点から」（『立命館言語文化研究』三一―一、二〇一九年）で説明するように、日本では現在にいたるまで歴史的「中世」を再評価する視点はおよそ芽生えず、欧米の中世主義運動においてトールキンら「中世主義の媒介者」が描いた世界観から要素を取捨選択（ブリコラージュ、つまみ食い）することに重点が置かれた。これは新中世主義と呼ばれる。一九八〇年代、日本で剣と魔法のファンタジー作品が数多く創作され受け入れられた。社会問題にもなった「ドラゴンクエスト」が発売された頃、と言えばわかってもらえるかもしれない。これに直接の影響をおよぼしたのは、『ダンジョンズ&ドラゴンズ』（一九七四年）など、アメリカ発のテーブルトーク・ロールプレイングゲーム（TRPG）だった。このような影響の経路を見ても、翻案に翻案を重ねるのが日本流の（新）中世主義の特徴と言える。現在創作されている漫画、ライトノベル、アニメ、ゲームは、そのような八〇年代の直接的な影響下にある。たとえば漫画『葬送のフリーレン』（山田鐘人原作、アベツカサ作画、小学館、二〇二〇年連載開始）は、人と比べ極端に寿命の長いエルフを描くことで限られた命とそれが紡ぎ出す記憶の価値を教える傑作だが、そこに出てくるエルフやゴブリンは本書第9章に登場するそれらとは似ても似つかず、上述したトールキン作品などを範とする日本の新中世主義を見事に踏襲している。

こうした漫画やアニメが逆輸入され、「本場」ヨーロッパの若者のあいだで受容されているのも、

文化現象としての「中世主義」が持つ驚くべき影響力の証左である。サブカルチャーが中世主義を拡散させるメディアとなって、世界を一周回って凱旋帰国を果たした、というのは言いすぎか。しかしいずれにせよ、中世ヨーロッパにアイデンティティを求めようがない日本における中世主義は独特で、異彩を放つ。これは、欧米におけるポジ／ネガの二分法とは区別されるべきであろう。この二分法は、中世観というコインの表と裏である。日本では、そのコインを遠巻きに、そしてややぎこちなく参照しながら、歴史としての「中世」を自らの表現に援用していると言えるかもしれない。しかし、イメージしづらい中世に参照点を求めるあまり、この千年を過度に単純化してしまい、結果として中世主義的表現もまた単純化、陳腐化してしまうという陥穽にはまりかねない。本書はそのための処方箋でもあるだろう。

以上中世主義のパノラマを整理してきたが、そのなかに本書はどう位置づけることができるだろうか。一読してよく理解できるはずだが、ブラックが批判的に議論の俎上（そじょう）に載せる中世主義は、欧米、とくにアメリカ合衆国で一般的にイメージされている中世観の粗雑なパッチワークである。その特徴は、暴力、不潔、そして知性の欠如だ。しかし、史料を精査すると一一の中世認識はいずれも正しくないことがわかる。それでは、なぜ私たちは間違った歴史認識を作り出し、なかなか手放せないでいるのだろうか。

その理由は、歴史観を構築するにあたって普遍的に見られる「くせ」のようなものがあるからなのではないか。本書各章の内容を踏まえ、以下、その「くせ」を便宜的に三つに分類してみた。

①短慮軽率型：一つ、あるいは数少ない史料に記された内容を時代全体に敷衍すること。これは

史料が断片的にしか伝来していない中世についてしばしば生じる落とし穴であろう。一つの出来事、一つの史料的根拠から一つの時代を説明したい、歴史の大きな流れを一括りにとらえたい、という欲求に抗うことはなかなか難しい。

②優劣比較型：異なる時代、異なる地域と比較して優劣を決めてかかること。本書第1章で中世がどのように「暗黒時代」と認識されるようになったかを読むと、そのからくりが容易に理解できるだろう。

③人身御供型：歴史的な出来事の原因・責任を、何かしらの先入観に基づき、何か一つの主体に押しつけること。本書を読むと、中世の非科学的な「後進性」に関連して、カトリック教会がいかに槍玉に挙げられてきたかがわかる。

一一のフィクションそれぞれが生まれた理由として、これら三つの類型のどれがあてはまるか。そのようなことを考えながら、本書を読むことをおすすめしたい。また、史料の文言が本当にファクトを伝えているのかどうか、つねに問い続ける姿勢も忘れてはならない。こうした史料の取り扱いのことを「史料批判」という。本書ではその醍醐味を存分に味わうことができるだろう。

本書は「ファクトとフィクション」という副題を持つが、ファクトかフィクションか、という二分法にも問題がありそうだと思えればしめたものである。事象一つ一つがファクトだとしても、その積み上げ方次第でフィクションにもなりえるからだ。今書店には「〇〇の歴史の真実」という言葉が踊っている。昏迷極まる時代にあって、過去に真実（truth）を求める心性。しかし、本書をここまで読み、事実（facts）を丁寧に積み上げることが大切だと学んだ読者はもはやそうした言葉に踊らされることはないだろう。

中世主義に基づくフィクションを読み解くことは一筋縄ではいかないが、ブラックの叙述は非常にわかりやすい。ただおそらく意図してのことだとは思うが、典型的なフィクションをあげつらうあまり、過度な誇張もまた避けられなかったようである。たとえばフィクションを広めた張本人としてたびたびジュール・ミシュレが登場するが、ブラックは、この歴史家が当時の一次史料をいっさい引用することなく中世観をでっち上げたかのように説明する。しかし、これはミシュレの戯画化というものである。実際のミシュレは多くの一次史料を参照・引用しており、その歴史家としての業績はもっと正当に評価されるべきだ。「史料」から乖離した過度な誇張こそが、フィクショナルな歴史観を生み出してしまう。ブラックのミシュレ批判は、皮肉にもそのようなことを教えてくれる。

新型コロナウイルスにより、カミュの『ペスト』、マクニールの『疫病と世界史』が書店で平積みになり、人々はとにもかくにも歴史を振り返った。その動機はそれぞれである。単なる好奇心からパンデミックの歴史を振り返る人もいれば、そこから教訓を得たいと願う人もいただろう。今こそ社会システムの変革をと訴え、ルネサンスや資本主義をもたらしたとされる十四世紀のペストを（安直に）引き合いに出す政治家や言論人もいる。未曾有の経験ゆえに隣人では頼りにならず、過去を遡り、今の私たちと「似た者」を見つけたいというのは人の道理なのかもしれない。そうしたことを考えると、新型コロナウイルスが意外な副産物として私たちにもたらしたのは、過去、すなわち歴史へと向かわせる感性だったのかもしれない。私たちは過去をどう理解し、それとどう向き合ったらよいのだろうか。本書は、そうしたことを考えるのに最適であると思う。

本書で扱う一一のフィクションは、学説としてはすでに二十世紀のうちに決着がついたものである。しかし、これまで日本語で類書がなく、これを翻訳すれば多くの人に届くのではと考えた。歴史好き

の人は言うまでもない。大学生のみならず、「歴史総合」を学ぶ高校生にとっても有意義だろう。中世主義的な物語の創作者にとっても間違いなく参考になるはずだ。日本でも一般化した中世主義的なフィクションに顕著な題材選択や作劇術（ドラマツルギー）、それが袋小路に逢着したかに見える現在、本書がそれを打破するきっかけになるかもしれない。そうしたことから、本書は一般書であることを強く意識して訳文を練り上げていった。また、各章末の文献リストには日本語で読める主要文献を追加した。大いに活用してもらいたい。

本書の完成のために、自らの知識不足を恥じ入りつつ多くの研究者に協力を仰いだ。翻訳の草稿を作成してくれた八人の訳者たちには感謝してもしきれない。とくに成川岳大さんは訳文から史料解釈に至るまで尽力してくれた。この「あとがき」で整理した中世主義については金沢百枝さんと小宮真樹子さんに、第10章の魔女については小林繁子さんに専門的見地からご助言いただいた。

引用されている一次史料には、すでに邦訳があるものが多い。それらを世に出してきた訳者たちに心より敬意を表したい。本書では可能な限りもとの言語（ラテン語、中世の英語やドイツ語など）を参照して一から訳出したが、そうした邦訳も大いに参照した。その際は、文体を揃えるための必要最小限の修正を除き、元の訳文を尊重したつもりである。

本書の出版をこころよく引き受けて下さった平凡社の日下部行洋さんに感謝申し上げる。そして最後に、編集者の赤井茂樹さんに言及しないわけにはいかない。コロナ禍で最初の緊急事態宣言が発令されているさなか、私はペストに関するブログ記事を書き、そこでブラックの原書を引用していた。氏が記事をご覧になり、翻訳しないかとお声がけ下さったのが七月、翻訳を本格始動してわずか半年余りでの出版とあいなった。この間、原著を読み、全面的に訳文の提案をし、まさに二人三脚と言えるサポートをして下さったのが氏である。学術書を一般書としてどう世に届けるか、そのために訳文

はどうあるべきか、その背景として知や教養にいかに向き合うべきか、といったことを惜しみなく教えて下さったように思う。心から感謝の意を伝えたい。

本書を、コロナ禍をともに乗り越えてきた妻と子に捧げる。

二〇二一年三月

大貫俊夫

著者

ウィンストン・ブラック
Winston Black

中世史研究者。
中世科学史・医学史が専門で、
ヨーロッパと地中海世界の活発な交渉によって発展した
中世の薬学と薬草学（本草学）を研究。
編集・翻訳に Henry of Huntingdon, Anglicanus Ortus:
A Verse Herbal of the Twelfth Century (PIMS, 2012) があり、
単著に Medicine and Healing in the Premodern West (Broadview Pr, 2019),
共著に John M. Riddle, A History of the Middle Ages 300–1500, 2d. ed.
(Rowman & Littlefield Pub Inc., 2016) がある。

監訳

大貫俊夫
おおぬき・としお

1978年生まれ。
トリーア大学（ドイツ）第三専門分野博士課程修了。Dr. phil.
東京都立大学人文社会学部准教授。
西洋中世史（とくに修道会史、中世ドイツ史）。
キリスト教修道制が中世ヨーロッパの国制・法・社会・経済などの
諸分野に与えた影響とその史的意義を研究。
単著に Orval und Himmerod. Die Zisterzienser
in der mittelalterlichen Gesellschaft (bis um 1350),
Trier 2019 (Trierer historische Forschungen 75).
訳書に アルフレート・ハーファーカンプ
『中世共同体論　ヨーロッパ社会の都市・共同体・ユダヤ人』
（共訳、柏書房、2018年）がある。

訳者

内川勇太　うちかわ・ゆうた

1988年生まれ。東京大学大学院人文社会系研究科博士課程単位取得退学。

東京大学大学院人文社会系研究科特任研究員、立教大学兼任講師。

論文「イングランドの政治的統合　『アングル人とサクソン人の王国』におけるマーシア人の集会」

『史学雑誌』125(10)(2016年)ほか。[担当:第2章、第6章]

成川岳大　なりかわ・たかひろ

1979年生まれ。東京大学大学院人文社会系研究科博士課程単位取得退学。立教大学ほか兼任講師。

著書『アイスランド・グリーンランド・北極を知るための65章』(共著、明石書店、2016年)ほか。

訳書シンメルペニッヒ『ローマ教皇庁の歴史　古代からルネサンスまで』(共訳、刀水書房、2017年)。

[担当:第3章、第4章]

仲田公輔　なかだ・こうすけ

1987年生まれ。セント・アンドルーズ大学(イギリス)歴史学部博士課程修了。Ph.D (History).
岡山大学大学院社会文化科学研究科講師。論文 'Uxtanes of Sebasteia and Byzantine-Armenian Relations in the Tenth Century', *Revue des Études Arméniennes* 38ほか。[担当:第5章]

梶原洋一　かじわら・よういち

1983年生まれ。リヨン=リュミエール第二大学(フランス)社会科学系大学院博士課程修了。博士(歴史学)。

京都産業大学助教。著書『フランスの歴史を知るための50章』(共著、明石書店、2020年)ほか。

訳書ジャック・ルゴフ『アッシジの聖フランチェスコ』(共訳、岩波書店、2010年)。[担当:第7章]

白川太郎　しらかわ・たろう

1993年生まれ。早稲田大学大学院文学研究科博士後期課程在学。日本学術振興会特別研究員(DC2)。

論文「『聖マルゲリータ・ダ・コルトーナ』の誕生　後期中世イタリア都市における神秘体験者・崇敬・表象」

『比較都市史研究』38(2019年)ほか。[担当:第8章]

三浦麻美　みうら・あさみ

1978年生まれ。中央大学大学院文学研究科博士課程満期退学。博士(史学)。中央大学ほか非常勤講師。

著書『「聖女」の誕生　テューリンゲンの聖エリーザベトの列聖と崇敬』(八坂書房、2020年)。[担当:第9章]

前田星　まえだ・ほし

1991年生まれ。北海道大学大学院法学研究科博士後期課程修了。博士(法学)。

北海道大学大学院法学研究科附属高等法政教育研究センター協力研究員、北海学園大学非常勤講師。[担当:第10章]

加賀沙亜羅　かが・さあら

1988年生まれ。東京都立大学大学院人文科学研究科博士後期課程在学。[担当:第11章]

中世ヨーロッパ
ファクトとフィクション

発行日　2021年4月21日　初版第1刷
2021年9月22日　初版第4刷

著者　ウィンストン・ブラック（Winston Black）
監訳者　大貫俊夫

装幀　寄藤文平・古屋郁美（文平銀座）
編集　赤井茂樹

発行者　下中美都
発行所　株式会社 平凡社
〒101-0051　東京都千代田区神田神保町3-29
電話　(03)3230-6584［編集］　(03)3230-6573［営業］
振替　00180-0-29639

印刷・製本　中央精版印刷株式会社
DTP　キャップス

ISBN978-4-582-44713-2
NDC分類番号230.4　B6変型判（19.0cm）　総ページ384

平凡社ホームページ　https://www.heibonsha.co.jp/
落丁・乱丁本のお取り替えは
小社読者サービス係まで直接お送りください（送料、小社負担）。

Translated from the English Language edition of The Middle Ages: Facts and Fictions, by Winston Black, originally published by ABC-CLIO, LLC, Santa Barbara, CA, USA.

JN050830